渋沢秀雄

父 渋沢栄一

実業之日本社

JN077855

実業之日本社文庫

目次

まえがき

明治は遠くなりにけりで、渋沢栄一という名を覚えている人もへった。いまさら伝記でもあるまいという気がする。しかもそれを書くのが息子の私で、伝記の執筆に特別な才能のあるわけではないから、本格的なものは書けそうもない。第一、書く本人は史実を冷厳公正に見つめたつもりでも、第三者から見れば子が父のノロケを言っている、としか受取れない場合もあろう。そのうえ、いままで渋沢栄一伝やそれに類する本は、ずいぶんたくさん出ている。いよいよ「いまさら」なのである。

父のなくなった昭和六年以後、私は新聞や雑誌にかなり数多く父の思い出話を書いた。そして戦後「ポプラ社」から少年向けの伝記を出版したこともある。また昭和三十一年には「渋沢青淵記念財団竜門社《りゅうもんしゃ》」[*1]の依嘱《いしょく》で、「渋沢栄一」という青年向けのパンフレットも書いた。そのとき私はあらためて、父の歩いた九十一年余の人生行路に、ことあたらしく興味をそそられた。それは子としての肉親愛にもよろうが、同時に父の一生は、縁もゆかりもない人にとっても、相当興味ある特異な材料だという気がしたのである。だがその興味は博物館的になったし父の行動半径は青年時代以外、いつも古風な儒教的中庸《ちゅうよう》の道から逸脱していない。奇論、逆説ばやりの現代には魅力がなさそうである。あえてペンをとる勇気は湧かなかった。

するとありがたいことに一昨年の秋「実業之日本社」から、父の伝記を書いてみないかというお勧めを受けた。とたんに私の心はきまった。そこで天保《てんぽう》、弘化《こうか》、嘉永《かえい》、安政《あんせい》、万延《まんえん》、文久《ぶんきゅう》、元治《げんじ》、慶応《けいおう》、明治、大正、昭和と父の足跡をトレースしながら、私は瞼《まぶた》に残る父の映像に人間らしい血を通わせようと努めた。そして「実業之日本」[*2]に伝記を三十一回連載した。それになお手を加えたのが『父渋沢栄一』上下二巻で、不満足ながらも私の総決算だった。

むろん私は、出来るだけ冷静な事実の客観に専念した。そして父の弱点にもふれたつもりである。しかしそこは親子の情で、観察が甘すぎたり、長所を並べすぎたりしていたら、どうかゆるしていただきたい。

ところで父の一生は、概して「日の当る岡」の記録ばかりだ。人の胸を打つような生活苦の深刻さや、複雑微妙な心理の縺《もつ》れは少ない。おまけに筆者が温室育ちの私である。ひた向きな気持で書きはしたが「蟹《かに》は甲に似せて穴を掘る」で、私だけのなまぬるい観察や構成や叙述しか出来なかったことは淋しい。

いくら冷静に客観しても、父が世のため人のため誠実いちずに働き通したことにウソはなかったと信じる。そうした人間の履歴に家庭的な思い出を織りまぜてゆく結果、もし子の書いた父の伝記という特殊な味でも出れば、筆者の喜びはこれにすぎない。

河盛好蔵《かわもりよしぞう》さんにはナポレオン三世時代のフランスについて、いろいろ教えていただいた。また「渋沢栄一伝記資料刊行会」の長沢玄光《ながさわげんこう》さんには、こまかい調査でお手数をおかけした。ここに深く感謝の意を表する。

多忙な小絲《こいと》源太郎《げんたろう》兄が立派な装幀をして下さった。心からお礼を申しあげる。同兄は四十数年来の旧友で、私の眼を油画その他の芸術へあけてくれた先輩である。おかげで私は、いい芸術を本当に味わう楽しみを知った。また芸術家の生活態度というものも教えられた。ある時代にはもっと色っぽい社会科のコーチも受けた。そしてこの畏友は、父とも数回面談されている。

小絲兄がはじめて父の家にこられたのは大正三、四年ごろだった。広間の襖《ふすま》二十数枚に橋本雅邦《はしもとがほう》先生の「瀟湘八景《しょうしょうはっけい》」が描いてあるのを見て、小絲兄は父に「このままでは痛みますから外して下さい。この画をしまうために、新しく倉をお建てになってもいいくらいな名作です」と説いた。おかげで広間には代りの襖が出来て、「瀟湘八景」は大切に保管された上、後年東京美術学校へ寄贈されたため、父の家は戦火に焼けたが名作はいまなお正木記念館に残っている。そんな因縁も昔なつかしい思い出となった。

小絲兄の記憶によると、そのとき大きな書院の床に牡丹を活けた青磁の壺があり、少し崩れた大輪の花が数片の花弁を散らしていて、庭から流れこむ初夏の光に、座敷の奥まで緑に見えたという。大正の世もまたすでに遠く去った。

昭和三十四年三月

渋沢秀雄

＊1　現渋沢栄一記念財団
＊2　経済雑誌（明治三十年創刊）。

父　渋沢栄一

1　中《なか》の家《んち》

栄一《えいいち》は天保十一年（西暦一八四〇）二月十三日に、武蔵《むさし》国榛沢《はんざわ》郡安部《あんべ》領血洗島《ちあらいじま》村に生れた。現在の埼玉県深谷《ふかや》市血洗島で、高崎《たかさき》線の深谷駅から二里*1ばかりのところにある。

利根川《とねがわ》に近いこの辺一帯の関東平野は、地ならししたように土地が平らで、広々した田や畑の間に鎮守の森が島みたいに浮かび、地平線の果てには赤城《あかぎ》、榛名《はるな》、妙義《みょうぎ》の連山や、遠い浅間、日光の男体山《なんたいさん》まで見晴らせる。そして寒い季節には土地名物の「赤城おろし」が平野を縦横に駆けぬける。その風当りの一番ひどい村はずれに、「十六文《もん》タンボ」と呼ばれる田があった。せっかく角の居酒屋で、十六文フンパツして飲んだ酒も、そこを通ると一遍《いっぺん》にさめてしまうからである。

「また中の家《なかんち》のおかみさんが、羽織を持って栄さんを追いかけてる」

近所の人がよくこういって笑ったそうだ。色白で丸顔の少年栄一に風邪をひかせまいとする、優しそうな母親の姿が目に見えてくる。明治維新前の話だから、母親は丸髷《まるまげ》、子供は前髪立ちだったろう。やっと母親が追いついても、栄一はよく羽織を地べたにほおり出して、逃げだしたという。

天保時代の血洗島村は戸数が五、六十戸だったらしい。村内に渋沢姓が十七軒もあったので、その位置によって中の家、東の家《ひがしんち》、西の家《にしんち》、前の家《まえんち》、新屋敷などと呼んで区別した。中の家というくらいだから、そこが一族の宗家だったものと思われる。しかしこの宗家は家運がひどく傾いた上、女の子が二人いるだけで跡取息子もない。そこで東の家の当主宗助《そうすけ》の三男元助が家運再興のため養子に迎えられ、中の家の通り名市郎右衛門《いちろうえもん》を名のった。妻は家つきの長女お栄《えい》である。そして栄一はこの夫婦の仲に生れた。同胞《きょうだい》は、五つ年上の姉お仲《なか》と、十二年下の妹お貞《てい》だけで、あとはみな早死にした。

市郎右衛門は養子にくるとき、中の家の全権を委《まか》せてもらうことと、はたから干渉しないことを条件とした。気の勝った厳正な人で些細《ささい》な事にも几帳面な上、骨身を惜しまない勤勉家だった。学問や剣術を好んで俳諧などもたしなむ反面、義俠的で人のためにはよく尽くした。だから村民の信頼も厚く、やがて領主安部家の御用達《ごようたし》となって苗字帯刀を許され、のちには名主《なぬし》見習にまで出世した。

中の家は代々農作を本業としたが、農間には藍玉《あいだま》を製造して紺屋《こんや》へ売りさばいていた。市郎右衛門は家運挽回のため実家から期限つきの金を借りると、人手に渡った中の家の田地を買いもどし、畑を整理して養蚕をすることから、藍畑を入手して藍玉を作ることから、さてはその藍玉を信州上州辺の紺屋に売ることまで一切合切を身一つに引受け、作男《さくおとこ》をはげましながらよく働いた。

藍の商売は利分が多い。昔から百姓は、畑仕事だけでは資産など作れなかったのである。そして栄一の物心がつくころは、血洗島で第一の財産家は東の家、第二の財産家は中の家というところまで漕《こ》ぎつけた。

市郎右衛門は見る見る家運をおこしたほどの働き者だけに、家庭では口やかましい夫だった。そして妻はナサケ深くて、おとなしい人だった。だから世間一般の家付《いえつき》娘に養子という概念とは、正反対の夫婦だった。

おえいは人の困るのを黙って見ていられない性分で、よく近所の貧しい人に沢庵《たくあん》のシッポまで与えた。すると市郎右衛門が、

「お前は沢庵の腐ったのまで人にやる女だ」と叱《しか》る。そこでお栄は、

「腐った沢庵さえ食べられない人もいるんですから……」と答える。そして夫婦間に
「旦那はよく人を叱りなさる」と「叱る気はないが、あんまり分からなすぎるから叱るのだ」という言葉がよく応酬された。

渋沢の祖先は足利の後裔《こうえい》渋沢隼人《はやと》だという説と、甲州から出て上杉に属した者だという説がある。市郎右衛門は先祖の話が出るたびに、

「そんなことは、百姓にはどうでもいいじゃないか。どうせこんな田舎へ来て百姓するくらいだから、ろくな奴ではなかったに相違あるまい。それをかれこれ詮議《せんぎ》立てす

るのは、かえって先祖の恥をさらすようなものだ」と笑っていた。

＊1　一里は約四キロメートル。

2 伸びる芽生え

幼児の言動を見て、その素質や将来のXを推察するのは面白い。それに似た興味で、血洗島に芽生えた栄一を観察してゆこう。ただし栄一の事蹟を知っている人にとっては、Xの解答はすでに出ている訳だ。この場合は、むしろ栄一の幼年期にXの興味がある。

中の家は、家運の栄えるにつれて人の出入りが多くなった。藍商人もくる、親戚もくる、訪問客もくる。まだ母の乳房を離れきらないころから、栄一はそういう来訪者が帰るとき、障子をピッタリしめずに部屋を出てゆくと、大きな声で咎《とが》めるように「また障子をしめずにいった」と口走る。母親は客に悪いから栄一を制するのだが、幼児はそんなことに頓着なしだ。「ゲスの一寸ノロマの三寸バカの明けっぱなし」という諺《ことわざ》もあるくらいだから、はじめての客などは赤面して引きさがる。お栄は客のくるたびにハラハラしたという。変に几帳面《きちょうめん》な赤ん坊がいたものである。

（**思い出**　家で廊下を通ってゆく父が、スキマのあいている戸障子を見ると、一々しめていったことが思い出される。「三つ子の魂百まで」だ。なるほど父はそんな赤ん坊だったのかと、ほほえましくなる）

五つの年から栄一は父市郎右衛門に「三字教」を習った。「人の初《はじめ》。性本善《せいもとぜん》。性相近《せいあいちかし》。習相遠《ならいあいとおし》」という書き出しで、いわば旧幕時代の初等読本だ。栄一は非常に物覚えがよかったので、市郎右衛門も将来を楽しみにした。そして七つの年から父のかわりに、栄一の従兄《いとこ》尾高新五郎《おだかしんごろう》が四書五経（大学、中庸、論語、孟子《もうし》及び易経、詩経、書経、春秋、礼記《らいき》）を教えることになった。新五郎は十七歳の少年だったが、一廉《ひとかど》の学者として近郷近在に聞こえていた。彼の家は中の家から七、八町[*1]離れた手許《てばか》村にある。栄一は毎日そこへかよった。

新五郎は堅い書物のほかに、興味本位の読書もすすめた。そして栄一が最初に読んだ小説は『俊寛《しゅんかん》物語』だった。彼はそのおかげで読書の楽しさを知り、歴史物では『十八史略』『日本外史』その他、小説では『通俗三国史』『里見八犬伝』の類に読みふけるようになっていった。

一体そのころの主要な学問は四書の素読《そどく》だった。例えば『論語』なら、師匠がまず「子曰《しのたま》わく、学んでしこうして時にこれを習う、また説《よろこ》ばしからずや、」という工合《ぐあい》に音読すると、弟子がその口真似を何遍となく繰返《くりかえ》して、暗誦《あんしょう》するまでつづける。そしてまた次の章の「子のたまわく」に進む。これが「素読を授《さず》ける」という教育法で、意味の講釈などしない。まるで唱歌を教えるような教え方だった。つまり極端に無味乾燥な知識の伝達教育である。だから誰でも「また火の玉を食うか」とヘキエキした。

当時の考えでは、子供の頭に有りがたい良薬を無理に詰めこんでおけば、後日彼等が成長して生活体験のふえた場合、その良薬が溶けて利いてくるに違いないと思ったらしいのである。

ところが新五郎の教育法は、当時としては、かなり開発主義をとっていた。一つの章句を暗記するまで繰りかえさずに、一度に三十枚も四十枚も音読してゆく。そしてときどき文意を解説してくれる。これは意味も分からずに暗誦させられるよりは興味が持てる。生れつき記憶力や理解力のよい栄一は、おそわる書物をよく覚えた。また習字も上手だった。

六、七歳ごろのある夕方、栄一は遊び友だちに別れて家へ帰ってきた。すると両親や姉が東の家に呼ばれてゆくところである。しかし栄一だけは留守番だという。彼はいきなり母の袂《たもと》にシガミついて、いっしょに連れてってくれとせがんだが、いけないと叱られた。そして、いくら泣きわめいても、結局一人取りのこされてしまった。あとは夜番や作男や下女だけである。栄一はいつまでもワンワン泣きつづけていた。

と、この不平不満の仕返しが胸にうかんだ。一つ隠れて母を困《こま》らしてやれ。栄一はコッソリ人気《ひとけ》のない奥座敷へゆき、押入れの中にもぐりこんだ。そして頭からスッポリ蚊帳《かや》をかぶって隠れていると、おりから降りだした雨が庭の青葉を叩いている。それを心細く聞きながら、家族の帰りを待ちかまえているうち、彼はいつかグッスリ寝こんでしまった。

目をさますと朝だった。父が大声で家の人たちを怒鳴《どな》りつけている。みな徹夜で家中探したのだが、誰も押入れとは気がつかなかった。そこへ栄一がヒョッコリ顔を出したのである。父は恐ろしい剣幕で小言をいい、母は「この子の強情《ごうじょう》には呆れ返った」と深い溜息《ためいき》をついた。栄一は悪いことをしたと後悔する半面、胸のすいたような気持にもなった。

強情で知恵の早い子だっただけに、栄一は七、八つのころからお化けなどをコワがらなかった。ある晩姉のお仲が便所へいったとき、出ぎわに裾《すそ》を引っ張ったものがいるといって、恐ろしそうに逃げ帰ってきた。なにしろ年号でいえば弘化時代の話である。文化の中心たる江戸にも余り科学知識は普及していなかった。まして草深い血洗島である。ダダッぴろい旧家の闇《やみ》を、菜種油《なたねあぶら》かせいぜい蠟燭《ろうそく》ぐらいが、おぼつかなく照らしている程度だ。「草双紙」や「怪談」の幽霊や化物がチョウリョウするにはもってこいの雰囲気である。十二、三の少女がオビエたのは無理もない。

すると五つ年下の栄一は「家の中にコワイものなどがいるはずはない。オレが見てきてやる」といって、便所へ立った。そして間もなく「いまのは戸に裾《すそ》をはさまれたんだろう。なんにもコワイものなどいなかったよ」と報告した。彼は理知的で勇気のある少年だった。

平素丈夫な栄一も、七つの年には疱瘡《ほうそう》にかかった。さいわい軽くすんだが、回復期の子供は一人で寝ているのが退屈で淋しい。そこで、新屋敷の喜作《きさく》を呼んでくれなければ、食事をしないといって母親を手こずらせた。このハン・ストはたちまち効を奏し、二つ年上の従兄喜作がきて一日中相手をしてくれた。裕富な農家の一人息子は利発だったと同時に、自己主張も強かった。

栄一は性来犬が好きだったので、七、八歳ごろになると家に強そうな犬を飼ってもらった。そして近所の子供を集めて自分がその犬を引き連れ、隣村の犬と喧嘩《けんか》させにゆくのである。むろん勝てば他愛なく喜び、負ければ口惜しがったにちがいない。

ところで北阿賀野《きたあがの》村の銀蔵という中百姓《ちゅうびゃくしょう》が、黒という逞《たくま》しい猛犬を持っていた。黒は純粋の日本犬で耳は竹をそいだように立ち、尾はキリキリと巻きあがっていた。全身の毛並は漆黒だが、眉間にただ一点、白い毛の星があった。黒の向うところ四隣敵なしという勢いで、栄一の犬も始終手ひどく痛めつけられていた。彼はそれが無念でたまらない。そのうちに彼の愛犬は病死してしまった。

するとある日熊五郎という少年が栄一をたずねてきた。彼は栄一よりも五、六歳上で、やはり渋沢一族の古い分家の次男なのだが、栄一に輪《わ》をかけたような犬好きだったから、いつも犬の喧嘩《けんか》には付きそってきて、まるで栄一の家来みたいにかしづいていた。それが台所の土間で声をひそめると、

「坊っちゃん、ガッカリするには及びません。私にいい思案があります」といって、銀蔵の家へ黒を貰《もら》いにゆく話を切りだした。

藍倉からは藍の蒸れる匂いが通《かよ》ってくる。蟬しぐれの中で、門内の百日紅《さるすべり》は暑そうに紅《あか》かった。さいわいあたりに人もいない真昼の静けさ。二人は家を抜けだして、夕ンボ伝いに北阿賀野村へいった。すると、よもやと思った銀蔵が、黒をアッケなくくれた。昨日の恐ろしい敵は、今日の頼もしい味方である。栄一はうれしくて仕方がなかった。そしてこのニュースはたちまち村の内外に伝わった。

黒を手に入れた栄一と熊五郎は、それから至るところで勝利の快感に酔った。戦う場合の黒は悠然たるもので相手の犬がいくら吠えても騒いでも、どこを風が吹くかといわんばかりに落ちついている。しかしイザとなると、彼はウォーッと唸ってサッと敵へ飛びつき、電光石火で喉笛《のどぶえ》に嚙《か》みつく。敵は急所の痛手にモガキ苦しんで、声を限りに悲鳴をあげる。しかし黒は相手が弱り果てるまで決して口を離さない。そういう武者ぶりを、いつも熊五郎は夢中になって凝視しながら、万一形勢不利の場合があると臨機の声援を送るのだった。

黒は確かに犬の王だった。だから近村で犬を飼っている家は、その姿を見ると「ソラ渋沢の黒がきた」とばかり、戸をしめて飼犬を外へ出さないようになった。あまり強いので人に恨まれ、あるとき黒はあと足の一本をブラブラになるまで斬られたが、間もなく全治して従来通りの威力を発揮した。しかしいつとはなしに全盛期はすぎて、さすがの猛犬もくだり坂に向った。犬気違いの熊五郎は中の家へくるたびに、土蔵のヒサシの下にある犬小屋をのぞきこんで、黒を撫でたりさすったりしていたが、ある日、彼は馬肉を持ってきて黒に食べさせた。犬が馬肉を食べると元気が出て気が荒くなるといわれていたからである。

田舎では病死した馬をよく野山の馬棄場《うますてば》にすてる。馬棄場というくらいだから、あたりには腐臭がただよい、馬の死体や骨がゴロゴロしていたろう。熊五郎はそういう凄惨な場所へ忍びこんで、棄てられたばかりの馬から肉を切取ってきたのである。黒の全盛をこいねがう少年の一図な心だった。

一方、栄一は深谷町の福岡春清という漢方医に頼んで、黒を元気づける薬を調合してもらった。二人の少年は、秦《しん》の始皇帝《しこうてい》が渤海《ぼっかい》に不老不死の霊薬を求めたような気持だったかもしれない。

ある晩栄一が尾高の家へ泊まったとき、自分の寝床へコッソリ愛犬を入れて寝たため、翌朝尾高の叔母に見つけられて、サンザン小言をいわれたという話も残っている。その愛犬が黒だったかどうかは不明であるが、栄一の犬好きも相当なものだった。

〔思い出〕 私の旧制高校時代の夏休みだから、父はもう七十二、三になっていた。親子で朝食を共にしていると、家の飼犬が縁側に顎をのせて尾を振り鼻を鳴らしながら、恨めしそうにこっちを見ている。

父は食事がすむと食べ残した皿を持って縁側へ立ち、自分の箸《はし》で犬の口へ食物をさらいこんでやる。犬は桃色の舌をフキンのようにひるがえして、皿といわず箸といわずナメまわす。しかし父は一向平気で犬の頭を軽く叩きながら、もうおしまいぞ、といい聞かせていた。犬といっしょに寝た少年の姿が、この記憶をオーバーラップしてゆく。同時に私の兄三人のうち二人までが、非常な犬好きだったことなど思い出す）

十二歳になった正月、栄一は父の名代で本庄町《ほんじょう》へ年始まわりに出かけた。読書好きの彼は同町の貸本屋からよく本を借りて読んでいたが、その本屋へ返す本があったので、それを読みながら歩いていった。すると本に熱中したため足のほうがお留守になり、ハッと思うまに全身溝川《どぶがわ》へ落ちこんでしまった。せっかくの春着もダイなしである。そこでスゴスゴわがやへ引返すと、ふだん優しい母からひどく叱られた。そのときは厳格な父が取りなしてくれたという。総じて父親と母親では、わが子の言動に対する関心や価値判断に相違がある。この話にはそれがよく出ている。

＊1　一町は約一〇九メートル。

3　ませた子供

血洗島村では鎮守の祭に、昔から「ささら」と称する獅子舞《ししまい》をやった。竹のササラや笛太鼓の伴奏で踊るのだ。その中に法眼《ほうがん》という老いた雄獅子《おじし》と、若い雄獅子雌獅子《めじし》が三つ巴《どもえ》になって踊る舞があった。そして法眼を踊るのはどこの家、雄獅子はどこ、雌獅子はどこと、家々の受持ちがきまっていた。ところがある年、法眼の踊手《おどりて》にさしつかえでも出来たのか、近所の人が栄一に法眼を踊れとすすめた。するとまだ十二歳の子供が、すましてこう答えた。

「昔から中の家《なかんち》は雄獅子の家ときまってる。法眼なんか踊るのは厭《いや》だ。雄獅子を踊るのが理の当然さ」

そこで近所の人は苦笑しながらこういった。

「お前さん、どこで理の当然などという言葉を覚えてきた？　わしはじき六十になるが、こんなマセた口をきく子は見たことがない」

読書好きの栄一は年の割に語彙《ごい》が豊富で、相当生意気な少年だったらしい。

〈**思い出**　晩年の父があるとき笑いながら、この三匹の獅子の踊りを「つまり三角関係だよ」と説明したことがある。なんでもこの言葉がはやりだしたころの話

だった）

中の家の渋沢市郎右衛門は家業の一つとして藍玉を作った。しかし自家の畑の藍よりも、藍商人から買った藍葉で藍玉を作るほうが多かった。彼は藍葉のよしあしの鑑定や、藍玉の製法が抜群に上手だった。

藍玉を作るには納屋《なや》にムシロを敷いて上に藍葉を積みかさね、水を適当にかけてまた上からもムシロをかぶせておく。そのことを「寝かす」という。すると一種の発酵作用でかなり熱が出てくる。むろん寝かしている間も、水加減やムシロの厚さなどに注意が必要だ。上手に寝かした藍葉でこしらえた藍玉は色がよく染まるので、値も高く売れる。六十日も寝かしてから灰汁《あく》を入れて臼《うす》でつくと、まるで黒い餅《もち》みたいになる。それを直径六寸ぐらいの団子に丸めたものが藍玉である。

市郎右衛門の作った藍玉は一駄《いちだ》二十六貫で十両、ときには十五両にも売れた。そして彼は藍葉仕入れの旅に、よく栄一を同伴した。だから栄一も「門前の小僧」で、習わぬ商売を相当に覚えこんでいた。

その年は日照りつづきで、一番藍はサンザンの不作だったが、二番藍は豊作だった。しかし市郎右衛門は信州上州の紺屋《こんや》まわりをしなければならないので、藍葉の買出しにゆけない。そこでその仕事を、妻の父只右衛門に頼んだ。そして栄一にも、お祖父《じい》さんについてゆけと命じた。

只右衛門は顔にコブがあるので、みんなから「コブのじいさん」と呼ばれていた。栄一はコブといっしょに歩くのが厭だった。この人は中の家が左前になった時代、ただ漫然と見ていただけの当主で、好人物ではあるが役には立たない。おまけに年のせいでかなりボケてきた。栄一はそんなモウロク爺さんの伴《とも》をして、藍葉仕入れの旅に出るのが恥ずかしかった。彼はそのとき十四歳になっていた。

それでも第一日は祖父について矢島村へゆき、一、二軒の店で藍を買付《かいつ》けた。どうもコブのお伴では肩身が狭い。栄一は何とか祖父を出抜《だしぬ》こうと考え、「おじいさん。私は横瀬村のほうへゆきたいと思います」といったが、祖父は「お前一人でいっても仕方あるまい」と答えた。そこで栄一は「そうです。仕方はありませんが、ただ廻って見てきたいのです」と押しかえし、万一の用心にいくらかの金をもらって、単身新田村へ出向いた。そしてそこの店へいって藍葉を買いにきたと名のった。

何しろ鳶口髷《とびくちまげ》の十四の子供で、おまけに小柄ときている。誰もニヤニヤ笑うばかりで相手にしてくれない。栄一は父が藍葉を仕入れるとき、まるで医者が病人を診察するようなことを言うのを思いだし、自分もそれを真似して、藍を点検しながら巧者な口をきいた。

「この葉は乾燥が不十分だ。これは肥料が悪い。魚粕をつかわなかったね。お前の藍は下葉が枯《あが》ってるじゃないか。これはまた茎の切りかたがまずい」

こんな調子でマクシ立てると、それが一々図星だったので、最初バカにしていた商人たちも煙にまかれ、「これは驚きました。その通りです。どうしてそれが分かりますか?」などと感心して、みんな不思議な子がきたものだといい合う。おかげで栄一は二十一軒から上質の藍を安く仕入れることができた。

翌日は横瀬村と宮戸村。その翌日は大塚島村と内ケ島村《うちがしま》。初日に味をしめた栄一は、祖父が「オレもいっしょにいかなければ」というのを、「なに、おじいさんはいかんでもよろしい」と押しとどめ、一人でその年の分《ぶん》をほとんど全部買いあつめた。

後日、旅から帰ってきた市郎右衛門は、それらの藍を見て、栄一の手際を大層ホメたそうである。栄一の利発さは、最初から多分に実社会的かつ常識的方向に向かっていたと見える。

栄一が父に連れられて、そもそも江戸見物をしたのは十四の年だった。嘉永六年(一八五三)で黒船来航のふた月前である。後年栄一はそのときの印象を「江戸の町がまぶしいように見えた」と語っている。そして町々の木戸が堅くとざされていたり、参勤交代の行列が大業だったりしたのに目を見張った。

二回目の江戸見物はその翌年で、叔父《おじ》の保右衛門に連れていってもらった。ある日この二人が町を歩いているうち、一ツ橋《ひとつばし》辺で道に迷って桔梗《ききょう》門の前へ出た。厳《いか》めしい城門が空高くそびえている。叔父も甥《おい》も田舎者らしくそれを見上げながら、ついウカ

ウカと門内へ踏みこんだ。すると人相の悪い折助《おりすけ》（武家のしもべ）が門番溜《だま》りから出てきて、

「コラコラ百姓？　なぜはいった。泣いたって吠《ほ》えたって、ここはお城内《じょうない》だぞ。こうしてくれるからヒボシにでもなってしまえ」と、二人を物置みたいな小屋に押しこめ、戸をピシャリと締めていってしまった。

保右衛門も栄一も、どうなることかと途方に暮れた。しかし栄一は、ふと父の世間話を思いだした。「地獄の沙汰も金次第」で、こんな場合は金さえやれば許してくれるということである。そこで叔父に「金をおやりなさい」とすすめたが、正直一途の叔父は、そんなことをして、もし罰が重くなったら大変だと渋っている。そこへ最前の折助がまた顔を出した。栄一は「早く早く」と叔父をせき立てたので、叔父も思い切って折助の手に金を握らせた。

すると彼は打って変わった愛想顔になり、すぐ二人を解放してくれた。律気《りちぎ》一方の保右衛門は「お前の気転《きてん》で助かった」と大変に喜んだそうだ。閑静な田舎の旧家で、一粒種の坊っちゃん育ちをした十五の子供にしては、栄一の世俗的な分別も相当のものだ。

この江戸見物のついでに、栄一は小伝馬町《こでんま》の建具屋で桐の本箱と桐の懸硯《かけすずり》を買った。双方で一両二分というから、なかなか立派な品だったに違いない。それまでのが余り

粗末で古くなっていたからである。むろん栄一は、それを買うとき叔父にも見て貰ったし、帰宅してから父にも値段を告げておいた。

二、三日すると本箱と硯が家にとどいた。そこで栄一はそれを父に見せると、父はキッとなって栄一の顔と二つの品を見くらべていたが、怒気を含んだ声でこういった。

「つねづね質素倹約が大切だと言い聞かせているワシの言葉を忘れはしまい。お前はなぜこんな分不相応の贅沢《ぜいたく》なものを買ってきたのだ。今からこんな心がけでは、この家を無事安穏に守ってゆくことは出来ない。こんな品は使ってはならない。早く焼いてしまえ。ああワシは不孝な子を持った」

言訳をしたら、なおさらお説教の火の手があがった。

「子供といってもお前はもう十五ではないか。自分の考えを持たないでどうする。たとえ叔父さんがいいと言っても、一目見て欲しいと思った品をすぐ買ってしまうのは軽率すぎる。もしまた考えた上で、買ったのなら、質素倹約の念に欠けている証拠だ。どちらにしても不心得千万だ。

お前も殷《いん》の紂王《ちゅうおう》が象牙《ぞうげ》の箸を作ったとき、箕子《きし》[*1]が嘆いた言葉は知っておるではないか……」

ここで市郎右衛門は暴君の故事を引用した。紂王が象箸《ぞうちょ》を作った以上、食器も贅沢な玉《ぎょく》の杯となる。象箸玉杯が揃えば、それにつれて料理も美味珍味を求め、衣服も華美に流れ、住居もおごってくる。錦《にしき》を着て高台広室に住めば、天下に求めても足りない。いまからこんな分不相応の本箱や硯を買ってくるようでは、行末が思いやられる、というのだ。

栄一は最初、「何もそれほどのことでもないのに、大業な!」と思ったが、父は四日も五日も不機嫌で、チクリチクリと小言を繰返す。しかも栄一を見限ったような口ぶりである。母はもとより、保右衛門夫婦や喜作の父長兵衛が詫《わ》びてくれても、一向釈然としない。栄一もしまいには「あんまりだ」と恨めしくなって、父親の愛情さえ疑い出す反面、ああまで父が怒るところを見ると、自分には実際そんな悪い傾向があるのかしらと、わが心を恐れる気にもなって物悲しい憂鬱な幾日かをすごした。物心がついてから、栄一はこの厳格な父に一度も叱られたことがなかったのである。そしてこのときが最初で最後の叱責だったという。

市郎右衛門は農家の主人としては、学問教養のある人物だった。彼は彼なりの人生観や道義観によって、家を治め子を愛育していた。むろん跡取息子の栄一は、この父を信頼もし敬愛もしていた。これは栄一が年の割には、よく父親の人物を理解するだけの知性や徳性に恵まれていたからである。だから彼は激しい叱責を受けても、父親を恨みっぱなしにはしないで、ニガイ良薬から精神的栄養を吸収しようと努めた。つまり「親の意見と冷酒《ひやざけ》はあとで利《き》く」を地でいった訳である。一つには「親と師匠は無理なものと思え」という諺が、大手を振って通っていた時代のせいにもよるだろう。

つましく暮らすという考えは、用心深さの点で高層建築の強度計算に似ている。現実には起こり得べからざるほどの地震や風圧を考慮に入れて、建築の強度を増しておく。それを日常生活に当てはめれば「アツモノにこりてナマスを吹く」心がけである。一家の収支と睨みあわせた上で物を買うにしても、人間の欲望は切りがないから、買わずに我慢するのが一番である。たとえ出費がナマスであっても、アツモノなみに吹くに越したことはない。まして不生産的な贅沢品においてをやだ。

ところが、わずか十五歳の子が立派な本箱と硯を買ってきたのである。従来使っていた粗末な品とは余りにも違いすぎる。市郎右衛門の強度計算には、それがわが家の大地震、大暴風の前兆と出たのだろう。商品の大量生産も月賦《げっぷ》販売もなかった時代は、収支のバランスを超越した質素倹約が倫理に直結されていたのである。

＊1　古代中国の政治家。

4　レジスタンス

　話は栄一十四歳の年にもどるが、彼の姉お仲に縁談がおこった。お仲も乗気だったし、話もトントン運んだ。ところが相手の青年は、俗に「おさき狐《ぎつね》」といわれる家筋《いえすじ》のものだと分った。早くいえば「狐つき」の家筋、つまり精神病の血統なのである。そこで市郎右衛門の実父宗助が強く反対して、縁談は破れた。

　するとそれを悲しんでいたお仲は、とうとう精神に異常を呈しはじめた。今の精神分裂病だろう。「おさき狐」の家筋を忌避した家の娘が、そのために狐つき状態になったのである。これほど皮肉な不幸はない。市郎右衛門もお栄もひどく心痛した。

　中の家の裏には淵があった。お仲はその岸に立って水面に見入るのが好きだ。小半時も立ちつくしたままハラハラ涙を流したり、呼吸困難みたいな硬直状態になったりする。と、物に憑《つ》かれたように粗暴な言動を事とする。何しろ年ごろの娘だから、ほかの男に看病させる訳にはゆかない。栄一は両親の心痛を見て、その役を買って出た。

　お仲が淵に立つと、栄一は側を離れずに狂った姉の袂を押さえながら警護している。時にはそれを煩《うる》さがって、姉は弟を激しく罵《ののし》ったりする。しかし弟はさからわずに、ただ優しくいたわるのだった。近所の人たちはその様子を見て、遊びたい盛りの十四の子が、と感心し合ったそうである。

栄一が十六の年に、父市郎右衛門はお仲を連れて上州の室田《むろた》へ出かけた。そこの滝に打たせて病気をなおそうというのである。するとその留守に宗助の母は栄一の母を説きふせて、中の家へ遠加美講《とうかみこう》の修験者《しゅげんじゃ》を招くことに話をきめた。迷信嫌いな市郎右衛門の留守をねらった処置だったのである。

中の家にああいう娘が出たのは、何かの崇《たた》りに相違ない。霊験あらたかな行者《ぎょうじゃ》の御祈禱《きとう》で、オハライをして貰《もら》おうというのである。父に似て迷信嫌いな栄一が反対しても、子供の言分など取上げてはくれない。そしてある日三人の行者が中の家へ現われた。

行者は室内にものものしく注連《しめ》を張り、御幣《ごへい》を立て、行衣《ぎょうい》の姿で厳《おごそ》かに端座した。そして中の家の飯焚《めしたき》女を「中座」に選んだ。「中座」というのは霊媒である。目隠しされた霊媒は御幣を持って、中央の席に坐る。行者が呪文を唱えだすと、一座の信者たちも「トオカミ・エミタメ」などとそれに和した。そのうち昏々《こんこん》と眠っていた中座が御幣を振りはじめる。すると行者は彼女の目隠しをほどき、その前に平伏して伺《うかが》いを立てた。中座は気味の悪い声を出した。

「この家には金神《こんじん》と井戸の神の崇りがある。また無縁仏の崇りもある」

それを聞くと宗助の母は得意そうに「なんと、あらたかなものじゃないか。むかしこの家からお伊勢参りに出たまま、帰ってこない人がいたそうだが、たぶん途中で病死したのだろうという話を聞いたことがある。きっとその祟りに違いない」

そのとき突然、栄一が行者に質問した。

「その無縁仏が出たのはおよそ何年前ですか？　供養するのに年代が知れないと困りますが……」

行者の一人がセセラ笑うように栄一を見てから、中座にその伺いを立てた。

「およそ五、六十年前なるぞ」シンとした中に上ずった声がひびいた。

「そのときの年号はなんといいますか？」栄一の第二問が飛んだ。

「天保三年ごろなるぞ」

とたんに栄一はこう突っこんだ。

「天保三年は丁度いまから二十三年前に当ります。五、六十年たってはいません。人の家の古い無縁仏まで見通すほどの神様が、子供にも分かる年代を間違えるのはおかしい。そんなお告げは信用出来ません」

宗助の母はハラハラしながら「そんなことを言うと神罰が当る」と制したが、栄一の言葉は誰が聞いてももっともである。そこで行者も、

「ただいまのは、おおかた野狐《やこ》でも乗りうつったのであろう」と、言葉を濁《にご》した。

「野狐ならなおのこと、ホコラなど立てて供養する必要はありません」

栄一は待ってましたとばかり、こうトドメを刺した。いきおい一座は白けわたる。行者もバツが悪いから祈禱を中止して、憎さげに栄一を睨みつけながら帰っていった。おかげで宗助の母も黙りこんでしまった。栄一は胸がスーッとした。

後日上州の室田から帰ってきた市郎右衛門は、妻からこの話を聞いて、「いかにもあの子のやりそうなことだ」といって笑った。ちなみに宗助の母は、それ以来加持祈禱の類をフッツリやめてしまったそうである。またお仲の病気はその後全快し、別の人と結婚して子まで生んだが、一家にそんな病気はふたたび起こらなかった。

それにしても現代日本に、まだまだ迷信は尾を引いている。大東亜戦争という科学戦の最中に、日本の指導階級が大真面目な顔をして「神風」を空頼みしたのもその一例だ。また戦後にも「お助け爺さん」「おさすり石」の類が現われ、ゴリヤク販売業的新旧の擬似宗教も繁昌した。そして科学の最尖端をゆく原子炉の火入式にさえ、神官が昔ながらのオハライをしている。といって国民の多数が神道に宗教的信仰を持っている訳でもなさそうだ。古い行事の物持がいい国なのである。ともかく人事を尽さずに「神だのみ」や「神がかり」に陶酔するのは原始的で安易すぎる。

話を本題にもどす。市郎右衛門はむろん栄一の利発さを喜んだ。しかしこの少年が学問や剣術の武士的教育に熱中して、家業を嫌っては困ると考え、十四ぐらいから家の仕事を手伝わせた。もう七十六、七になるコブの祖父が隠居所から出てきて、耕作にゆく孫をうれしそうに見ながら「気をつけなよ。鍬先《くわさき》に足を嚙まれるなよ」と注意などする。栄一は下肥《しもごえ》もかつぎ、縄《なわ》も綯《な》い、ワラジも作り、蚕《かいこ》も飼い、藍も扱った。

当時の農村少年は十五で「若い者」の仲間入りをする。いわば武家の元服《げんぷく》だ。やがて栄一もこの仲間にはいった。彼は学問才知があり、弁舌に優れている。だから村の寄合いにはいつもよい意見を出して、それを実行に移した。彼は十六、七のころ、近隣数カ村の有力者から「若い者頭」に推された。そして渋沢喜作もその一人だった。

喜作と栄一はかなり性格が違っていた。しかしこの親密な従兄弟たちは共に有能な青年だった。そして村に何か事件が起こっても、この二人が顔を出せば、かならず話はまとまるというほどの存在になった。

中の家は領主安部摂津守の御用達だった。御用達という名目は農家の名誉だったかわりに、よく御用金を取られる、有りがた迷惑の役でもあった。するとある日、岡部《おかべ》村の陣屋から市郎右衛門に出頭を命じてきた。しかし彼は風邪だったので、十七歳の栄一が代りにいった。彼は父と同年輩の今井紋七や小暮磯右衛門と二里の道を同行した。よく晴れた秋の日だった。

代官屋敷は階段をあがると格子《こうし》があって、中に畳が敷いてあった。代官が現われたので一同平伏した。すると代官はものものしく口を開いた。

「このたびお姫様がお輿入《こしいれ》（嫁入り）遊ばすについては、諸事お物入りである。よってそのほうどもへ御用金を申しつける。お目出たき儀の御用金だから、そのほうどもの名誉もこの上ない。右有りがたくお受けするよう」

　そして渋沢宗助は千両、渋沢市郎右衛門は五百両などと割当額を伝えた。一座は一家の主人ばかりだから、みな平伏して即座に有りがたくお受けした。しかし、栄一はこう言葉をはさんだ。

「……私は父の名代で参りましたから、帰宅して父に申聞けました上、お受けいたす場合は、改めて出頭いたします」

　まだ言いおわらぬうちに、側の今井と小暮は顔の色を変えて、「よせ、よせ」と栄一の袖《そで》を引いた。しかし栄一はよさなかった。と、代官の表情が見る見る険《けわ》しくなっていった。

　代官は声を荒らげて怒鳴った。

「タワケたことを申すな。そのほう一体お上《かみ》の御用を何と心得る。これしきのことが即答出来んで、それで親の名代と申せるか。この不届者め」

　しかし栄一は依然として「父に申聞けました上」を繰返した。そこで代官もいよいよ腹を立てた。

「お前はもう十七で、なかなか利口だというではないか。どうだ、そろそろ女郎買の味も覚えたろう。もっと大人《おとな》らしい分別を出して、あとさきのことを考えろ。分かりきった話ではないか。即刻お受けいたさんにおいては、そのぶんには捨ておかんぞ」

栄一は憤《いきどお》りと口惜《くや》しさに全身がワナワナ震えた。そして執拗《しつよう》に同じ返事を頑張り通した。代官もこんな強情な百姓を見たことがなかったろう。しかし手のくだしようもない。とうとう根負《こんまけ》してしまった。

陣屋を退出した栄一は、秋晴れの稲田も遠い連山も目にはいらなかった。彼の頭は代官の侮辱で一杯だった。

領主は定時に年貢《ねんぐ》を取立てていながら、御用金などという勝手な名をつけて、なぜ農民から不時の金まで取りあげるのだろう？　しかも貸した金でも取戻すような権柄《けんぺい》ずくは、一体どんな理屈から生じた権利なのだろう？　あの代官の言動を見ると、到底知識教養ある人物とは思われない。そんな男に、なぜ自分はああまで侮辱されなければならないのだろう？

そもそも人間の尊卑は、その賢愚や徳不徳によって差が生じる。それが当然の道理だ。ところが、あんな碌《ろく》でもない男が威張りちらすのは、彼がただ侍《さむらい》だからである。武士と百姓に、なぜこう身分の差別があるのだろう？　事の理非曲直《りひきょくちょく》を無視して武士は威張り、農民は平伏する。そんな階級制度は間違っている。それというのも幕政が悪いからだ……。この結論に達したとき、栄一はいつかわが家へ帰りついていた。

彼は父に代官所の一件を話して自分の憤懣《ふんまん》をもらした。しかし市郎右衛門は「それが泣く子と地頭《じとう》で仕方がない。明日受けてくるがよろしい」と答えた。栄一は翌日また岡部村へ出かけて、五百両納めてきた。しかし父の諦めている「泣く子と地頭」も、栄一には諦めきれない胸のシコリとなった。

（**思い出**　晩年の父はこの話が出ると「親がなければ代官をナグリ飛ばして出奔《しゅっぽん》したかもしれない。あのときは、本当に腹が立ったよ」と笑っていた）

5 危険思想

この辺で幕末の情勢にふれておこう。

アメリカのペリー水師提督が「黒船《くろふね》」をひきいて浦賀に迫ったのは嘉永六年（一八五三）で栄一が十四の年だった。「評判記」と称する今の新聞号外みたいなものが、この恐るべきニュースを血洗島へも伝達した。

日本の小船何十艘《そう》で黒船を囲んでも大きくて囲みきれないとか、梯子《はしご》をかけても舷《ふなべり》が高くて登れないとか、火事のような黒けむりを吐いて独りでに走るとか、髭《ひげ》ムシャの唐人が上陸したから、日本はもう取られてしまうとか、大変な騒ぎだった。そして栄一は子供心にも、耳もとをガンと打たれたような気がした。

そのふた月前、彼は父に連れられて江戸見物をしている。そのとき猿若《さるわか》三座の芝居町や吉原遊廓に、華美軽薄な浮かれ男が充満しているのを見て、市郎右衛門は安逸遊《あんいつゆう》惰《だ》な世相を慨嘆し国の将来を憂えた。彼は質実な正直者だから、息子の手前だけ慨嘆して、あとでコッソリ遊びにゆくような横着者とは正反対の人間だった。そういう父の薫陶を受けていた栄一だから、子供ながらも「黒船来」に国の前途を心配したものと見える。そしてこれは彼の関心事が、儒教的な「修身斉家治国平天下」のコースを辿って、一身から一家へ、一家から一村へ、一村から一国へと飛躍してゆく第一歩だった。

アメリカの通商要求に対して、国内は和親、抗戦の両論に分かれてフットウした。するとと今度はロシアのプチャーチン提督が長崎へきた。日本の不安は高まる一方である。幕府もこの嘉永六年には品川湾に台場を築いたり、大船製造禁止の法を解除したり、幼稚なドロナワ式国土防衛をはじめた。

翌安政元年にはペリーがまた浦賀へきた。幕府は下田、函館二港を開く約束をした。つづいてイギリスのシーモア提督も長崎へきた。そして八月にはイギリス、十二月にはアメリカ、ロシア、都合三国と和親条約を結んだ。

鎖国論者は京都の朝廷を動かして幕府に対抗した。そして日本の主権は名実共に天皇にのみあるべきだという「尊皇論《そんのうろん》」が高揚された。やがてこの気運は攘夷《じょうい》倒幕の火となって燃えあがった。幕府の権威は日ましに低下する。嘉永六年からの数年間だけでも、老中の交替は十人に及んだ。そして安政五年に大老となった井伊直弼《いいなおすけ》も、二年後には桜田門で暗殺された。つまりは尊皇攘夷鎖国倒幕の論と、開国佐幕の説がキシミ合った所産にほかならない。

通商条約が結ばれた結果、外国から贅沢な品が輸入されて、国の諸物価は急速にあがった。暮らしにくくなった国民の恨みは、外国ならびに外国貿易を許した幕府に向かって投げつけられる。いきおい開国佐幕説などは意気地のない「事なかれ主義」としか見なされなかった。

さて手許《てばか》村にある尾高の家は農作や藍玉製造のほかに、雑貨なども商っていた。前述した通り、長男新五郎は十七でもう一廉《ひとかど》の学者だったが、また情誼《じょうぎ》に厚い孝行息子でもあった。

彼の父勝五郎《かつごろう》は手許村の名主を勤めていたが、家計は楽でなかった。しかも勝五郎には、意地っ張りでミエ坊な老父母がいた。一方、勝五郎の妻は血洗島村随一の財産家渋沢宗助の娘である。宗助が近郷近在から旦那、旦那と立てられていることも、勝五郎の老父母には面白くない。おまけに宗助は旦那風を吹かせるウルサ型で、よく人に干渉する。当然その干渉は、娘の婚家へも頻繁《ひんぱん》にきた。

「向こうが御用達なら、こっちも名主だ。嫁の里からさし出がましい注意など不都合な」

勝五郎よりも老父母が業を煮やして、嫁の里に負けないような暮らしのミエなど張る。おかげで家の借金がふえた。そして老父母の憎悪は勝五郎の嫁に集中され、勝五郎まで妻に反感を持つようになった。その結果、妻は苦痛に堪えかねて、とうとう実家へ逃げ帰った。新五郎十六の年である。

新五郎の幼い妹や弟は母を慕って泣きつづける。彼はある日母の実家へゆき「あんな家へは死んでも帰らない」といい張る母を、情理兼ねそなわる懇願と諫言《かんげん》で連れもどした。無論この一事は、学者新五郎に人間的な光をそえた。

これも前述した通り、栄一は毎日のように新五郎の家へ勉学に通った。すると新屋敷の渋沢喜作もよくき合せていた。また新五郎には長七郎《ちょうしちろう》という八つ年下の弟もいた。彼は喜作と同年で、栄一より二つ年上だった。そしてこの四人の青年たちは、日一日と国事を憂える「天下の志士」みたいな気概を帯びていった。

ところで新五郎は水戸学派に傾倒していた。それは当時の気骨ある青年に最も喜ばれた学風である。だから新五郎も藤田東湖《ふじたとうこ》の『新策』および『常陸帯《ひたちおび》』や、会沢正志《あいざわせいし》の『新論』に深く心酔して、ペリーに対する幕府の開港を痛烈に非難していた。

「国は鎖《とざ》さなければならない。夷狄《いてき》*1は攘《はら》わなければならない。彼の言う通りに和親通商を許すのは、城下の盟《ちかい》を結ぶにひとしい。そんな汚辱がまたとあろうか。日本に戦う力があってこそ、真の和親は結べる。それなくして結ぶ和親は、和親ではなくて屈従だ。犬や豚の前に屈従する。どうして神州の人間にそんな真似が出来よう。開国を許した幕吏《ばくり》は国賊で、鎖国を主張した水戸派の人士は、天晴《あっぱ》れ神州の精華を発揮した忠臣である」

三人の青年が学徳識見ある先輩の思想に影響されないはずはない。特に十歳も年下の栄一が強い感化を受けたのは当然である。

そのころ栄一は、すでに『清英近世談《しんえいきんせいだん》』を読んでいた。恐らく新五郎に教わって読んだ本だろうが、その内容は「阿片《あへん》戦争」である。清《しん》の林則徐《りんそくじょ》がイギリス船の積んできた阿片を焼払ったために、イギリスが清国《しんこく》へ武力弾圧を加えた物語だ。夷狄は我欲のために有害な毒物を他国へ売りつけ、それを買わないといって戦争までしかける。こんな非理非道の横車があろうか？　そんな野蛮人に神州を汚されてたまるものか！　栄一の胸にも攘夷思想の火が燃えあがった。そして後年の栄一は当時のことをこう述懐《じゅっかい》している。

「もし藍香《らんこう》（新五郎の雅号）の悲憤慷慨《こうがい》がなかったなら、私も一生安閑《あんかん》として血洗島の百姓で終ったかもしれない。だから私を故郷から出奔させたものは、藍香が水戸学に感化された、その余波である」

それは若い共産主義者が、先輩からマルクスやエンゲルスを吹きこまれた場合と同じ感激だったろう。また多感な青年画家の作品が、尊敬する先生の画風に似てしまう心理にも通じていたろう。

ここでこの青年たちの日常生活を想像するために、話を彼等の剣道修業と商用旅行に移そう。

尾高新五郎は剣を大川平兵衛《おおかわへいべえ》に学んだ。平兵衛は後年の実業家大川平三郎《へいざぶろう》の祖父で、当時川越藩の指南役だった。新五郎の腕も相当だったらしいが、弟の長七郎は飛びぬけて強かった。その話は後に譲るとして、栄一は大川平兵衛の門人で免許皆伝の渋沢新三郎《しんざぶろう》に教わった。流儀は神刀無念流。そして渋沢喜作も同門だったらしい。

新三郎は尊大な性質で、人を威圧する風があったから、誰も気圧されて物が言えない。しかし栄一だけは平気で口も利いたし議論もした。それが新三郎の気に入らない。同時に栄一もまた新三郎を嫌った。そんな師弟の関係では親身の稽古もつけてもらえなかったろう。とにかく栄一の腕前は初段程度で、体当りが得意だったという。

栄一の身長は五尺二寸[*2]あまりしかなかった。しかし顔や上半身は普通人より大きかった。脚が短かかったのである。だから坐っていると、非常に大きく見えた。体重も身長のわりには大変重かった。そして腕力も腰も人並以上に強かった。そこで剣術の場合も、肉弾戦で相手をネジ伏せたものと見える。

農閑期がくると、栄一は長七郎について、野州上州辺の道場へ、よく他流試合に出かけた。

どこへいっても、長七郎に歯の立つ相手はいなかった。また、ときおり江戸からくる剣客でも、彼に勝つものは滅多にいなかった。したがって栄一などは子供扱いされた。

〈**思い出**　長七郎は父と立合うと、よく自分の面《めん》の上に右手でシナイを水平に乗せ、手を放して磁石の針みたいにクルリと廻《ま》わす。父がそのスキをねらって打ち

こんでゆくと、長七郎は一瞬早く回転してきたシナイのツカを握って、片手上段にピシリと面へくる。まるで段違いだったそうだ）

栄一は市郎右衛門の伴《とも》をして、年に数回信州辺の紺屋廻りに出かけた。和服へ角帯をしめて、半股引に脚絆草鞋《きゃはんわらじ》、腰には道中差《どうちゅうざし》を一本。雨具、帳面その他の旅行用品は振分《ふりわけ》にして肩へかける。紺屋は藍玉屋を大事にしたから、自分の家を宿に提供した上、食事までもてなしてくれる。ある年の正月信州の上田で、栄一は雑煮を食べすぎて黄《おう》疸《だん》になった。すると同行の父はすぐ小言である。

「お前が余り食べすぎるから悪い」

「だって、そりゃ無理ですよ。お父さんは紺屋さんで出す雑煮を辞退なさって、その申訳に、〝お前いただいたらどうだ〟とおっしゃる。だから私は我慢して無理に食べたんです」

栄一の抗弁に市郎右衛門も苦笑するほかなかった。信州に十七、八日間も滞在して、毎日紺屋を五軒ぐらいまわる。大きな田舎の餅を一軒で三つずつ食べても、一日十五の勘定だ。それが十数日つづいては、いくら胃の丈夫な青年も病気になるのが当然だった。

こんな商用の旅に、栄一は新五郎や長七郎ともよく出かけた。三人は互いに漢詩や漢文の紀行をものして、青年らしく旅を楽しみ合った。ただし紀行といっても、時事を論じた慨嘆調が多い。三人とも自分たちのことを「刀陰之耕夫《とういんのこうふ》」（利根川べりの農夫）などと書いているが、彼等の心は旅に出ても「天下の志士」だった。

幕末の世相は彼等の心に拍車をかけた。水滸伝《すいこでん》を愛読していた彼等は、ひそかに手許村の尾高宅を「梁山泊《りょうざんぱく》」と目し、百八人の豪傑ではないが、同士を集める下心があった。だから長七郎はよく野州や上州の旅先で、これはと思う青年を物色した。また自ら江戸の海保《かいほ》塾にはいって学問を修める一方、伊庭軍兵衛《いばぐんべえ》の道場で剣術を習いながら、意気投合した青年たちと深く交際しだした。それと呼応して、田舎の三人も時おり江戸からくる儒者や剣客に天下の大勢を聞いては、彼等と大いに国事を論じた。そして主義主張の一致したものは、生れや育ちを超越した血の近さを感じあう。みな若いのだから、功名心にも燃えていたろう。しかし心の底に流れる共通点は、この幕政で日本はどうなるだろう、という憂慮だった。

市郎右衛門にこの気配が察しられないはずはなかった。彼は手許村の「梁山泊」を気にしだした。新五郎も長七郎も喜作も栄一も、それぞれに頼もしい有為な青年ばかりだ。ことに栄一は、将来を嘱望《しょくぼう》している自分の跡取息子である。その彼が読書と剣術と政治論に没頭して、メッキリ百姓ばなれしてきた。もし家業を捨てられては先祖に申訳ない。これが市郎右衛門の第一の心配だった。

どうも栄一の様子には、幕政を非として何か画策しそうな気魄《きはく》が感じられる。そんな実際運動に関係したら一家の一大事である。これが第二の心配だった。

市郎右衛門は栄一にたびたび注意した。そして安政五年（一八五八）の暮れに嫁を持たせた。花嫁は尾高勝五郎の三女千代《ちよ》で、その母は市郎右衛門の姉に当る。だからいとこ同士の結婚だった。数え年十九の新郎に十八の新婦である。昔は都会も田舎も婚期は早かったが、それにしても市郎右衛門の頭に、嫁を持たせて子でも出来たら、栄一も落ちつくだろう、という親心はあったものと想像される。

千代の里は家計が苦しいくせにミエを張る家、婚家は豊かな割に諸事質素で几帳面な家風。若妻には相当気苦労も多かった。しかも栄一は家庭的な夫ではない。第一、その時代には、まだ家庭という言葉も観念もなかった。しかし、いくら昔風の結婚だったにしても、栄一と千代の場合は、親の命令で見ず知らずの男女がいっしょになったのとは違う。二人は幼馴染だった上に、千代の兄新五郎と長七郎は、栄一の師であり先輩であり親友でもあった。二人の男女は互いによく気心を知り合っていたはずである。そして双方の親も兄も、当人たちの好悪や意向を縁談の前提としたに違いない。さらに想像を逞《たくま》しくすれば、二人の間に恋愛感情が生れていたかもしれない。

中の家は市郎右衛門の丹精で、東の家につぐ資産家となった。そして栄一は評判の末頼もしい若旦那である。すでに近村一帯の尊敬や人望を得ていた彼が、新らしく愛妻まで得たのである。何を好んで家業を捨てる必要があろう。しかし栄一は一身の幸福や安穏よりも、国の前途が気になってたまらない。それは幕末の時代精神の一つでもあった。同時に栄一の本能に近いひた向きな衝動でもあった。豊かな家も、居心地のよい村も、父も母もそして愛妻も、彼の青年らしい情熱の浮揚力を押さえるオモシにはならなかったのである。

ここで栄一の母おえいの一挿話に移ろう。黒船におびやかされて、日本は上を下への大騒ぎをしていても、農村の一般家庭には大体静かな月日が流れていた。

中の家の隣に、おえいより少し年上の癩《らい》*3患者の女がいた。人に忌み嫌われるのを気の毒がって、おえいはその女によく物を与えた。すると先方も時にはボタ餅など作ってくる。するとおえいは平気でそれを食べた。家族はみなその無神経に呆れる。そこで栄一が母に注意した。

「ナサケ深いのは結構ですが、ふだんああまで世話する必要はありません。それに癩病はうつるといいますから、気をつけて下さい」

しかしおえいは「そんなことはない。お医者に聞いたら、うつらないといった」となかなか頑強である。

鹿島神社という社《やしろ》の境内に年古りたケヤキの大木がある。筆者が数年前に見た記憶によると、太い根本の内部がウツロになっていて、根本の一カ所にあるスキマから中へはいれた。中は畳が何畳か敷けそうな広さで、その中央に井戸が出来ていた。そして昔からこの井戸の水は諸病に利く霊水だと信じられていた。話は栄一の青年時代に遡《さかのぼ》るから、ケヤキの大木も現在より元気だったろうし、霊水の迷信も盛んだったに違いない。とにかく鹿島神社の境内にこの霊水で立てる共同風呂があった。そしてある日おえいが入浴していると、そこへ例の癩患者がはいりにきた。当然ほかの入浴者はみな逃げだしたが、おえいだけは後に残って、その女の背中まで流してやったという。おえいの慈悲深さは確かに度をこしていた。

彼女は別に学問もない温良な農家の主婦だったから、息子栄一の志士的傾向に干渉などしなかった。その傾向を苦にしたのは専《もっぱ》ら父市郎右衛門である。彼はわが子が江戸からきた学者と対等に議論しているのなど見ると、うれしさと心配が重なり合ってくる。後年、昭和の初期の父親が、学校のよく出来る息子の将来を楽しみにしているうち、息子は赤い思想に染まってゆく。市郎右衛門はきっとあれに似た不安や心痛を味わったことだろう。

そのころ同士長七郎は江戸遊学中だった。栄一はその跡が追いたくてヤキモキしていた。

＊1　外国人への蔑称。
＊2　約一五七・五センチ。
＊3　ハンセン病。

6　地下運動

文久元年（一八六一）の春先、栄一はとうとう父に江戸遊学の希望を切りだした。しかし父は許してくれない。学問や剣術に凝《こ》って、家業を粗略にするのは以《もっ》ての外だという小言である。

「いや、決して家業を粗略にするのではありません。農閑期に江戸でチョッと勉強してくるだけの話です」

こんな調子にねばって、強引に許可を受けた。栄一が二十二の年である。

江戸へ出た彼は儒者海保《じゅしゃかいほ》章之助の塾にはいった。そしてその年の五月ごろ、今度はお玉が池の千葉道場に入門した。いずれも儒学と剣道を修めるのが第一義の目的ではなかった。そういう場所へ集まる青年に、同気相求めるような硬骨漢が多かったからである。彼もやはり「梁山泊」の豪傑を物色しにいったのだった。

栄一が海保塾にいたころ、ある日浅草へ出かけた。すると仲見世に男の西洋人が二人いた。昔も今も旅行者に変りはない。おおかたスーヴニァでも買っていたのだろう。栄一はその時の感懐を次のような七言絶句に託した。

「……たまたま浅草に遊んで異人を見る。腰《よう》間の宝刀躍り出でんと欲す。思いおこす子房《しぼう》の暴秦《ぼうしん》に椎《つい》するを」

どうも物騒で単純な攘夷論者である。その年栄一は何食わぬ顔して故郷へ帰った。

翌文久二年の正月には、江戸で坂下門《さかしたもん》の変がおこった。数人の同士が閣老安藤《あんどう》対馬守《つしまのかみ》の登城を坂下門に待受けて斬りつけた事件である。そして事は破れ志士は捕えられた。その結果、長七郎にも嫌疑がかかってきた。もう人事《ひとごと》ではない。江戸の火事が手許村へも飛火《とびひ》したのである。

坂下門の変がおこる直前、世上にこんな説が流れた。

閣老安藤対馬守信正《のぶまさ》は外夷の歓心を買おうとするあまり、自分の妾《めかけ》を異人に贈った。幕僚の堀織部《ほりおりべ》は事前にそういう醜態を諌《いさ》めたが、安藤は反省しなかったので、堀は切腹して死んだというのである。

これは結局、根拠のないデマだったが、「一犬影に吠ゆれば万犬声に吠ゆ」で、聞く人は信じてしまう。この噂《うわさ》を江戸で耳にした長七郎は、日夜郷里へ急行した。純潔な彼には、腹にすえかねた汚職外交だったのである。

そのころ志士の間に、長七郎の名声は高まっていた。彼の主張には理論の裏付けが深く、しかも剣術は非凡な腕前で、勇気に満ちた行動家である。だから四方の志士が彼をたずねて、事を図るものが少なくない。現に長州の多賀屋勇《たがやいさむ》もその一人で、彼は長七郎と共に輪王寺宮公現法親王《りんのうじのみやこうげん》（後の北白川宮能久親王《きたしらかわのみやよしひさ》）を奉じて兵を日光山に挙げようと企て、二人は文久元年に水戸へいって原市之進《はらいちのしん》を勧誘したが応じない。そこで今度は宇都宮に菊地教中《きくちきょうちゅう》を、江戸に大橋順蔵《おおはしじゅんぞう》（宇都宮藩儒者）を歴訪して説いた。

すると菊地はすぐ同意したが、大橋は反対した。というのは、当時大橋の計画していた安藤対馬守襲撃の準備が実行寸前に進んでいたからである。おかげで多賀屋と長七郎の日光挙兵計画はお流れになったかわりに、長七郎は汚辱外交の張本人安藤を襲撃しようという新しい土産を持って、急遽《きゅうきょ》郷里へ帰った次第である。

新五郎、喜作、栄一の三人は長七郎からこの計画を聞いて慎重に協議した。

長七郎が大橋の一味に加わって安藤を暗殺したところで、また、第二、第三の安藤が現われる。一安藤を仕止めても、幕府が鎖国政策に転向するとは考えられない。もっと抜本的な大計画を講じない限り、幕政を改革することは出来ない。安藤と引替えに同士長七郎を失うのは愚だ。……これが三人の結論で、長七郎もその説に従った。そこで新五郎は大橋に会って、われわれが不賛成ですから、長七郎は今回の計画から脱退させますと断った。

そうこうするうち、幕府は大橋の隠謀を探知して、文久二年正月十二日に彼を捕縛した。そこで大橋の残党は彼の意思通り、正月十五日に坂下門で安藤を襲った。しかし安藤は傷ついただけで、同士六人はその場に討たれ、他は捕えられた。吟味の結果、長七郎にも幕府の嫌疑がかかり、手許村へも捕吏の手がのびてきたのである。

このホット・ニュースが深谷在へ伝わる数時間前に、当の長七郎は手許村の家を出て江戸へ向かっていた。彼は大橋の捕縛も、坂下門の失敗も、自分がお尋ね者になっていることも知らなかった。その夜、彼の出発を親戚から聞いた栄一は愕然《がくぜん》とした。何も知らない長七郎が江戸へノコノコ出てゆくのは、自ら縛られにゆくようなもので、それこそ飛んで灯《ひ》に入る夏の虫だ。栄一は旅仕度もそこそこ、夢中で家を飛びだした。長七郎が、今夜は熊谷泊まりだ、と言ったという言葉を頼りにあとを追ったのである。もう夜の更けた田畑に、赤城おろしが吹きすさんでいた。

息のつづく限り、足の動く限り、栄一は四里あまりの道を急いだ。そして熊谷に着いたころは、暁《あかつき》の色が眠った宿場町を浸して、屋根屋根の霜がホノ白かった。と、人通りのない町筋に、たった一軒、戸のあいている家があった。長七郎の定宿《じょうやど》小松屋である。栄一はそこへ駆けこんだ。見ると、あがりがまちに腰かけて、ワラジの紐《ひも》を結んでいる男がある。長七郎だ。間一髪というキワドイところだった。

「間に合ってよかった！」

「おや、君は？」

「君はじゃない。貴公何も知らんのだろう？」

不思議そうに彼を見あげる長七郎を外へ連れだして、栄一は一部始終を語った。さすがに長七郎も驚いた。そして栄一は新五郎の提案として、しばらく長七郎を信州へ落としておきたいのだが、本道は危いから間道を選んでゆくようにと伝えた。信州佐《さ》久《く》郡には新五郎や栄一の知っている剣客木内芳軒《きうちほうけん》がいたのである。その日栄一は長七郎を妻沼《めぬま》まで送った。

当時、攘夷論の本場だった京都には「学習院」なる結社があって、諸藩から集まる「御寄人《おんよりびと》」と称する論客たちが盛んに国事を談じていた。そこで栄一は長七郎に、信州でホトボリをさましたら京都へまわり、それらの様子を見がてら、天下の大勢を探ってくるように頼んで袂《たもと》を分った。

ここで話は中の家へ移る。文久二年の二月、栄一の妻千代は長男を生んだが、嬰児《えいじ》は麻疹《はしか》ですぐ死んだ。そして翌年の八月に長女宇多《うた》が生れた。後年穂積陳重《ほづみのぶしげ》（重遠《しげとお》の父）に嫁した歌子である。その歌子がまだ胎内にいる早春のある夕方、部屋の中の千代は、栄一が藁束《わらたば》の跡始末に一人で庭を掃きながら、漢詩を吟じているのを耳にした。

それは、「雄気堂々斗牛《とぎゅう》を貫く」という起句にはじまる古人の七言絶句で、誓って君のために頑悪な仇《あだ》を取りはらおう、一身の出世などは問題でない、という意味だった。

障子の蔭で針仕事をしていた千代は、夫もこの詩の作者と同じ思いの人だから、いつなんどき家を飛び出すか分からない。そうなれば舅《しゅうと》姑《しゅうとめ》への孝養はもとより、やがて生れてくる子の養育や家事万端を身一つに引受けて、当てのない夫の帰りを待たなければならない。「国事」に熱中している夫は平素碌《ろく》に世間話もしてくれない。熱中する対象が「国事」という至上命令だけに、愚痴や文句も言いにくい。あれこれ思うとつい不覚の涙が千代の頰を伝って、縫っている産衣《うぶぎ》をぬらすのだった。

いま考えると、こうした昔の嫁は、全く忍耐《にんたい》の代名詞みたいな存在だったのである。事実、歌子が生れてからも、栄一はよき父、よき夫として家になど落ちついていなかった。彼は日本の前途を一身に背負ったような意気ごみで、その年も江戸へ出た。そしてまた海保塾と千葉道場に数カ月を送った。

概して青年は、伝統に反抗する精神を持っている。ある年齢には、反抗それ自体を楽しむ傾向さえある。そしていわゆる「理由なき反抗」は、ただ旧慣や常識を破ることに生甲斐《いきがい》を感じるのだ。

ところで新五郎、長七郎、喜作、栄一の幕府に対する愛国的反抗は「尊皇攘夷」の旗印を得て、倒幕思想へと進展していった。これを結果的に見ると近代文明の黎明《れいめい》期に個人の自由や生活権を要求する民衆の声が「尊皇」とか「攘夷」とかいう変奏曲を奏《かな》でたとも考えられる。なぜなら当時はまず目前の障害物を打倒するのに、これら変奏曲ほど手近で効果的な旗印はなかったからである。それは国民の哲学でもあり感情でもあった。そして当時命を投げ出した行動派が、みな今日のいわゆるインテリだったことは注目に価する事実である。

尊皇攘夷論者の中にも一旗組はあったろう。またこの旗印を看板に、金を強奪する悪党もいたろう。そこへゆくと尾高、渋沢の四人は、純粋無垢な反抗者ばかりだった。めいめい家業と家族を持つ彼等は、そんな運動に関係しないほうが、一身一家の無事安穏なことは分かり切っている。しかも国の前途が心配でジッとしてはいられないというのだ。

漢学育ちの青年だから、「王侯将相《おうこうしょうしょう》いずくんぞ種《しゅ》あらんや」式に、大臣宰相《さいしょう》を夢みる心はあったかもしれない。しかし、あったとしても、それは物に憑かれたような憂国の情の景品程度だったろう。彼等は一身を犠牲にして、幕府の潰れるような騒動を持ちあげたかったのである。

彼等の心境を近代の例に比較するなら、戦前の共産主義者が国法と戦った気持に近かったかもしれない。しかし徳川幕府は昭和の日本政府より、反逆者を雑作もなく殺した。あるいは二・二六事件の反乱将校に似ていたろうか？　ただしこの四人は、反乱将校ほど武装した軍隊の指揮権を握ってはいなかった。ことによると、彼等は宗教家の殉教に類する心理だったかもしれない。とにかく血気さかんな四人は、地下運動に赤穂義士の討入り前みたいなスリルを味わいつづけた。

そのころ近くの北阿賀野《きたあがの》村に桃井儀八《もものいぎはち》という儒者がいた。彼は庭瀬《にわせ》*1藩主の師範だったが、時局を慨嘆して天下の志士と交わり、長州藩士と何か大事を約したとも伝えられる。彼は文久三年の春庭瀬藩の禄《ろく》を辞して中瀬《なかせ》村に居を定め、表面上は子弟を教育しながら、内実は上州の名族岩松満次郎《いわまつまんじろう》（新田義貞《にったよしさだ》の後裔《こうえい》）を主将として、攘夷倒幕の兵を挙げる陰謀を計画していた。

　儀八が新五郎や長七郎と交渉のあったことは彼の日記にも書いてあるし、また栄一や喜作も彼を中瀬村にたずねている。実際、彼等は互いに挙兵の密議を相談したらしい。しかし儀八と新五郎の方策に相違があった上、新五郎は儀八を頼むに足りない人物と見て、彼の加盟申込を拒絶したという説もある。また一方、新五郎は自分たち一味が失敗した場合は、儀八に後続者となってもらうよう要請したという説もある。どちらが本当か分らないが、両者が同時に兵を挙げようとしなかったことだけは確かである。

　文久三年の夏、栄一は江戸から帰郷したが、長七郎はまだ京都にいたので、新五郎と喜作と三人で一つの具体案をまとめた。何でも八月ごろだったという。

　封建的階級制度が幕府を腐敗沈滞させて、とても勅命通りに鎖国攘夷を断行する能力はない。われわれ憂国の士が天下の耳目を驚かすような大事件を起こして、まず幕府を倒さなければ日本は救われない。といって二人や三人の異人を斬殺したところで、生麦《なまむぎ》事件みたいに償金でケリがついてしまう。もっと大規模な攘夷を決行しなければ幕府は倒れない。

われわれの同勢はすでに六十九人に達した。主将には尾高新五郎、副将格には長七郎、喜作、栄一がいる。また千葉道場や海保塾で物色した真田範之助《さなだはんのすけ》、中村三平《なかむらさんぺい》等数人は参謀格の人物である。今こそ決然兵を挙げるべき時だ。万一事が破れても、血祭りのサキガケになるだけで立派な意義はある。

挙兵と同時に、城を乗取らなければならない。余り小さい城では天下に号令する足場として不十分だ。といって大きな城では乗取るのに手間がいる。さいわい上州の高崎城は七、八万石の大名の城だから手ごろである。『八犬伝』の里見義実《さとみよしざね》が安房《あわ》の滝田《たきた》城を攻略した故知にならって、深夜提灯《ちょうちん》を手にした農夫たちに『お願いがございまする』と訴えさせ、門番が門を開いたところへ無二無三《むにむさん》に突入して、一挙に城を攻め落とそう。

さて城を取ったら、改めて尊皇攘夷の大義名分を天下に呼号する。そして鎌倉街道を一気に押し進んで横浜へ向かう。いくら幕府が衰えていても、近道《ちかみち》の江戸街道には旗本や大名がいるから事面倒である。少し遠まわりの鎌倉街道を選んで、高崎から吉井、八王子、拝島《はいじま》、飯能《はんのう》、箱根ガ崎を通って軍を進めれば、風《ふう》を望んで麾下《きか》に馳《は》せ参じる志士も少なくないだろう。

そして旗鼓《きこ》堂々と横浜に攻め入り、残らず異人館を焼払って片っぱしから異人を斬殺す。焼打は火早い季節に限る。十一月二十三日は冬至だから、一陽来復《いちようらいふく》の吉日である。陽気発するところ金石《きんせき》みな透《とお》る。精神一到《せいしんいっとう》何事か成らざらんやという、何とも虫のいい小説的構想だった。

この無謀で漫画じみた計画も、彼等同士たちには胸の躍る壮挙だったに違いない。

そのとき新五郎は筆をふるって、こんな檄文《げきぶん》を書いている。

神　託

一　近日高天《たかま》ケ原《はら》より神兵天降《あまくだ》り

皇天子十年来憂慮し給ふ横浜箱館長崎三ケ所に住居致す外夷の畜生共《ちきしょうども》を不残踏殺《のこらずふみころ》し、天下追追彼の欺に落入《おちいり》、石瓦《せきが》同様の泥銀《でいぎん》にて日用衣食の物を買とられ、自然困窮《こんきゅう》の至りにて、畜生の手下に可相成《あいなるべき》苦難を御救ひ被成《なされ》候間、神国の大恩相弁《あいべん》じ、異人は全《まった》く狐狸同様と心得、征伐《せいばつ》の御供可致《おともいたすべき》もの也。（中略）

天地再興文久三年癸亥冬十一月吉辰神使等　印謹布告

右文吉《もんごん》早速《さっそく》書写《かきうつ》し、寄場《よりば》村々エ無洩様触達可申《もれなきようふれたっしもうすべく》候、もしとりすて候者有之《これあり》候はば、立処《たちどころ》に神罰可有之《しんばつこれあるべく》候

以　上

当所年寄共《としよりども》エ

今見ると滑稽なこの文章も、当時は大いに同士の血を湧かせて、高崎や横浜の空をヘイゲイさせたことだったろう。それにしても、時代の推移ほど偉大な魔法使いはほかにない。

ある秋の一日、栄一は単身江戸へ急いでいた。赤羽《あかばね》を越えると、もう灯ともしごろで、暮れ早い街道筋にチラホラ灯が見えはじめた。江戸に近づくにつれて、幕吏の眼も光っているはずだ。いつも志士らしいイデタチの栄一も、その日は王子《おうじ》辺で旅商人に姿をかえた。目ざす家は神田柳原《かんだやなぎわら》の武具商である。そこの主人梅田慎之助とは、かねて別懇《べっこん》の間柄だった。

四辺夜の静けさに気を兼ねながら、栄一は戸をたたいた。中からガラリとあけたのは、慎之助自身だった。見ると栄一が思いがけない時刻に、いつもと打って変った商人姿で立っている。何かあるなと直感した慎之助は、まだ店先にいた職人を奥へやり、自分で濯《すす》ぎの水を運んでから、栄一を奥まった土蔵の二階へ案内した。

やがて栄一は、慎之助の眼を見つめながら切りだした。

「実は、刀と槍を百二、三十本。それに着込《きこみ》（牛のナメシ皮を鎖《くさり》で亀甲型に編んだもの）八、九十枚ほしいのだが……」

「旦那、そりゃ一体何になさるおつもりで？」

「今それを聞いてくれるな。お前を男と見込んで頼むのだ。何も聞かずに一つウンと言ってもらいたい」

主人は少し考えてから大きくうなずいた。

「ようがす。あっしも男だ。一度は旦那のお役に立ちたいと思っていたところです。引受けました。長いことは申しません。ご窮屈でも十日のあいだ、この土蔵に隠れていておくんなさい」

小気味のいい返事に、栄一もホッとした。

慎之助は日限通りに武具を調達してくれた。彼の女房も天野屋利兵衛《あまのやりへえ》*2を女にしたような気性で、なにくれとなく栄一の立場に気を配ってくれる。栄一はお玉が池の道場にいる同士をその土蔵に呼びよせて、具体化された挙兵の相談をすることが出来た。

こうして買集めた武器は、いつも手許村の植木屋松村紋次郎が両国《りょうごく》か千住《せんじゅ》で船積みする。彼は武器の上に商売物の植木や薪《たきぎ》をのせてカムフラージすると、利根川をのぼって中瀬村へくる。そこで今度は陸路新五郎の土蔵と中の家の藍倉へ運ぶのだった。その中瀬の廻船問屋は石川五右衛門という物騒な名だったという。

（**思い出**　父の話によると、梅田慎之助は明治になってから、白梅亭という寄席の席亭になり、父が大蔵省出仕時代によく家へ遊びにきたそうである。武具商が席亭となり、反逆者が官員となって昔語りを交わす。いかにも明治らしいエピソードである）

往昔、箱根の関所には「出女入鉄砲《でおんないりでっぽう》」という言葉があって、関所から西へ出てゆく女と、西から関所へはいってくる鉄砲を特に厳重に調べたという。出女は密書を隠している懸念《けねん》があるし、入鉄砲は江戸に隠謀者のいる危険信号とも見られる。

そんな訳だから新五郎一味も鉄砲は諦めていた。それに夷狄を追払うには、神州の精気たる日本刀に限るという議論もあった。要するにわずか六十九人の烏合《うごう》の衆が、槍と刀で徳川幕府を倒そうというのである。作戦計画も物動計画もあったものではない。恐らく「かくすればかくなるものと知りながら、やむにやまれぬ大和魂」に取憑《つ》かれていたのだろう。そして青年らしく「すべてか無か」を志すイサギよさが、彼等を瓦全《がぜん》よりも玉砕《ぎょくさい》という、方便論的虚無思想へ走らせたのだろう。

それにしてもこの挙兵計画以後は、すべて物事のあとさきを丹念に考えた栄一が、そして後年実業家として収支計算を合理的に見通した栄一が、このときばかりは、こんな粗雑な企業目論見書に飛びついている。きっとこの独善的熱狂に対する自己批判が、彼の性格に大きな転換期を与えたものと思われる。

〈**思い出**〉　晩年の父は世間からよく福徳円満な人といわれていた。だからこの暴挙の話を聞くと、私は何だか不思議な気がした。同時に若いときは気魄《きはく》の鋭い人だったろうという想像もついた。穏やかな目差《まなざし》の底に、人の心まで見抜きそうな迫力が感じられたからである。

いつだったか家庭の雑談で、私の兄の正雄《まさお》が、「何しろ高崎城を乗取ろうとなさった方《かた》ですから……」と冷やかしたら、父は言訳するような調子で「お前はそんなことを言ってからかうが、あのときは本当に命がけだったぞ」と答えながら、顔を綻《ほころ》ばせて笑ったのを覚えている）

＊1　備中国（現在の岡山県）にあった藩。
＊2　「忠臣蔵」で登場する商人。

7　農民の道　志士の道

「知識は思考させ、信念は行動させる」

　これはフランスの医師で社会学者だったギュスターヴ・ル・ボンの言葉である。最初新五郎から知識を注入された栄一は、思考の末に信念を体得して、いまや行動の段階へ移ろうとしている。なるほどル・ボンの言葉通りである。ちなみにこの社会学者は栄一より一年後に生れ、栄一と同じ年に世を去っている。これも何かの因縁かもしれない。

　栄一は考えた。長七郎が京都から帰るのを待って、いよいよ十一月二十三日には兵を挙げる。恐らく自分は戦死するだろう。よし戦死しないまでも、家には帰れない。まして親の跡をつぐ気はない。だから親父にもそれとなく自分の決意を伝えて、一家の後事を相談しておく必要がある。

　文久三年（一八六三）九月十三日の夜、後《のち》の月見という風流に名を借りて、栄一は新五郎と喜作を中の家へ招待し、父市郎右衛門にも同席してもらった。栗名月とか豆名月とか呼ばれる十三夜である。田舎のことだから栗も豆もお手のもので、むろん一座をにぎわしていたろう。

月がのぼっても、実は栄一には問題でなかった。彼は父親から一身の自由を認めてもらいたいのである。そのため新五郎や喜作をオブザーバーに頼んでいる。しかし、藪《やぶ》から棒に、「勘当して下さい」とも切りだせない。栄一は話の順序として時世の混乱から説きおこした。

「幕府の政治はもうゆき詰まっていますから、やがて天下の乱れる日がきます。天下がみだれれば農民だからといって、安閑としてスキクワを手にしてはいられません。乱世に処するだけの覚悟と用意が必要です。……」

とたんに市郎右衛門が言葉をさえぎった。

「それはお前の心得違いだ。分を超えて非望を企てることだ。もともと百姓に生れついた以上は、どこまでも本分をまもって農業にはげんだがよい。幕府の非政を論じたり、閣老や諸侯の失態を非難したり、政治の正邪善悪を判断する見識を持つことは構わんが、だからといって、そういう渦中へ飛びこもうとするのは、わが身の本分をわきまえぬ量見違《りょうけん》いだ。断じて同意する訳にはゆかん」

「それは一応ごもっともなお言葉ですが……」

栄一も黙ってはいない。押しかえして、平素の所懐を舌頭《ぜっとう》に走らせた。

「お父さんもつねづね私以上に、世のなりゆきを心配なさってるじゃありませんか？今の時勢は誰だって心配するのが当然です。このまま日本が混乱の極に達しても、オレは百姓だからと傍観しててよいのでしょうか？　まるで時勢を知らなければともかく、知った以上は国民の本分として、安閑と手をつかねてる訳にはゆきますまい」

「だが、考えてもごらん。私ども百姓がいくら騒いだところで、大きな国の動きはどうすることもできんじゃないか」

「できないからといって、みんな何もしなければ政治は悪くなる一方です。こんな非常の場合は、百姓も町人も武家も差別などありません。みな同じ日本人として、少しでもよいと思う方向へ力を尽すべきだと思います。もう渋沢一家の存亡などに頓着している時ではありません。いわんや私の一身においておやです」

「いや、この紛糾した政局を改革しようという考えが思いあがりだ。さっきもいった通り、本分を忘れた非望にほかならない」

「しかし叔父さん……」ここで新五郎も言葉をさしはさみ、喜作もそれにつづく。三人の青年はこもごも時局の客観的情勢を述べて、国を憂える青年たちの真情と立場その役割を具体的に説明した。語気は次第に熱し、論調は過激に走ったが、彼等には儒教的教養があるから、言動が粗暴に流れることはなかった。

むろん以上の問答は要点だけを写したに過ぎない。老人と青年たちはこの要点を堂々めぐりしながら、あらゆる角度から各自の意見を開陳しあった。四人とも儒教育ちだから、個々の問題について、孔子はこう教えている、孟子はこう説いているなどと、人生観や国家観の指針まで持出す。当時は儒教精神も新鮮な時代思潮の一つだったのである。しかし老人と青年たちは、結局、二本の平行線上を歩いているに過ぎなかった。

おそらく十三夜の月は、よもすがらこの議論を照らしつづけていたろう。そして暁の光が行灯《あんどん》の灯影を忘れさせるころ、市郎右衛門はとうとう栄一の堅い決心にサジを投げた。

「もうお前はワシの子ではない。勝手にするがよい。ワシは時勢の混乱を知っても、知らぬつもりで百姓仕事に一生を送る。たとえ幕府が無理をいおうと、役人が無法をしようと、ワシは今まで通り屈従して、麦をつくり藍玉をあきなってゆく。お前はそれがどうしても厭《いや》で、国事に奔走したいという。もう仕方がないではないか。今日からお前の身体は、望み通り自由にしてやる。

ワシとお前は親子ではあるが、いわば種類の違う人間なのだ。それぞれよいと信じる道を、別々に歩くよりほかに法はない。ワシも十年若返って、家業に精を出すまでの話だ」

シンミリと語る父の言葉に、宿望のかなった栄一は却って涙ぐみ、深く不孝を詫びるほかなかった。そして国事に身をゆだねる以上家の相続はできないこと。だから将来妹お貞《てい》に養子を迎えて、家督を継がせてもらいたいこと。また志士として政治運動に関係すれば、幕府に捕えられて家に迷惑を及ぼす危険も予想されるから、勘当してもらいたいこと。この三点を申しだした。

市郎右衛門はそれに対して、いま突然勘当したら世間が怪しむ。養子の問題も同様で、もっと先の話でよい、と答えてから、

「今後お前が何かの事件で死ぬようなことがあっても、罪科を犯していなければ家に迷惑はかかるまい。またお前が嫌疑を受けて縛られても、家にまで咎《とが》めはきまい。もしきたらそのときのことだ。

これからはワシもお前の行動に対して、一切とやかくいわないかわりに、お前も決して世の道理だけは踏みはずしてくれるなよ。一片の誠意を貫いて、仁人義士といわれるようになったら、事の成功不成功や一身の生死は別として、ワシはそれを満足に思う。

ところでお前はこれから江戸へ出て一体何をするつもりだね？」

この質問には栄一も言葉をにごして、ほかのことに紛らした。高崎城乗取りなどと答えれば、父が極力反対するのは分かりきっていたからである。

さて徹夜の会談が終ったとき、市郎右衛門は座を立ちながら、こう嘆息した。

「ああ、ワシはこの年になるまで、親孝行というものは、子が親にするものとばかり思っていたが、親が子にさせるものだということを、今日はじめて悟った」

この皮肉な言葉は、子の人格が完全に父から独立したことを意味すると同時に、家族制度を越えて個人の自由が確認されたことでもある。そして当時としては画期的なこの発見が、静かな月光を浴びた論議の末に、懇談的になされた点は、家庭の空気を物語っていて興味深い。

（**思い出**　以前私がこの話を書いたとき、久保田万太郎《くぼたまんたろう》＊1先生が「ここは芝居になりますね」と言われたことを覚えている）

三人の青年は、さっそく京都の長七郎に飛脚を送って挙兵計画の大要を告げ、彼が一人でも多くの同士を引連れて、速刻帰郷するよう促した。こんな密書は普通の飛脚には頼めないから、特に信頼できる男を使った。

父の許しを受けた栄一は、翌日もう喜作と江戸へ出かけて、挙兵の準備を急いだ。その江戸滞在中、二人は一つ橋家の用人平岡円四郎《ひらおかえんしろう》の知遇を受けることになった。一つ橋家は幕府の親藩《しんぱん》だが、当主徳川慶喜《とくがわよしのぶ》は水戸の出で、尊皇の念に厚い名君といわれていた。平岡はその用人として信任されていた手腕家である。

「天下の権朝廷にあるべくして幕府にあり、幕府にあるべくして一つ橋にあり、一つ橋にあるべくして平岡にあり」

倒幕論者からこうまで言われた平岡は、豪放磊落《らいらく》な人物だった。彼は青年と談論するのを好んだので、喜作の知っている一つ橋家臣が、ある日二人を根岸お行《ぎょう》の松に近い平岡邸へ連れてゆき、「百姓育ちにしては面白いヤツだ」と紹介した。そして平岡も二人にたびたび会うにつれて、彼等が凡庸の青年でないことを知った。

栄一と喜作には一つの下心があった。当時農民は帯刀を禁じられていたのに、彼等は勝手に大小をさしていた。もし一つ橋の家来分というような名義でも許されれば、天下晴れて志士の姿が出来る。一方、長七郎は坂下門事変の嫌疑を受けているし、自分たちも幕政を非難して領主安部家から睨まれている。まして現在挙兵準備に暗躍中だ。一つ橋の家来分になれば万事が好都合である。

ところでその一月前《ひとつきまえ》の八月十八日には、京都で一大政変があった。それまで朝廷を擁して倒幕の足並をそろえてきた長州藩と薩摩藩に軋轢《あつれき》が生じたため、倒幕派の公卿はみな処罰されて薩摩を主体とする公武合体派（朝廷と幕府の握手を策する一派）が勢力を得た。そして長藩は宮門警護の役を被免されて追われた。そこで同藩の兵は倒幕論者三条中納言以下七人の公卿と、本国へ敗走した。いきおいこれら倒幕派と呼応して五条に兵を挙げた十津川《とつかわ》浪も、たちまち潰滅《かいめつ》したのである。

徳川慶喜は幕命を受けて、この善後策のために京都へゆくことになった。むろん平岡も随行しなければならない。そこへ顔を見せたのが栄一と喜作である。そこで平岡は「江戸でマゴマゴしても駄目だぞ。いっしょに京都へこい」とすすめた。しかし二人は胸にイチモツの挙兵があるから断った。そのとき栄一は念のため平岡にこうたずねた。

「もし御同行願う場合は、どんな手続を取るのでしょう？」

「ワシの家来ということだな」

そこで栄一もゆきがかり上、今回はお供出来ませんが、「いずれあとから参ります。その節は御家来の名儀《めいぎ》をお貸し下さい」とバツを合せて別れた。そして栄一も喜作もほどなく帰郷した。

＊1　大正・昭和期の小説家、劇作家、俳人。

8 大激論

同士の待望久しかった長七郎も十月下旬に帰郷した。そこで一味は二十九日の晩、新五郎宅の二階八畳に挙兵打合せの秘密会議を開いた。

集合した面々は新五郎、長七郎、喜作、栄一、真田範之助、中村三平の六人だった。二階八畳のすぐ下は雑貨を売る店になっていて、村道に面している。だから真田と中村はときどき階下へおりて、村道や家の裏を警戒したり、二階の声が外へもれないかを注意したりした。(この二階は今でもこのときのまま残っている)

行灯が室内をホノ暗く照らしていた。淋しい田舎の夜道には人通りもない。新五郎は学者らしい風貌と主将らしい貫禄で、挙兵の順序を説明しだした。すると、いきなり長七郎が叫んだ。

「不賛成だ!」

余り唐突なので、だれにも真意がつかめなかった。

「何が不賛成?」

一同は思わず長七郎の顔を見た。

「挙兵そのものが不賛成だ。無謀きまわる愚挙だ。失礼ながら兄さんも渋沢君たちも、我《われ》のみ知って彼を知らぬ。いや、もっと卒直にいえば、彼も知らず我も知らずに、竹槍ムシロ旗《はた》の百姓一揆同様、首を斬られてしまうだけの話だ。兄さん。さっさと同士を解散させなさい」

行動派の急先鋒たる長七郎から、こんな反対が出ようとは誰も思わなかった。

「変心かッ?」「卑怯者《ひきょう》ッ!」

短気な中村と真田は刀の柄《つか》に手をかけて、長七郎に詰めよった。

一座に殺気が流れた。

「待てッ! 訳も聞かんで刀に手をかけるのは卑怯だ。長七郎! 理由を述べなさい!」

新五郎の一喝で、一座はシンとして聞耳《ききみみ》を立てた。

京都の政変を見聞してきた長七郎の意見は、大体次のようだった。

十津川浪士は主将に有名な中山《なかやま》侍従忠光《ただみつ》をいただき、同勢も百人を越していたばかりでなく、藤本、松本、吉村などという知勇兼備の武士が、奮戦力闘したがわずかに兵を挙げた地元五条の代官を斬っただけで敗亡してしまった。ましで七十人ばかりの同勢で高崎城乗取りなどとは思いも寄らない。よしんば乗取れたところで、諸藩の兵に攻め落とされることは火を見るより明らかだ。とても横浜焼打など出来る訳はない。

いくら諸君がイキリ立っても所詮《しょせん》は敵を知らず、味方を知らない烏合《うごう》の一揆だ。どうまくいっても、十津川の乱程度が関の山である。最後は討死《うちじに》するか、捕われて獄《ごく》門首《もんくび》になるかがオチだ。自分は有為の諸君を、そんなつまらん犬死《いぬじに》はさせたくない。たとえこの場で殺されても、挙兵はあくまで思いとまらせる。

栄一と喜作は左右から長七郎に迫った。そして栄一は火の出そうな鋭い眼で見つめながら、口を切った。

「君の意見は、あるいは実状に即しているかもしれん。そうだとしても、われわれは今後どんな方法で十津川浪士以上の兵力を蓄《たくわ》えるのだ。幕府や諸藩の兵を破るだけの実力を握るのは、何年先のことか分らんじゃないか。それまでベンベンと待てというのか。万一八州*1の手先に嗅ぎつけられ、縄目の恥を受けて獄中に死ねば、それこそ元も子もない犬死じゃないか。

元来われわれの挙兵は、勝算を見通して決起するのではない。天下の志士にさきがけて、国難の犠牲になるのが眼目だ。われわれが血祭りにあげられれば、天下の同士は決然と立って、われわれの屍《しかばね》を踏みこえて戦う。われわれは幕府を倒す捨石《すていし》になれば本望だ。事の成否はあえて問うところでない。今さら君は何に臆《おく》したのだ？」

「いや、違う。君は捨石になれば、天下の同士が立つといった。その考えが甘《あま》すぎる。こんにち七十や百の同士が蜂起したところで、賊徒か百姓一揆同様に見なされて、すぐ攻めほろぼされるにきまっている。十津川浪士がチリチリバラバラに敗走したのがよい手本じゃないか。

そりゃ中には、われわれの死に感奮興起する志士もいよう。だからといって、倒幕の兵がつぎつぎに立つとは考えられない。立つと思うのは他愛もない白昼の夢だ。要するにこの挙兵は、犠牲ばかり大きくて効果は実に少ない。だからあえて犬死というんだ」

長七郎の語気は鋭い。栄一も負けてはいなかった。「犬死か犬死でないか、やって見なけりゃ分らん。君は事の成否ばかりを重く見るから、すべての議論が大事取りに傾いてしまう。逆に一死国に殉ずるの気慨を主眼とすれば、立論はまるで違ってくる。成否は問題じゃない。決起すること自体が目的の全部だ。僕はここで君と差違《さしちが》えても、決行を主張する」

「僕もあとへは引かぬ。君と決闘しても挙兵には反対だ。いま京都では公武合体派が勢力を得て、幕府と薩摩が手を握っている。そんな時にわれわれが決起したところで、ひとたまりもない。事の敗れるのは目に見えている。最初から失敗を承知で命を投げ出すのは、軽挙妄動でなくて何だ。決して志士の取るべき道ではない」

このとき新五郎が仲に割ってはいり、ひとまず闘論中止を宣した。熱した頭を冷やそうというのである。

ここには二人の問答ばかり書いたが、他の面々がそれぞれ激論に熱中したことは言うまでもない。そしてその夜は明け、翌日も終日論じ合った。

新五郎の母も妹も、むろん挙兵計画など打明けられてはいない。しかしこの青年たちが、何か大事を思い立っていることだけは分かる。それでも新五郎の仕付けがよいから、女たちは一切口出しなどせずに、腹の中で心配を温めているだけだった。

さて一味の闘論は再開された。しかし冷静を取りもどして見ると、長七郎の論は大地に足がついている。それに反しこの挙兵計画は余りにも空想的だ。そして空想論は実際論に負けた。

「それでは挙兵を中止して、しばらく天下の大勢を見ることにしよう」

新五郎の宣言で会議は終った。すると突然、長七郎が天を仰いで、

「かほど有為の人材が、一命を賭して国事をうれえているのに、志がおこなえないとは、天もまた無情だ」と口走りながら、声をあげてオイオイ泣きだした。激論に興奮していた一同も思わずハッとした。その号泣には何か精神の異状が感じられた。

栄一が中の家へ帰ると、うすうす計画を察知していた市郎右衛門が会合の結果をたずねた。

「瓦解！」

栄一は一言こう答えたきり黙ってしまった。

同士の連中は人知れず集めた武器を、また人知れず散らすのに苦心した。領主や八

州の警吏から睨まれている栄一と喜作が、このまま郷里にいることは面白くない。そこで二人は伊勢参宮という名目で、京都へゆくことにした。一つには京都の情勢が知りたかったのである。

市郎右衛門は栄一に餞別《せんべつ》として百両くれた。栄一は千代に手伝わせて旅仕度をととのえた。だが彼は妻に何の事情も説明しない。妻にはそれがナサケなかった。妻は夫の秘密をおよそ推測していた。しかし女が口を出してはいけない「国事」だと思えばこそ、愚痴一つ言わずに辛抱してきた。それだのに夫はその心情を少しも汲んではくれない。そしていつ帰るとも知れない旅に、黙って出ていってしまおうとしている。

千代はたまりかねて、ついその恨みを口に出した。するとそのメンメンたる言葉が感情の堰《せき》を切って、涙がとめどなく流れた。さすがの栄一も憮然《ぶぜん》として手をこまぬいているだけだった。夫婦のそばにはまだ生れて三月目の歌子が、安らかな寝顔を見せていた。新国劇の舞台面にでもありそうな情景である。

文久三年十一月八日、栄一は喜作と共に住みなれた血洗島村をあとにした。栄一は二十四で喜作は二十六。前途は何も予測できなかった。ただ京洛の地が若い二人を引きつけたのである。

＊1　関八州の略。関東八カ国の総称。

9　颪《ふう》塵《じん》

江戸から京都までの東海道五十三次は百二十四里八丁[*1]あった。途中の関所を越すには手形がいる。以前、栄一が前後のゆきがかり上平岡に、「あとから参ります」といった言葉が「嘘から出た真」になって、栄一と喜作は江戸根岸の平岡邸で、留守居の夫人から平岡円四郎家来名儀の手形をもらうことができた。

このとき栄一は初めて吉原へ遊びにいった。懐は温かいし、明日はどうなるかわからないというステバチな気分も手伝い、ゆきがけの駄賃に江戸名所の不夜城で、巫山《ふざん》の夢[*2]を結んだのである。

この旅行で栄一は七首の詩を作った。その第一首「辞家」には「この行誓って楼蘭(夷狄のこと)を斬らんと欲す」などと血の気の多いところを示しているが、「江戸ヲ発シテ程谷《ホドガヤ》ニ宿ス」「望富岳」「吉原」「由井」「岡崎」の五首を経て最後の「入京」に至ると「行行五十有三程、帰心寸寸生ズルヲ奈《イカ》ントモシ難シ、風雨蕭然逢坂《ショウゼンオウサカ》ノ路、満襟ノ紅涙《コウルイ》神京ヲ望ム」と俄然《がぜん》悲調を帯びてきた。これは辞句の形容だけではなかったにちがいない。

栄一と喜作は十一月の二十五日に京都へ着いた。故郷を出てから十八日目だ。何とも悠長な話である。しかし急行列車や飛行機があったら、十返舎一九《じっぺんしゃいっく》の「膝栗毛《ひざくりげ》」は生れなかったろう。余り生活が便利になると、人生の通過駅もふえてゆくらしい。

二人が、さっそく平岡を訪問したことは言うまでもない。そして一つ橋の家臣や、諸国の藩士や、天下の志士と交際しだした。なるほど公武合体論は徳川幕府に小康を与えている。長七郎が熱涙をふるって暴挙を阻止した心事がシミジミ二人の胸に思い当った。

栄一は父から貰った金を、江戸と道中で三十両ほど使った。残る七十両も、京都で旅籠《はたご》代や交際費に消えて、年末伊勢参宮をすませたころには、残りすくなになっていた。

「暁風雪ヲ吹イテ漏声頻《ロウセイシキ》リナリ。楼外ノ物光《ブッコウ》僅カニ新ヲ覚ユ。アニ料《ハカ》ランヤ天涯流落ノ裡《ウチ》。マタ迎フ二十五年ノ春」

栄一の詩によると、翌元治元年（一八六四）の京都は元日から雪だったと見える。町をいろどる門松の緑がサムザムとした白一色にうもれてゆく。来方行末《こしかたゆくすえ》に想いを馳せれば、無いものは前途の見通し、有るものは今にも息を引取りそうな財布ばかり。さすが雄心勃勃《ゆうしんぼつぼつ》たる志士も天涯流落の感傷が湧いたはずだ。おまけに倒幕の大望は公武合体に押流されて、はるか彼方《かなた》へ霞んでしまった。

そこで二人は旅宿三条小橋の「茶久」に掛合って、宿賃を昼抜きの二食付一泊四百文にしてもらった。しかし当時は三食付一泊二百五十文が普通だったというから、栄一も喜作もまだ大百姓の若旦那然としていた訳である。おかげで栄一はその正月、一つ橋家臣猪飼正為《いかいまさため》に二十五両の借財が出来た。ここで参考のため明治十三年に東京商法会議所が調査した物価表を見ると、文久三年の米の平均相場は一円につき四斗四升三合三勺[*3]だったという。十銭で米が四升三合も買えた訳である。なお二百五十文という金は、大体明治十年ごろの九銭九厘、同四十年ごろの三十銭一厘に当るらしい。

しかし漫然と日を送る栄一や喜作ではない。まして舞台は国論の震源地京都である。二人は天下の志士と交わる一方、郷里の長七郎へ手紙を送り、幕府も早晩外交問題で倒れるに違いないから、長七郎も至急上京して共に倒幕促進を画策しないかと勧告した。

と、ある日長七郎から返事がきた。喜びいさんで封を切ったら、それは思いもよらぬ兇報だった。

長七郎からの兇報とは……

彼は同士中村三平、福田滋之進と共に手許村《てばか》から江戸へ向かう途中で何か突発事件をおこし、三人とも捕縛《ほばく》されて江戸伝馬町《てんまちょう》の牢へ入れられたが、そのとき長七郎の懐中していた、栄一と喜作からの書状を、幕吏《ばくり》に押収されたという知らせである。

二人は思わず愕然《がくぜん》として、目の前が暗くなったように感じた。再三再四読みかえしても、突発事件の内容はよく分からない。ただヤキモキするばかりだ。そして同士の支柱とも頼む長七郎や、生死を誓いあった中村、福田が牢につながれたという事実だけが、二人の心を冷厳に締めつけてくる。ことに栄一には新五郎、千代、市郎右衛門たちの心痛の様子が目に見えるようだ。しばらく二人は顔を見合せたまま言葉もなかった。

押収された手紙は倒幕促進や攘夷の問題に触れている。それが幕府の手に渡った以上、二人の身も危険だ。長七郎はそれを心配してこの書状をよこしたのである。獄中から出すにはよほど頭と金を使ったに違いない。

一徹な喜作は怒気をふくんでいった。

「明日江戸へたって三人を牢から救い出そう。長七郎がどんな間違いを仕出かしたか知らんが、牢へ入れるとはけしからん。幕府の役人は不埒《ふらち》だッ」

しかし栄一のほうは心に余裕があった。

「相手は何しろ八百万石の幕府だ。一人や二人が不埒だといって見ても始まらない。ウカウカ江戸へゆけばわれわれも縛られてしまう。そうなればもう不埒といってくれるものもなくなる。どんな事件にしろ一旦牢へ入れたものを、一介の書生の嘆願ぐらいで、そうやすやすと放免はしまい」

事実、二人がいくら知恵を絞っても、救出可能の具体案は浮かばなかった。それよりもまず互いの身のふり方を考えないと、いつ召捕られるか分からない。この方が先決問題だ。いっそ長州の多賀屋勇（前に長七郎と日光山挙兵を画策した人）でも頼ってゆこうかと話合ったが、多賀屋が今どこにいるか心当りもない。第一、彼の生死さえ不明だ。はるばる長州までいっても、ツテがなければ領内へははいれまい。悪くすると幕府の間者と間違えられて殺されるかもしれない。

といって今さら故郷へ帰ったり、家から金を送って貰ったりは、死んでも出来ない性分の二人だ。憤懣《ふんまん》と不安が目まぐるしく心に明滅する。高崎城乗取りを企てて、意気天を衝いたときとは、まるで別人みたいだった。勢いに乗じて敵陣へ突撃する場合と、負けいくさで退却する場合とでは、同じ軍隊が同じ軍隊でなくなるようなものだろう。

「こんなことなら、いっそ去年兵を挙げて、いさぎよく死ぬんだった」

二人はホキ出すように、こんな愚痴をいい合った。そしてそれがその場に許された唯《ただ》一つの実感だったのである。

（**思い出**　このときの話をする晩年の父は、

「高崎城乗取りだ、横浜焼打ちだと威勢のいいことばかり並べていたときは、ナニ、しくじれば死ぬまでだと、死ぬことをまるで芝居見物でもするように、一つの楽しみにしていたくらいだったが、この時ばかりは真に弱り果てたよ」と、いかにも当時の困却を復元するみたいな表情をして見せた。

「芝居見物」ないし「楽しみにして」は無論形容の誇張だったろうが、「一死報国」とか「国難に殉《じゅん》ず」とかいう言葉に、青年らしい「死《し》に甲斐《がい》」を感じない限り、あんな暴挙を決行する気にはならなかったろう。「武士道というは、死ぬ事と見附けたり」葉隠《はがくれ》精神の死の対象を、日本国のためという範囲まで拡大したのが当時の志士の気魄《きはく》だったらしい）

ここで話を突発事件にもどそう。

栄一と喜作の勧告状を受けて、長七郎は京都行きを思い立った。彼は中村、福田と三人連れで手許村を出ると翌日戸田《とだ》の原へさしかかった。川口を越えて荒川を渡るあの街道は、現在戸田橋のかかっているあたりを通っていた。

三人は横なぐりに吹きつける寒風を前かがみに菅笠でよけながら、旅合羽《たびがっぱ》の裾《すそ》をハタめかしてゆくと、行手から飛脚風の男が足早に歩いてきた。この二組の距離は見る見るちぢまって、丁度スレちがったときである。

突然、長七郎の刀が鞘《さや》走って、ギラリと空中に無気味な稲妻を走らせた。とたんに飛脚風の男は肩先から血煙をあげて倒れた。長七郎の電撃的抜打ちである。ハッと息を呑む瞬間の早業だった。あまりに事が意外なので中村も福田もただアッケに取られた。何しろ白昼の街道筋である。やがて人だかりが出来、八州の手先もくる。そして三人は江戸伝馬町へ護送されて、そのまま牢へ入れられてしまった。そのとき下手人長七郎の懐中から栄一と喜作の不穏な手紙が発見された次第である。

なぜ長七郎が突然飛脚風の男を斬殺したのだろう？　本人の申立てによると、一匹の狐が自分を目がけて飛びかかってきたので思わず抜打ちに斬って落としたら、それが人間だったというのである。

長七郎は坂下門事件の嫌疑を受けていた人物である。彼を追う「目明し」が飛脚に扮して戸田の原を通り、偶然彼に出合ったのかもしれない。が、しかし有無を言わせず斬殺せば、あとがかえって面倒になることは分かり切っている。彼はそんな軽率な人ではなかった。

挙兵を阻止した激論のあとで長七郎は天を仰いで号泣し、同士に異様の感を抱かせた。あれが精神病のキザシだったのである。たまたま戸田の原で飛脚とスレ違った瞬間、病的な発作が彼に狐の幻覚をおこさせたというのが真実だったと見るほかはない。そして発作のあとは平素の思慮分別を取戻し、栄一と喜作の身を案じて獄中から手紙まで出している。それもこういう病気にありがちな状態である。

中村と福田は間もなく赦《ゆる》されたが、長七郎の獄舎生活は長かった。そして病状は次第に悪化していった。兄新五郎はもとより、栄一も喜作も後日極力釈放に奔走したが容易にラチはあかなかった。それでも一、二年後には家へ帰され、やがてあえなく病死してしまった。

（**思い出**　よく往時を語った父も、長七郎の最期の様子だけには触れなかった。痛ましくて思い出すに忍びなかったのだろう。長七郎は父の恩師新五郎の弟で先妻の兄である。そして抜群にすぐれた同士だった。しかも彼がもし挙兵を阻止しなかったなら、同士は恐らくみな犬死にしていたろう。栄一に取っても命の恩人だった。その長七郎が悲惨な病気で若死にしてしまったのである。父にとっては一生の痛恨事だったに相違ない）

島崎藤村《しまざきとうそん》の『夜明け前』を読んで以来、筆者は長七郎というと「半蔵」を連想するようになった。あの国学を修めた有為の青年も、座敷牢で狂い死にに死んでしまう。運命はこれらの立派な青年たちに、何と残酷な病気を課したものだろう。

栄一も喜作も長七郎の手紙を前にして、結論の出ない苦慮の一夜を明かした。すると翌朝平岡から手紙がとどいた。相談したいことがあるから、この手紙を見次第すぐ来てくれという文意である。むろん二人は出かけていった。

＊1　約四九〇キロ。
＊2　男女の交わり、情交。
＊3　一斗は約十八リットル。一升は約一・八リットル。

10　入牢か　仕官か

平岡はいつもと違って、二人を奥まった座敷へ通すと、いきなり淡々として聞いた。

「君たちは今までに人を殺したことはないか、財物を盗んだことはないか？　あるなら包まずに言ってくれ！」

やぶから棒に、ずいぶん失礼で物騒な質問だった。しかし相手の態度が淡白なので二人も冷静に答えた。「いや、決してそんなことはありません。人を殺そうと思ったことはありますがその機会に出会いませんでした。むろん私の恨みや、物を取るために殺そうと思ったのではありません」

「たしかに無いな？　ウン、それならそれでよろしい。とかく志士などと名のるものは、国のためと称して、よく金を盗んだり、人を殺したりするから、念のため聞いたまでだ」

「そんなことは断じてありません」

「では、何か幕府に対して不穏なことでも計画した覚えはないか？」

質問がひどく短兵急《たんぺいきゅう》なので、栄一も喜作も、覚えないと答えた。高崎城乗取り計画などは打明けないほうが無事だからである。

「しかし、何か仔細《しさい》があったのだろう？　実は幕府から一つ橋へ掛合《かけあ》いがきておる。君たちが真実私の家来かどうか？　もし家来でない場合は取調べの筋があるから、即刻幕府へ引渡せというのだ。ワシは君たちと懇意の間柄だから、悪くは取りはからわぬ。何事も正直に話してくれないか」

栄一と喜作は思わず顔を見合せた。そして、この人なら長七郎の件を告げても大丈夫だ、という信頼感が、二人の目と目に通じあった。そこで長七郎の入牢と、不穏な手紙が幕吏に押収された一件を打明けた。

「なるほど、それでよく分かった。もし君たちを幕府の手に渡せば牢に入れられる。牢へ入れられれば十中八九病気になって牢死してしまう。前途のある身体をそれでは余りに気の毒だ。ここに一つ助かる道がある。それは君たちが本当に一つ橋の家来になることだ。どうだ？　慶喜公につかえる気はないか？」

まさに棚からボタモチ、渡りに舟だ。しかし栄一にも喜作にも志士の面目がある。

二人は黙っていた。

「意地を張らずに一つ橋の家来にならないか。一つ橋はほかの諸藩と違って、いわゆる御賄料《おまかないりょう》で暮らしを立てている家柄だ。おも立った役人もみな幕府からの附人《つきびと》で、かくいう拙者も小身ながら最近まで幕府の家来だった。そんな事情で新規に人を雇うの、浪士を召抱えるのということは相当むづかしい話だけれど、もし君たちにその気があるなら、拙者は十分に心配して見ようと思う。平素から君たちの志が気に入ってるからだ。いずれ最初は下士軽輩に過ぎんだろうが、一つ御奉公する気にならんか？ いま君たちが意地を通して牢に入れられ、牢死したところで国家のためになる訳でもあるまい。

君たちも知っての通り、慶喜公は英明の主君だ。それに一つ橋は幕府の親藩でありながら、幕府とはおのづから別の見識を持っている。そういう家柄の名君に仕えるなら、草履《ぞうり》取りをしても張合いがあるじゃないか？ もし君たちが節を屈して仕えようというなら、ワシは飽くまでも尽力するが……」

栄一も喜作も、平岡円四郎の温情がヒシヒシと胸にしみてくるのを感じた。

「だんだんとご親切なおさとしで感謝のほかありませんが、出所進退は男子の大事ですから、両人篤《とく》と相談の上、明日否やのご返事を申上げます」

二人はこう答えて平岡の家を辞した。現在の就職試験とは大変な違いである。

宿に帰った二人は、さっそく議論をはじめた。喜作の意見は、これまで幕府を倒そうと奔走してきたわれわれが、幕府の一族たる一つ橋に仕官するのは、人から見れば命惜しさの変節としか受取れない。人の思惑はともかく、第一自分自身の心に恥じる次第だから、仕官は断ろうというのである。

それに対して栄一はこう答えた。なるほどその通りだ。しかし節を屈しないという自己満足が、どれだけ世の中のためになるだろう。万一牢にでも入れられたら、倒幕も何もあったものではない。われわれは高山彦九郎《たかやまひこくろう》や蒲生君平《がもうくんぺい》*1みたいに気節ばかり高くて、あまり世を稗益《ひえき》*2しないような行動には賛成できない。なるほど潔《いさぎ》よいという褒め言葉は受けるだろうが、世の中に寄与するところは少ないじゃないか。

第一、このままでいればすぐ生活にこまる。あげくの果てに、大行《たいこう》は細謹《さいきん》を顧《かえり》みずなどと、他人に寄食したり、人の財物を奪うような悪徒に落ちないとも限らぬ。たとえ命惜しさの変節、糊口《ここう》のための仕官と罵《ののし》られても、これから先の行動で初一念を実現してゆくほうが賢明である。思い切って一つ橋に仕えようではないか。

しかし喜作は単純で頑固だった。

「いや、オレはいやだ。何でも江戸へ帰る。帰って獄中の同士を助けださなければ……」

しかし栄一はもっと実際的だった。

「われわれが江戸にいって、オイソレと出せるくらいなら、幕吏も始めから牢に入れやしない。同士を救いだすにしても、一つ橋へ仕えるほうが有利だ。そうなれば、われわれも不穏な志士ではなくて立派に一つ橋家臣という身分を持つことになる。その立場から救出に奔走すれば、何とかよい手段もありそうじゃないか。ここで仕官するのは、まさに一石二鳥だ。それに倒幕運動にしても一つ橋家臣として、徳川の内部から働きかける道があるに相違ない」

「ウン、いかさま、そう言えばそんな道理もある。仕方がない。節を屈して仕えることにしよう」

喜作もとうとう我《が》を折った。そして二人相談の上、平岡の前でひと理屈コネようという結論を得た。

翌日平岡をたずねた二人はこう切りだした。

「われわれは農民育ちですが、天下の志士をもって任じています。牢に入れられるのが厭《いや》さに、仕官する気は毛頭ありません。名君という噂の慶喜公が、われわれを有為の人材と見こんで召しかかえて下さるなら、草履取りでも槍持ちでも厭《いと》いません。そういう意味から、まず慶喜公がわれわれの意見書をご覧になった上で、お召しかかえということに願いたいと思います」

「それは至極面白い。何なりとも出すがよい」

そこで二人は用意の意見書をさしだした。

平岡は「手まわしがよいな」と笑いながら、それに目を通して「よろしい」とうなずいた。

「もう一つお願いがあります」と栄一が追いかけた。

「お召しかかえになる前に、慶喜公の前で、われわれの意見を述べさせて下さい」

「それはこまる。そんな前例はない」

封建時代の君臣関係は階級制度がやかましくて、身分の低い家来は「お目見え以下」と称して、殿様の顔を見ることなど出来なかったのである。

「前例のない点では、百姓をお召しかかえになることだって同じではありませんか」

「そんな理屈をいっても駄目だ」

「それが駄目なら、たとえ牢に入れられても仕官はおことわり申します」どっちが召しかかえるのか、分からないような鼻息である。

「そう強情を張るな。こまった男だ。とにかく望みの旨は一応考えておこう」

それにしても「天下の権平岡にあり」とまで謳《うた》われたほどの人物が、どれだけ栄一や喜作を愛し、その前途を考えてくれたかがよくうなずける。恐らく平岡は心の中で、二人の負けおしみの強さを微笑していたに違いない。
二、三日たつと平岡はまた二人を呼んで、近々に慶喜公が松ケ崎というところへ騎馬で出かけられるから、その日二人とも馬の鼻先を走って、慶喜公の目にとまるようにしろと言いつけた。
当日、慶喜は春まだ浅い京都郊外の風光をめでながら、馬上豊かにヒヅメの音をひびかせてきた。道ばたに待機していた栄一と喜作はソレッとばかりに飛びだして、下《しも》加茂《かも》から山鼻《やまばな》までおよそ十町あまりの道を一気に走りつづけた。背の低い太った栄一には、一世一代の苦しいマラソンだった。慶喜は馬の先を駆けてゆく妙な二人の若者を見て、定めし異様に思ったに違いない。

「あれは何者じゃ」

「はッ。新規お召しかかえの者共にござります」

おおかた近習とこんな会話が交わされたかもしれない。

それから一、両日たつと、平岡の取りはからいで、二人は慶喜に「内御目見得《ないおめみえ》」と称する引見を許された。栄一はここぞとばかりに、自分の意見をまくしたてた。

君公は水戸烈公の御子《おんこ》で、御三卿《きょう》（徳川氏の親族たる田安《たやす》・一つ橋・清水の三家の家柄。いずれも尾張紀伊水戸の三家の次席で、宗家に嗣子《しし》のない時は宗家を継承する資格を有した）の貴い御身《おんみ》におわすのみならず、すでに京都守衛総督という要職に就任された以上は、深謀遠慮がおありのことと存じます。こんにち徳川幕府は滅びてしまったと言ってもよい状態であります。故に今さら幕府の倒れるのをビホウなさることは、一つ橋家を共倒れになさることにほかなりません。したがって御当家は幕府から遠く離れて独自の道を進むことこそ、終局において宗家を助けるゆえんだと愚考します。

それには天下の志士を集めることが第一です。世には天下を治めようとする人も、天下を乱そうとする人もありますが、天下を乱すほどの力量ある人物を御当家に集めてしまえば、他に乱すものがなくなって、おのづから治めるものが現われます。この辺のお考えがなくては、総督の要職も甲斐ないことと存じます。

そして御当家に有能な人物が結集されれば姑息《こそく》の旧態も改善され、諸事進歩的になってゆきます。そのために幕府が嫌疑の目を向けることは必定で、あるいは一つ橋討征などという論が起こるかもしれません。万一そんな場合は兵力に訴えて戦うほかはありますまい。好むことではありませんが、国家の重きには替えられません。ひっきょう幕府を倒すことが徳川家を中興する基《もとい》だと信じます。

緊張した栄一の熱弁を慶喜はただフンフンと聞いているだけで、質問もしなければ意見も述べなかった。しかしこの引見がすんでから、栄一も喜作も一つ橋の家臣に加えられた。元治元年（一八六四）の二月で、栄一は二十五歳。平岡の「君は地味そうな男だから篤太夫《とくだゆう》がよかろう」という提言で、名も武士らしく篤太夫と改めた。（栄一の名は幼少時代が市三郎、それから栄治郎と改めて実名は美雄、のちに伯父から栄一と命名され、それが通称になったのである。）

さて篤太夫の俸禄は四石二人扶持《ぶち》[*3]で、ほかに京都滞在中の月手当が四両一分だった。それらの点は喜作も同じである。栄一は生れてはじめて、こんにちでいうサラリー・マンになったのである。攘夷倒幕の素志を顧みると気はずかしかったが、両人とも勤める以上は謙虚な勤勉家になろうと申合せた。

ここへ持ってくるまでの平岡の根気と努力は大変なものだった。そして最初に平岡へ栄一と喜作を極力推挙したのは、やはり一つ橋家臣の川村恵十郎《かわむらえじゅうろう》で、いわば彼が最初に栄一を発見した伯楽だったのである。

＊1　ともに江戸後期の尊王論者。
＊2　役に立つこと。
＊3　米や金銭で支払われる給与。

11 水を得た魚《うお》（上）

栄一と喜作の役名は「奥口番」だった。読んで字の通り、奥の口を守る番人に過ぎなかった。係りの役人が二人をその詰所《つめしょ》へ案内して、古参の同役に引合せてくれた。詰所は古ボケた畳がスッカリすり切れていて、ノミの巣窟《そうくつ》みたいな汚い部屋だった。そこにいた二人の老いぼれ爺さんが、新参の二人を胡散《うさん》臭さそうにジロジロ見た。二人が坐って挨拶すると、爺さんの一人が目を三角にして栄一にイキナリ小言をいった。

「そこもとはお心得がござらぬ。そこに坐っては相成りませんぞ」

栄一の坐った畳の目が、筆頭の番人より上座だったからである。高崎城乗取りや横浜焼打ちを夢みた青年たちにとって、すり切れた畳の目に一級半級の差別があろうとは、余りにも馬鹿馬鹿しい発見だった。しかし二人とも新参のことだから、「大きに失礼しました」と素直にあやまった。

ところでこの奥口番というのは、栄一と喜作の身分に関する役名で、二人の実務は「御用談所」に出勤することだった。御用談所は一つ橋家の雑多な事務を処理するオフィスである。だから当人たちが積極的に働きかければ、仕事はいくらもあった。血気盛んな二人の青年が奥口番の詰所で、毎日老いぼれ爺さんから小言をいわれずにすんだのはモッケの幸いだった。

二人は御用談所に近い長屋を借りた。八畳二タ間に勝手つきの一ト構えだった。二人とも僅かな扶持《ふち》と手当で暮らしてゆかなければならない。まして栄一には二十五両という借金がある。何事も倹約第一だった。

二人は馴れぬ手つきで飯を焚《た》いた。最初のうちはコワイ飯と粥みたいな飯が一日おきに焚けた。汁の実や沢庵などを買ってきて、味噌を摺《す》ったり、オカズごしらえもした。たまに竹の皮包みに牛肉を買ってくるのが無上の奢《おご》りだった。これこそ黎明《れいめい》日本の珍味だった。

寝具もめいめい借りては不経済だというので、蒲団《ふとん》を三枚だけ借りた。その一枚の上にそれぞれ柏餅になって背中合せに寝た。二人は死んでも国から金を取寄せまいと申合せていた。

夜になると、男世帯の雑然たる台所でネズミがあばれまわった。そこで二人はよくネズミ退治をしたが、折角《せっかく》取ったものを捨てるのも勿体《もったい》ないと、ツケ焼きにして食べた。ペスト発生以前の長閑《のどか》なむかし話である。

（**思い出**　私がまだ小学生のころ、ある晩家庭の食卓で父がこの話をした。母が「まあ、気味が悪い」と眉をひそめると、父は「気味が悪いどころか、脂《あぶら》っこくてなかなかうまかったよ」と一座を笑わせたことを覚えている）

こんなボヘミアン・ライフを送りながら、栄一はボツボツ金を返して年のうちに皆済《かいさい》した。

当時志士と名のる青年が借金を返すことなどは絶無だったので、返された人はビックリしてから感心したそうである。栄一の性格には、暴挙をくわだてるような激しさと、律気な几帳面さが仲よく同居していたものと見える。

暴挙といえば高崎城乗取りや横浜焼打ちを夢みていたころの栄一は、青年らしく「オール・オア・ナッシング」のいさぎよさに心を燃やした。しかし平岡に一つ橋仕官をすすめられたときの彼は、黒か白かの中間にハーフ・トーンのあることを考えるようになっていた。あまり潔癖な人は実社会の仕事に向かない。孤独になってしまう。といって他人の汚れを身にうつすのは堕落《だらく》である。堕落しないまでも、妥協に走りすぎれば自分の理想や信念は見失われる。この辺が中途半端でむずかしいところだ。そして栄一は複雑多岐の人生行路に、いつも適度のハーフ・トーンを見出してゆく素質を持っていた。

彼は就任早々、平岡の密旨をうけて大阪へ出向いた。築城法の専門家折田要蔵《おりたようぞう》方へ内弟子として住みこむためである。折田は大阪土佐堀《とさぼり》の旅館松屋にいたが、玄関にものものしく紫の幔幕《まんまく》を張りめぐらし、そこへ筆太に「摂海防禦御台場築造御用掛《せっかいぼうぎょおだいばちくぞうごようがかり》　折田要蔵」と白く染めぬかせて置くような人物だった。国会議員立候補のトラックより数等派手である。

　摂海はいうまでもなく摂津の海だ。当時の攘夷鎖港論に押されて、幕府もあの辺へ台場を築く準備に取りかかったのである。そして築城家の折田を御用掛にしたが、彼は薩摩人だったので、彼のところへは自然薩摩藩士の出入が多い。そこで栄一を内弟子に住みこませれば、薩藩の動向が探知できる一方、折田が本当に有能の材ならば、一つ橋に召抱《めしかか》えようというのが平岡の腹だった。

　だから栄一にこの出張を命じたときも、平岡は冗談めかして「ヒョッとすると、やられるかも知れないよ」と言い、栄一は「やられてもいいじゃありませんか。お国のためなら本望です」と答え、「それそれ、その気象が好きなんだ」と平岡に言われたくらいだった。とにかく当時の武士は死に直面する機会が多かった。折田の門人の中《なか》原猶介《はらなおすけ》という薩摩隼人がいて、後日栄一に、

「実はあのとき渋沢はマワシモノらしいから斬ってしまおうという話が出て、オレが斬る役にきまったのだが、マア、それほどのこともあるまいってことになったのだよ」と語ったくらいで、みな気は荒いがザックバランな連中のよりあいだった。

　栄一の内弟子生活はわずか一ト月あまりだったが、折田を些細《しさい》に観察した結果、彼が容体《ようだい》ぶることの好きな人物で、弁舌に巧みな割りに専門知識は本格的でなく、ときおり西郷隆盛と文通などもするが、折田の言説はあまり薩藩に重んじられていないこ

とが分かった。つまり彼は一つ橋に召抱えるほどの人材ではないという結論だったのである。

これらの点は、むろん栄一が京都へ帰ってから、ちくいち平岡に報告した訳であるが、栄一がいよいよ折田の門を辞去する前の晩にこんな事件がおこった。

折田は自分の泊まっている松屋の娘おみきを手に入れて寵愛《ちょうあい》していた。ところが折田の所へよく来る、同じ薩摩藩士の三島通庸《みしまみちつね》や川村純義《かわむらすみよし》はそれを快く思っていなかった。これは何も岡焼きのせいばかりでなく、三島や川村が豪放磊落なのに反して、折田は殿様然とオツにすます性質だったから、つねづねソリが合わなかったのである。

栄一が京都へ帰る前夜、この三島と川村とが雑魚《ざこ》場の料理屋で栄一のために送別会を開いてくれた。栄一は折田にその趣を伝え、許可を受けて会場へ出かけた。そして三人で愉快に飲んだり歌ったりするうち、三島は一足先に帰った。しかし栄一はそれを気にも止めないで、夜の十一時ごろ、川村といいご機嫌で松屋へ帰りついた。さっさく折田の座敷へ顔を出して「ただいま帰りました」と畳に手をついた。と、室内には盃や皿の類がコナゴナにかけて散らばっている。しかも娘おみきは眉間《みけん》を怪我したらしく、鉢巻をして寝ている。そして折田は杯盤狼藉《はいばんろうせき》たる中にボンヤリ坐っていた。

「先生、これは一体どうしたことです？」

栄一が驚いてたずねると、折田は満面に怒気を含んで荒々しく答えた。

「三島めがきてこの乱暴を働いていったのだ。キャツがこんな真似をやらかしたのは、送別会の席上で、さんざんオレの悪口を酒の肴《さかな》にしたからに相違ない。そしていっしょになって相槌《あいづち》を打ったお前も、三島の同類だぞ」

あまりにも筋の通らない叱責に、栄一はカッとなった。酒の酔いも手伝って腹の底から激怒した。彼は折田の顔を見つめながら、膝を立てなおして鋭く言い放った。

「いま私を同類と言われたのは、先生の当て推量ですか、三島がその通りのことを言ったのですか、実に奇怪千万な話です。私は先生の教えを受けている門弟です。たとえどんなことがあろうと、蔭で先生を誹謗《ひぼう》するような卑しい心は持っていません。もし三島が実際そんな嘘言を吐いたなら、実に卑劣千万です。その分には捨ておけません。すぐ彼をここへ連れてきて、刺殺《さしころ》してしまいます」

栄一が追っ取り刀で三島のいる隣家へ駈けつけると、三島は二階に寝ているという。栄一は足音荒く階段を飛びあがり、あわや三島の部屋へ躍りこもうとした瞬間、追いついた川村がやっと抱きとめた。

「まあ待て、貴公何をやるんだ？」

「三島に意趣があるんだ。先生の前に連れてって刺殺すんだ」

二人がもみ合っているところへ、折田の使いがきてともかく一旦松屋へ帰ってくれと引きもどす。川村も抱きとめた手を放さない。当の三島は酔余の熟睡で目をさまさない。相手が出てこないから栄一も拍子抜けになり、しぶしぶ折田の前へ引っかえした。すると折田は最前とは打って変った態度で、一旦の怒りに任せてあんな暴言を吐いたが、三島があのようなことを言った訳ではない。自分の疑心から出た失言で、むろん栄一に何の疑いも持っていない。

「貴公が三島と争っては、ワシが困る」としきりに陳弁するので、栄一も、そんならよろしうございますといって事はすんだ。

この挿話も、栄一が不当の非難や不正の弾圧に対して、まっ正面から憤然と体当りで抗議する性格を物語っている。「刺殺してしまいます」は乱暴だが、それが当時の武士気質《かたぎ》だったのだろう。何にしても当の三島が出てこなかったことは一同の仕合せだった。

京都に帰ってから、栄一はある日平岡の命令で西郷隆盛を相国寺《しょうこくじ》にたずねた。これも内偵《ないてい》の一種だった。栄一は前から西郷を知っていたのである。閑寂な寺の庭を冷たい比叡《ひえい》おろしが吹きぬけて、箒目《ほうきめ》の美しい白砂に枯松葉が散る。西郷は境内の坊の一つに、老僕を一人使って簡素に暮らしていた。

上野公園にある銅像より十三年若くした西郷隆盛を想像すれば、大体間違いはないだろう。この薩摩の傑物は太い眉と大きなギロリとした眼と、力士みたいに太った身体を持っていた。一見人を圧するような風貌の中から、どんな相手でも包容してしまう親近感と信頼感が湧いてくる。それと対座している栄一にも、若年ながら、やはり人を引きつける人間的魅力はあった。二人の時局談は弾んでゆく。

「じたい、おはんは、このごろの政治の改革ぶりな、何と見とられるか?」西郷は声も太かった。

「改革されるように見えましても、みな枝葉の問題ばかりで、老中政治という腐った土台から建てなおさんことには、真の改革は望めないと思います」

「や、同感でごわす。おはんな一つ橋家臣にしては目のつけどころがよか。じたい、おはんな、どぎゃん経歴のお人でごわす。江戸の御仁《ごじん》ではなかと見受け申すが……」

ここで栄一は経歴の概略を語り、最近平岡の配慮で一つ橋に仕えたため、牢に入れられずに済んだことまで伝えた。西郷は、栄一が食い詰めた上の放浪でなく、恒産がありながら志を立てたのは感心だ、とホメてくれた。丁度飯時になったので二人は豚鍋をつっ突きながら話をつづけた。

標準語で書けば、西郷は大体こんなことをいった。

「いまのように天下が乱れては、皇室に対しても誠に恐れ多い。だからこの際老中政治を廃し、有力な藩六、七の代表者が合同して新しい政府をつくらなくてはダメだ。むろん一つ橋もその一員に加わって、座長になるがよい。そして根本的な国策を立てる以外に収拾《しゅうしゅう》の道はなかろう。ところで貴公の御主人だが、どうも慶喜公は腰が弱くていかん」

「それならあなたがその中心人物になってはどうです」

「いや、そりゃいかん。天下の事というものは、そう簡単にはゆかん」

栄一は相国寺から帰ると、すぐ慶喜に西郷の言葉を伝えた。自分を批判された慶喜は「いかにも、もっともだ」と素直にうなずいていた。

これが縁となって、栄一はその後もたびたび西郷を訪問した。そしていつも談論に花が咲く結果、訪問の都度豚鍋の御馳走になったそうである。

さて栄一と喜作は平岡に広く天下の志士を召抱《めしかか》えるよう建策して、心当りもありますから二人を関東へ派遣して下さいと提案した。心の中で高崎城乗取り計画時代の同士を数えていたのである。同時に江戸へ出たついでに、長七郎の放免に尽力しようという熱望もあった。

一体、一つ橋みたいな、いわゆる「御三卿《ごさんきょう》」の家老は幕府の大目附《おおめつけ》や町奉行《まちぶぎょう》を勤めた人に、老後を飾らせる職となっていたので、政務の実権は用人の手にあった。そして用人筆頭の平岡は俊敏で気象の鋭い人だから、例えば会議のすんだあとで、一座の者が「追ってまた相談しましょう」などというと、「事を判断するのは拙者の役だ。貴公は一体何を相談するのか」といった調子でやりこめる。だから人から恨みを受ける場合も少なくなかった。

その平岡が栄一と喜作の建策を用いて五月に二人を「人選御用《じんせんごよう》」のため関東へ派遣した。そしてその出発当日、平岡は近郊散策と称して山科《やましな》の蹴上《けあげ》まで先発し、そこの茶屋で栄一と喜作を待受けた上、二人に送別の昼食をもてなしながら、志士募集の心得をさとした。これは当時の慣例上、重臣が軽輩の出張を公然と見送る訳にゆかなかったので、散策に名を借りて行を壮《さか》んにしてくれたのである。栄一も喜作も知己の恩が胸にしみた。

二人はまず江戸に出たが、当てにしていた千葉道場や海保塾の旧同士は、みな水戸の騒動に駆けつけたあとだった。

水戸の騒動というのは水戸藩士が二つに割れ「天狗党《てんぐ》」と称する武田耕雲斎《たけだこううんさい》や藤田小四郎《ふじたこしろう》の一派は筑波山に立てこもって幕軍と戦ったが、山を追われて諸藩の兵と各地に転戦しながら敦賀《つるが》まで辿りつき、そこでとうとう百三十余人が切腹や斬罪に処されたという悲惨な事件である。

当てのはずれた栄一と喜作は、それでも江戸で剣客や漢学生を十数人募集することが出来た。一方二人は一つ橋の水戸邸と連絡を取り、長七郎の救出に奔走したが、どうしてもダメだった。しかし牢屋の役人も二人の友情にほだされたと見えて、長七郎の待遇はメッキリ改善された。

それから栄一も喜作も武州、総州、野州にある一つ橋領を巡回して、農民から四十数人の志士を募集した。こうした巡回の途中で、二人は当然故郷血洗島村に近い岡部を通らなければならない。出来れば故郷に回って父母や妻子にも会いたい。そこで尾高新五郎宅へ使いを出して見ると、新五郎は「天狗党」に加盟を勧誘されたというだけの廉《かど》で、岡部の牢につながれていた。おまけに岡部藩では栄一と喜作を謀反人扱いしていることも分かった。二人は残念ながら帰郷を見合せた。

なんでも六月の末か七月のはじめごろだったという。志士募集の旅をつづけている二人に、京都から驚くべき悲報が伝わった。平岡円四郎が暗殺されたというのである。二人は全身を打ちのめされたようなショックを受けた。

平岡は栄一と喜作を入獄寸前に救ってくれた恩人である。その恩人は二人の出発当日、特に慣例を破って、わざわざ山科まで見送りにきてくれたではないか。そのときの顔も声もまだアリアリと脳裡に残っている。その人が今はもういないのだ。俗にいう虫が知らせたのか、彼は一期の別れを告げに山科まで来てくれたのだった。

栄一と喜作が一つ橋家へ仕官してから僅かに半歳、杖とも柱とも頼む上司は突如として世を去った。思えば暴挙を阻止した命の恩人長七郎は、依然として獄中に呻吟《しんぎん》している。今また第二の恩人にこの椿事《ちんじ》だ。いくら血気壮んな二人でも、有為転変のはかなさが胸をふさいで、溜息《ためいき》をつくよりほかはなかった。

平岡は六月十六日の夜、川村恵十郎と連立って一つ橋家の家老渡辺孝綱を京都の旅宿にたずねた帰途、突然闇《やみ》から躍りでた二人の暴漢に斬《き》られて死に、川村も傷ついた。そして暴漢二人も重傷を負って死んだ。平岡も川村も突嗟《とっさ》の間に激しく応戦したのだった。

平岡暗殺の原因は、彼が開国論者と見なされていた上、池田屋騒動で勤王の志士を殺させたのも彼の差金《さしがね》だという誤解のためだった。享年《きょうねん》四十三歳。斬られた者も斬った者も同じ水戸の侍である。トゲトゲしい世相を反映した悲劇の一幕というほかはない。幸田露伴《こうだろはん》は『渋沢栄一伝』にこう書いている。

「世には真に良い人でも、自任して裁判長となりたがる人があるものだ。そういう人が波瀾激盪《はらんげきとう》の多き場合に立つと、忽《こつ》として恐ろしい判決を他に下して、恐ろしい執行《しっこう》を敢てするものである。蓋《けだ》し平岡は不幸にして自任裁判長若《も》しくは其の手下《てか》の執行委員に出遇ったのである」

未開の国ほど自任裁判長が多い。そんな国は法治国とはいえない。そして暴力をふるう国会議員は、野次馬的自任執行委員だろう。

さて話を元に返そう。栄一と喜作は応募した志士五十人ほどを引連れて、九月ごろ京都へ向かった。その途中、二人は妻沼《めぬま》で互いの父市郎右衛門や文左衛門（長兵衛改め）とひそかに会った。そして栄一は深谷宿に一泊したおり、宿根《しゅくね》という所で、妻千代が二歳の歌子を抱き、妹お貞《てい》と連立ってきたのに一卜目《ひとめ》会った。

それから五十余人の同勢は岡部の陣屋前を通った。八年前、代官の暴言に栄一が腹を立てた思い出の場所である。しかし陣屋の役人は何の手出しもしなかった。ただ、同勢が村はずれまできたとき、二人の岡部藩士があとを追ってきて、同勢の一人にこう頼んだ。

「御同勢の中に、当領分の百姓が二人おりますゆえ、何卒意見して戻していただきたい」

すると頼まれた武士はさりげなく、

「お頼みの趣きは申伝えるが、いまここで両渋沢氏《うじ》に村方へ帰られては、主命が果たせぬ。一同困却いたす。到底出来かねることと諦めなさい」と答えてスタスタ歩きだした。

何しろ槍まで立てた、堂々たる一つ橋家の同勢である。わるく止立てすれば、すぐにも刀を抜きそうな剣幕だ。二人の岡部藩士も、ただボンヤリ見送るほかはなかった。

栄一と喜作は九月に京都へ帰った。平岡のかわりに、黒川嘉兵衛《くろかわかへえ》が用人筆頭になっていた。彼は温良な能吏で、以前から栄一や喜作に目をかけていてくれた。彼はさっそく二人を自邸に呼んでこういった。

「君たちは遠国から来ている身で、幕府や一つ橋に何の縁故もない。しかも頼りにした平岡氏《うじ》は、不慮の災難で亡くなられた。君たちの落胆や心細さは察しる。しかし私が現在の職にいる以上、従前通り君たちの才腕を延ばすよう取りはかろう。こんど募集してきた志士も、まず君たちの意見を聞き、他の同僚とも相談した上で、それぞれの部署につけるから、心配しずに今まで通り精勤するがよい。いずれ近日中に勤め向きの指示をするが、それまではやはり御用談所勤務をつづけてもらいたい」

栄一も喜作も上役の温情を有りがたく思った。なお黒川が関東の情勢や志士の動向をたずねたので、二人はくわしく説明した。

12 水を得た魚（下）

元治元年（一八六四）の九月に関東から京都へ帰った栄一は、十月五日に郷里の妻へこんな手紙を出した。

「先頃は宿根にて久々に相逢《あいあ》い、さぞさぞ残り多き事とぞんじ候。此方《このほう》にも同様の事なり、さて永々の留守中（註　家を出たのは前年の十一月十八日）父上母さまへ孝養いたされ候段、あさからずぞんじ候、尚此後もひとへにたのみ入候、うた（註　歌子）事は大切になさるべく候品《しな》により京都へよびのぼせ候事もこれあるべく其時は永別の礼申候事もこれあるべくぞんじ候とかく父上母様には御ほねおりながら、ずいぶん孝行いたし候様たのみ申候、いつか又あふ事もこれあるべくそれをたのしみにいたし、くれぐれしんぼういたし候様、かへすがへすもたのみ入申候、申越したき事は山々に候へどもあらあら書残しまいらせ候、めでたくかしく

篤太夫

おちよどのへ

尚々何か気のもめる事ある時は、手許《てばか》のあにさん（註　尾高新五郎）にそふだんいたし申すべく、さよういたし候はば、よきふんべつ出で申すべし、相《あい》わかれ候よりは

一度も婦人ぐるい等も致さず、全くくにの事のみしんぱいいたし居り申候間、おまへにもずいぶんしんぼうの程ひとへにたのみ申候、かしく」

二十五歳の志士あがりにしては、優しいゆきとどいた手紙である。すべて儒教精神を前提としているが、夫が永らく家をあけ、妻一人に両親への孝養と育児の全責任を負わせている点は、いくら封建時代の家族制度でも不自然に違いないから、栄一もそれをひどく気に病《や》んでいる。

「一度も婦人ぐるい等も致さず」は例の吉原一件があるから、額面通り信用もできないが、なるほど「婦人ぐるい」と「女遊び」はカテゴリーが違うようだ。

また十月十七日に書いた手紙もある。

「……何事も気をもまぬようなさるべく候、気をつかひ候は大どくに御座《ござそうろう》候、明年になり候はば、京都え相《あい》のぼせ申すべく候、御待ちなさるべく候、もし又此方《このほう》江戸え帰り候はば、さうさう江戸え呼び申すべく候、うたは大切になさるべく候、男の子これなく候はまことにざんねんにぞんじ候、万事一人にては不自由にて女房の有りがたきと申す事、別して承知いたし候、是非《ぜひ》いま一人仕込み置き候はば、よき事とぞんじ候、其事ばかりは代人をたのみ申す事にも相成るまじく存候、何れ来年は呼びのぼせ申すか、江戸に帰り申すか、かならず一処になり申すべく申候、それまでは孝行大切にたのみ入り申候、……」

栄一が千代を恋しがるだけ、千代もひたすら京都の空に憧れつづけていたろう。文中に「是非いま一人仕込み置き候はば」と冗談が書いてあるが、明治以後の栄一は一人ならず数人「仕込み置」いたらしい。「其事ばかりは代人をたのみ申す事にも相成るまじく」が、相成ってしまったのである。その話はあとのほうに書こう。

こんな夫婦愛のあふれる手紙を出した栄一も、京都では職務上毎日のように柳暗花《りゅうあんか》明《めい》の巷《ちまた》へ出入した。これは栄一の本意ではなく、慶喜の声望と平岡の敏腕がものをいって、黒川が用人筆頭になってからも、一つ橋株のブームがつづいたためである。だから今夜は筑前藩の招待、明晩は加州藩の御馳走、明後晩は彦根藩の宴会といった工合で、祇園《ぎおん》や木屋《きや》町の料亭へ呼ばれる。そのつど栄一も喜作も黒川についてゆかなければならなかった。

それは二人に取って有りがた迷惑だった。武州出の二青年は真面目一本槍で、頭の中には「国事」が充満している。宴席で政治外交の議論が出ても、これはと思う人物に出会うことは滅多にない。多くはうわすべりの慷慨論《こうがいろん》で、いわば世の中を上手に泳ぐ交際家ばかりだ。こんな酒宴つづきでは何のために故郷を飛びだし、何のために一つ橋へ仕えたのか分からない。栄一も喜作も断じて浮薄の風《ふう》には染まるまいと戒めあって堅固な覚悟と倹約を立てとおした。

〈思い出〉　私は父からこんな話も聞いた。

ある日父は古着屋へ紋付《もんつき》の羽織を買いにいったが、あいにく自家の紋、柏《かしわ》のぶっ違いのがないので、五三の桐か何かの上へ紋を切りぬいた柏のぶっ違いを張りつけさせると、それを買って宴会へ着ていった。宴席なかばで一座は羽織をぬいだ。むろん仲居がたたんで片づける。さて帰りぎわに、みなそれぞれの羽織を持ってこさせた。父も「紋は柏のぶっ違いだ」と教えたが、なかなか持ってこない。最後に一人の仲居が手にした羽織を見い見い、「もうこれほかあらしまへんのどすけど、御紋が違うよって……」とケゲンな顔をしている。見ると張りつけた柏のぶっ違いがハガレ落ちて、紋は五三の桐に返っていた）

翌慶応元年（一八六五）の正月にはこんなこともあった。ある晩栄一は黒川に随行して鴨東《おうとう》の料亭へいったが、深夜宴会がすんだので寝ようと思い、いつも泊まる部屋へいって寝間着に着かえた。すると仲居がきて今晩はあちらにお仕度がと、別の座敷へ案内した。フスマをあけると、ほの暗い行燈《あんどん》の灯影《ほかげ》に派手な色気の寝床が見えた。しかも側には一人の女がなまめかしく坐っている。

「これはどういう訳だ？」

こうたずねる栄一に、仲居は、大夫《たゆう》さん（註　黒川用人の敬称）が、あなた一人ではお気の毒だから、お相手を取りもってくれたのだと答えた。

とたんに栄一は侮辱を感じて腹を立てた。そして「急用を思い出した」といいながら、最初の部屋へ引返すと急いで着物に着かえなおし、「大夫がたずねたら、急用が出来て帰ったと伝えてくれ」といい置くなり、引止める仲居たちを振りきって外へとびだした。

外は底冷えのする暗い町だった。栄一がスタスタ三条小橋までくると、あとから「おーい、おーい」と呼ぶ黒川の声が追いかけてきた。栄一は立ちどまった。

「まあ、少しいっしょに歩こう」

黒川の言葉に、栄一は彼と並んで歩きだした。すると黒川は、「いまごろ君の長屋へ帰っても困るだろう？　ワシの旅宿に泊まらないか」とさそった。そこで栄一も素直に「それは有りがたいです。そう願います」と答えたところが、黒川は急に改まった声を出して、「先刻はまことに失礼した。君は定めし立腹したろう？」

「いえ、立腹などしませんが、両三年のあいだ心に誓ったことがありますので、折角の御厚意を無にして相すみませんでした」

「いや、そういわれると、ワシのほうこそ恥入る次第だ。どうか人はそうありたいものだ。それでこそ大事が託せる」

小一年も栄一の人物や働きを見てきた黒川は、この青年が上役に取入るための芝居を打つような男でないことは見抜いていた。だから栄一の態度に感心したのである。ついでに自己反省をさせられたかもしれない。前後の事情から推すと、その夜黒川にも相手の女がいたような気がする。

仮りに酒好きの老人が軽い脳出血で倒れたとする。それ以来彼はさしも好きな酒をやめて、ひたすら健康に注意する。長生きしたいからである。この禁欲は長寿を目ざす功利主義であって、倫理観とは直結されていない。

ところで青年が出世前に女色を断つのも、処世上の功利主義である。しかしこの禁欲は倫理に直結されている。相手が酒と違って生きた人間だから、牽引力《けんいんりょく》も強いしいろいろなトラブルも起こりやすい。いくら倫理と直結されていても、色の道には深入りしたいのが人情だ。恐らく栄一は「君子危きに近よらず」を女色に適用し、それを至上命令として忠実に守ったのだろう。後年の彼とは別人の観がある。

話しは少し前後するが、何しろ幕末の時勢だから、酒宴の毎日にも血なまぐさい騒動がまざる。前年の十二月には、前述した武田耕雲斎の一派を鎮圧するため、栄一も喜作も慶喜の軍に従って海津《かいづ》まで出かけている。

また、時期はハッキリしないが、あるとき京都の一つ橋家中にこんな事件も起こった。関東人選御用で応募してきた志士の一人石川某が、強盗を働いたのである。栄一も喜作も責任上入念に取調べた結果、石川はちくいち白状した。そこで一つ橋家の名誉のために切腹させなければならない。真仲速太《まなかはやた》という武士が詰腹を切らせる役にまわった。

栄一や喜作や真仲の居並ぶ一室に引き出されて、石川は青ざめたままうなだれている。

重苦しい沈黙が一座を領した。と、栄一が鋭い語気で「死ねッ」と叫んだ。しかし石川はスキをうかがって逃げだそうとした。とたんに力の強い真仲はすぐ彼を捕えて押さえつけると、一気に首を締めて殺してしまった。

それから一同は死体の腹を切って、当人が切腹したように見せかけた。あらかじめ遺書は書かせてあるから、それで切腹という形式が整った訳である。恐らく栄一の一生を通じて、一番後味《あとあじ》の悪い経験だったに違いない。

こんな血なまぐさい事件をさしはさんで、紅燈緑酒《こうとうりょくしゅ》の宴席が連続する。そのころ栄一の作った詩に、「鴨涯春感《おうがいしゅんかん》」と題する七絶がある。

「芳霧綵雲《ほうむさいうん》無限ノ春　雨余ノ橋畔《きょうはん》水声頻《しき》リナリ　東風岸ヲ隔《へだ》テテ紅袖《こうしゅう》ヲヒルガエス

多クハコレ宴タケナワニシテ酒ヲ逃《のが》ルルノ人」

宴たけなわにしてとあるが、綵雲とか紅袖とかいう色彩感の多いところを見ると、これは昼の宴会らしい。そうだとすれば、午後から雨のあがった京都の町は、ぬれた瓦屋根《かわら》や芽柳《めやなぎ》の上に、東山や叡山の影を濃淡さまざまに浮きあがらせていたろう。栄一は水嵩《みずかさ》の増した鴨川の瀬音をききながら、対岸を通る芸子や舞子を眺めていたのかもしれない。黒川のイキなハカライをハネつけた彼も目先にチラつく禁断の美花に対しては、あるいは内心指をくわえながら、つとめて客観視したものと想像される。

ところでこの慶応元年一月に、栄一は小十人並《こじゅうにんなみ》に進み、御用談所調方出役《ごようだんじょしらべかたしゅつやく》を兼務して、食禄十七石《こく》五人扶持《ぶち》、月手当十三両二分になった。小十人並というのは幕府の小十人組に当る役らしい。主として君公を警護する任務だ。これは「御目見以上《おめみえいじょう》」の身分だから、君公に面謁《めんえつ》のかなう資格を得た次第である。栄一は一月二十一日にその喜びを千代へ書きおくった。自分の出世を一番喜んでくれる妻や両親が遠く離れているのは、定めし物足りないことだったに相違ない。

13　歩兵取立御用《ほへいとりたてごよう》（上）

出世はしたものの、栄一は心の隅に空虚を感じつづけた。毎晩宴席へ出て御馳走酒に酔う生活がそれである。彼は一つの具体案を立てて黒川に建言した。

一つ橋家は京都守衛総督の重任を帯びながら、兵備はきわめて貧弱だった。御床机廻《ごしょうぎまわ》りと称する慶喜の親兵が百人ばかりと、御徒士御小人《おかちざむらいごこにん》なる足軽体《あしがるてい》の者少数のほかは、二小隊ほどの御持小筒組《ごもちこづつぐみ》があるに過ぎない。しかもこの新鋭の武器を所持する鉄砲組は、幕府から貸与された軍隊なのである。つまり一つ橋に余り武力を持たせまいとする幕府の方針が、こういう兵制となって現われていた次第である。

栄一は黒川にその点を力説した。こんな雇《やと》い兵ではマサカのとき何の役にも立たない。名は守衛総督でも、実は無力無能だ。もし栄一が一つ橋の領内を巡回して、農民から歩兵を募集すれば、千人ぐらいの壮丁《そうてい》*1はたちどころに得られる。それを二大隊に編成して訓練を与えれば、幕府から借りている鉄砲組より強力な常備軍が出来る。しかも経費は在来より格安にあがる。もし一つ橋の財政に余裕があるなら、是非とも栄一を歩兵募集に派遣してほしいと提言したのである。

「いかにも妙案だが、そんな人数を集める当てがあるか？」

黒川の反問に栄一は「あります」と答えた。そして二、三日後に慶喜の面前へ出て募兵計画をくわしく説明すると、二月の末日にはもう「歩兵取立御用掛」として京都を出発した。

元来、一つ橋家の領地は関東以外は摂津、和泉《いずみ》、播磨《はりま》、備中《びっちゅう》の四カ国に分れていて、総石高は十万石だった。そこで京都の御勘定所《ごかんじょうしょ》から、関東を除く地域の代官所へ御用状《ごようじょう》が飛んだ。今回かくかくの儀で渋沢篤太夫が歩兵取立御用におもむくという通達である。

栄一は供を一人連れて、まず大阪川口《かわぐち》の代官所へいった。ここは摂、泉、播三国を管轄している役所だ。栄一は代官に用向きをくわしく説き聞かせた。すると世故《せこ》馴れた代官は、この気魄《きはく》の鋭い生真面目そうな青年官吏に、如才ない調子でこう答えた。

「至極大切の御用とうけたまわりました。しかしこの御役目は、まず遠方の備中を先になさるのが上策かと存じます。遠い備中で募兵に成功なされば、近間《ちかま》の摂、泉、播はその噂を聞きつたえ、農民のほうから進んで馳せ参じるものと心得ます」

栄一はなるほどと思い、後日を約して川口の代官所を去った。「とかく世間に事なかれ」を祈る代官は、一寸《いっすん》のがれに新進官吏を敬遠しながら、腹の中では舌を出していたかもしれない。ついでに備中の募兵が不成功に終って、摂、泉、播のほうもお流れになるのを望んでいたかもしれない。

三月七日ごろに、栄一は備中の板倉《いたくら》という宿場へ着いた。土地の庄屋たちが十人ばかりもウヤウヤしく出迎えた。ここは譜代大名板倉侯の城下だから、一つ橋家に対する取扱いは鄭重《ていちょう》だった。おまけに田舎への出役《しゅつやく》は容態ぶるほうが効果的だという考慮もあって、栄一はことさら長棒《ながぼう》の駕籠に乗りこみ、槍持《やりもち》や合羽籠《かっぱかご》を先に立てて「下《した》におろう」という下座《げざ》触れまでかけさせた。いきおい行きかう農民町人は土下座《どげざ》する始末。それが九年前に岡部の陣屋で代官に罵倒《ばとう》された栄一だったのである。

人間には特権意識を喜ぶ本能があるから、栄一も我《われ》と我《わ》が威光に会心の笑みを禁じ得なかったろう。その反面、「にわか侍《ざむらい》」の自分には不似合な真似だという反省もあった。そして翌日目的の江原村に到着すると代官や庄屋や村の有力者たちが、下にも置かぬもてなしをした。代官の進言もあって、翌日から栄一自身が陣屋の白洲へ姿を現わし、毎日募兵の主意を懇切に述べたてた。召出《めしだ》されたものは領内農家の次三男以下の若者ばかり。栄一の説明が終ると、附添《つきそい》の庄屋がウヤウヤしく平伏しながら、「いづれ篤《とく》と申しさとしまして、御奉公いたしますものは、すぐお受けにまかり出るようはからいます」という。すると壮丁一同も一斉に頭をさげる。そして庄屋が白洲の戸をガラガラあけるのを合図に、みなゾロゾロと退出してゆく。張合いのないほど従順で静粛だ。しかし幾日たっても志願者は一人も現われなかった。

栄一は我身《わがみ》に引きくらべて不思議に思った。あれだけ懇切に説明すれば、自分なら喜んで志願するはずだ。それが何の反応も示さない。まだ自分の説諭が至らないと見える。平素は物やわらかな栄一の弁舌も、日ましに熱を帯びていった。

「一体、お前たちは今日《こんにち》の時勢を何と心得る？」

ここで幕府の内治外交が行きつまっている時事解説を挿入してから、

「世の中は何時までも無事泰平ではないぞ。あすにもイクサが始まらないとは限らぬ。そうなったら、オレは先祖代々の百姓だからと、安心してなどおられはしない。だから血気壮《さか》んなお前たちは、今のうちに一日も早く奉公して、御領主のために働くのが何よりの上分別だ。上にも目のあることだから、才能次第でどんな立身功名《こうみょう》も出来る。今は身分や家柄ばかりが物を言う世の中ではないぞ。本人の心がけ一つだ。草深い田舎に百姓で一生を終るより、どれほど生き甲斐があるか知れんではないか。かくいう拙者も最近まで武州の百姓だったが、時勢に感憤して一つ橋家に仕えた結果、こうして歩兵取立の御用をうけたまわるような身柄になった。どうだ？　憤発して志願するものはいないか？」

栄一は熱誠《ねっせい》をこめて青年の憤起を促《うなが》した。だが依然として応募者は一人も出てこない。

「これは何か裏《うら》があるな！」

彼はこう考えて、ひとまず陣屋での説得を打切った。そして庄屋に、

「この辺に剣術の先生はいないか？　また有名な学者はいないか？」とたずねた。すると庄屋は、剣客には関根先生、学者には阪谷朗廬《さかたにろうろ》先生がいますと答えた。そこで栄一は早速一首の漢詩を作り、それに酒一樽《ひとたる》を添えて「明日参上いたしたい」という手紙を阪谷へとどけた。

阪谷は学問見識のある儒者で、「興譲館《こうじょうかん》」という塾を開いていた。栄一は翌日そこをたずねて、阪谷やその門下生たちと時事を談じた。またその後阪谷以下数人を自分の旅宿へ招待して、時局談のつづきに花を咲かせた。

阪谷は栄一より十八歳の年長だったが、思想は進歩的で開港論を主張した。鎖国攘夷論の栄一が反対したことは言うまでもない。現在幕末の外交問題をかえり見ると、お伽噺《とぎばなし》めいた長閑《のどか》さも感じられるが、慶応元年の当時としては、日本の運命を左右する重大な緊急案件である。だから太平洋戦争直前にアメリカと戦うべきか否かを論じるほどの切実さはあったはずだ。栄一の反論に対して、阪谷は端整な顔にいくらか皮肉な微笑を湛えながらこういった。

「あなたは一つ橋家のお役人様だが、この問題ばかりは一つカミシモをぬいで、十分に私の意見を聞いて下さらなければ……」

栄一も喜んでそれに応じた。

阪谷は当時すでにヨーロッパやアメリカの文明を理解していた。彼等の通商要求は侵略主義ではない。国を開いてその長を取入れるのが本当で、一途に彼等を夷狄視して孤立するのは日本のためにならない。世界の情勢はそんな偏狭な考えを許さないという結論だった。これに対する栄一の反対論は伝わっていないが、栄一が阪谷から新知識を得たことは事実だったろう。意見は対立しても、私《わたくし》のない公論を隔意なく戦わせるのは愉快だった。この二人は昔式の形容なら「痛飲縦談《じゅうだん》」今の言葉なら思う存分に言論の自由をほしいままにした訳である。おかげで栄一は「興譲館」の塾生とも、役目を離れて友達になることが出来た。

それから間もなく栄一は関根剣客と手合せを試みた。関根は評判ほどの使い手ではなく、栄一の打込むシナイを受損じてオクレを取った。するとこんな噂が狭い村中に伝わった。

「こんどやってきた役人はまだ若いがエライ人に違いない。学問では阪谷先生と対等に議論するし、剣術は関根先生を負かしたそうだ。ただのお役人ではないぞ」

おかげで栄一の旅宿には、漢学や武術に興味を持つ青年たちが毎日たずねてくるようになった。今ならさしずめ東京の文化人が地方の旅館で、毎日土地の青年たちと座談会を開いたような訳である。

一体今度の募兵は栄一が強引に建築した企てだから、失敗すれば文字通り切腹ものである。いきおい応募者の一人も出ない現在、栄一の心痛は一ト通りではないはずだ。

しかも彼は陣屋での説得をサラリと捨てて、儒者や剣客の応接に余念がない。何か考えるところがあるのだろうか？

その栄一が丁度いま鯛網《たいあみ》の季節だと聞いて、ある日興譲館の塾生や旅宿へよく来る青年たちを、この催しの見物に招待した。

＊1　軍役にあたる成年男子。

14　歩兵取立御用（下）

瀬戸内の海にも浜にも、温暖な春光があふれかがやく。沖に仕掛けた鯛網の浮きが、海面に大きな点線の輪を描いている。海中へ垂《た》れさがっている網の幅はさして広くないから、その下をくぐり抜ければ逃げられるのだが、そこは鯛の習性で下へはもぐらない。ただ輪の中を右往左往するばかりである。

たくましく日焼けした漁夫たちが小舟に分乗して沖の網へ漕《こ》ぎよせると、左右から網綱《あみづな》を引いて岸へ漕ぎもどってくる。それらの小舟が近づくにつれて、網の輪は次第にせばめられてゆく。だから輪の中は群《むら》がり跳《は》ねる鯛のために、水の色まで薄赤くなった。

浜にいる見物人が小舟の漁師に酒樽を投げて大漁を祝ってやると、漁師はピチピチ躍《おど》る鯛を二、三尾《びき》さげて礼にくる。いかにも景気のよい平和な眺めだった。

こうして取れた鯛は値段も安い。栄一の一行はその生きのいい鯛をすぐ料理させて舌づつみを打った。そして酒をあおりながら詩を吟《ぎん》じあう。詩が一段落すると、また賑《にぎや》かな談笑である。すでに西に傾いた日は、この元気な書生たちの影を、ながながと白砂の上に印している。歩兵志願者のいない苦労などは、まるで忘れたような栄一だった。

こんな調子の七、八日がたつうち、栄一に対する青年たちの親近感と信頼感は急激に上昇した。そして陣屋元の村で二人、外の村で三人、都合五人の農民が一つ橋家の歩兵になりたいから、是非京都へ連れていって下さいと、直接申出した。栄一が心ひそかに待ち設けていたのはこの申出《もうしい》でである。彼は書式の見本を示して願書をしためさせると、それを受取った。

その晩栄一は庄屋たちを旅宿に呼びよせた。急な召集に彼等は落ちつかない顔を集めた。栄一は語気を強めてこういった。

「いままで拙者が陣屋でいくら説得しても志願者は現われなかった。このままでは拙者も生きて京都へは帰れない。ところが今日かような願書を差出《さしだ》したものが五人もある。その中には総領息子さえいる」

栄一は右手で五通の願書をかざした。

「僅かの時日拙者に接した農民の中から、この通り五人も志願者が出ているのに、同じ備中の人でありながら、十数カ村数百人の中から、今まで一人も志願者が現われなかったというのは合点がゆかぬ。そんな道理はないはずだ。

これは何かおのおの方《がた》の説得を妨げるものがあると見たがどうだ！　拙者はただ食禄をむさぼり、無事に安んじているような役人とは大違いだぞ。事と次第によっては、庄屋の五人や十人斬捨《きり》てるぐらいは何とも思わぬ人間だ。そのつもりで返答しろ。察するところ陣屋の役人がカレコレ面倒を厭《いと》って、邪魔立てしているのであろう？　余りグズグズいたしておると、その分には捨ておかんぞ」

一座はシンと静まり返って、顔をあげるものもいない。すると長老株の庄屋が仲間に向かっていった。

「旦那様のお目が高くて、とても包み隠しは出来ないから、皆の衆、いっそ有体《ありてい》に申上げたらどうだ」

とたんに一同は口をそろえて、「そうだ。そうだ。どうぞあんたから申上げてください」と共鳴した。そこで長老株は口を開いた。

「まことに恐入りました義でございますが、お代官様が内々私共におっしゃるには、一つ橋も近頃は段々に山師が多くなって困る。用人筆頭の黒川なども元は下賤《げせん》の身から成上《なりあが》ったので山師根性が抜けない。いろいろ新しい事を思いついて出世の手がかりにする。今度の歩兵取立もその一つだ。そんな事に一々かかり合っていては村々の難儀にもなるしアトグサレも出来る。敬して遠ざけるにしくはない。十分若者共を説きさとしましたが、誰も歩兵になり手はござらぬ、一人も志願者はござらぬと言えばそれまでの話だ。しかしこれは極秘《ごくひ》にしないと拙者が迷惑するからそのつもりで、という御内意がございました。

ところが旦那様の御説得で志願者は大勢現われました。そこで私どもは極力ソンナ事をいってはならぬと誡《いまし》めて参りましたが、旦那様が親しく書生たちをお近づけなさったので、とうとう直接に志願するものが出てしまいました。

もしこの一件が表立ちますと、ドンナ事になるか知れません。また今後お代官に対する庄屋一同の勤め向きにも支障《さしつかえ》が生じます。どうかくれぐれも穏便《おんびん》の御沙汰をお願いいたします」

さすがに農村の庄屋は律気である。栄一も正直な告白を聞いて面《おもて》をやわらげ、庄屋に迷惑のかからないよう取りはからうから、今度青年を説得する場合は、十分尽力すべきことを確約させて一同を帰した。

翌日栄一は代官所で代官に面接すると、鋭い語気でこんな注意を申渡した。

「過日来当代官所で歩兵募集の趣きを説諭したが志願者はない。これはまだ真意が徹底しないためであろう。よって明日から改めて説論を再開する。ついては貴殿のお心得のため申添えておくが、今回の歩兵取立御用は御守衛総督の重職におわす君公にも深い思召《おぼしめ》しがあっての上のことだ。志願者が現われないからといって、拙者もオメオメ引下がる訳にはゆかない。万一そんな場合は、何故志願者がないかという原因を、飽くまで突きとめなければならん。

拙者は主命が果たせなかったからといって、辞職すれば済《す》むというような安易《あんい》な考えは持っておらん。そこに立至った証拠を握って、対策を講じる覚悟は出来ておる。御同様役目には誠実でなければならん。万一の場合どんなことで貴殿に傷がつかないとも限らぬ。ここのところを十分御思案あって、確たる御返答が願いたい。明日からの再説論に当っては、庄屋を激励して御尽力下さるであろうな？」

栄一は代官の顔にギョロリと目をそそいだ。脛《すね》に傷持つ代官は一も二もなく恐れ入って、尽力をちかった。

志願者の流れをさえぎる堰《せき》は除かれたのである。翌日からの再説論には応募者が続出して、たちまち二百数十人に達した。中には、こんな大男だから旗持ちによいでしょうとか、こんな豪胆な男だからお役に立つでしょうとかいう、効能書きのつく壮丁もあった。

備中で成果をおさめた栄一はそれから播州、摂州、泉州を巡回した。すると大阪川口の代官がいった通り、備中の噂が伝わっていて、どこの村でもゾクゾク志願者が現われた。その結果全体で四百六十人ほどの壮丁を得た。栄一の募兵は苦心の末報いられたのである。彼は五月の中ごろ京都へ帰って慶喜に復命した。そのとき慶喜は栄一の功を賞して、白銀五枚と時服一ト重ねを与えた。

栄一はこの旅行で、募兵以外にもいろいろな点に心を配った。その一つとして領内の住民をよく調査した。立派な学者。感服すべき孝行者。温良貞節な妻。すぐれた篤農家。忠実な下僕などという善行者十数人を選びだして、それらを表彰しようと考えたのである。

また従来兵庫で安く売捌《うりさば》いていた良質の播磨米を灘《なだ》や西の宮の造り酒屋へ値売りすること。播磨産の木綿を大阪へ廻送して有利にあきなうこと。備中の古い床下の土からは硝石《しょうせき》が多量に出るので、硝石製造所を設けること。正貨の引換《ひきかえ》準備を用意して藩札を発行し、領内に金融の便をはかることなどの案を立てたのである。

栄一は京都へ帰ると、これらのすべてにわたって上役《うわやく》と相談した結果、それぞれ実行に移した。そのため領民からひどくその善政を喜ばれたという。後年新興日本の実業界に第一国立銀行をおこし、多方面にわたって活躍した栄一の財界人的素質と、社会事業や教育事業や労働問題に力をそそいだ社会改良家的素質とが、この「歩兵取立御用」の旅行で、すでに芽《め》を吹いていた点は面白い。

〈**思い出**〉父はよくこんなことを言った。「夏の夕方蚊《か》がたかってくるように、用のたかってくる人にならなければいかんよ。役に立つ者には用が跡から跡から追いかけてくる。役に立たん人は用のほうで逃げていってしまう」

これは無精者の私には耳の痛い教訓だった。この歩兵取立の話を見ても、父は若い時分から、用の蚊がたかってくるのを待ちきれずに、自分のほうから逆に追いまわす人だったのである。

昭和三十年の五月に、私は甥の明石景明——当時日銀岡山支店長——と「興譲館」をたずねた。明石は祖父の、私は父の古い足どりをトレースしたかったからである。そのむかしの「興譲館」は現在も「興譲館高等学校」としてつづいていた。いまどきの高校らしい校舎の前面にひろがる放課後の校庭には、野球を練習している生徒たちがいた。

岡に登るかたわらの道には、瓦屋根をいただいた古い門があって、その奥に昔ながらの興譲館が残っていた。学校の先生は私たちを、慶応元年に阪谷朗廬が父を迎え入れたという座敷へ案内してくれた。

小さい座敷が二つ三つ続いているような間取りで、素朴な普請《ふしん》だった。こんな草深い田舎で、朗廬は父に進歩的な開国論を説いたのである。

校内の岡から町を見おろす。草むらにアザミの花が紅かった。岡をおりてから明石と私は、父の泊まっていた旅館のあったという場所を見た。そこは空地で一トむらの木立が葉をひろげているばかりだった。その中には二十六歳の父を見た木もあったはずである)

さて京都では募集した壮丁を、紫野《むらさきの》大徳寺附属の寺々へ分宿させた。そして一つ橋藩の軍制局に洋式の兵制を心得た物頭《ものがしら》がいたので、彼を大隊長として訓練をほどこさせた。これでともかくも新式の軍隊が編成された訳である。

しばらくすると、ある寺に分宿している兵隊が栄一に苦情を持ちこんできた。募集したときの約束と違って、現在の待遇はわるすぎるというのである。その一例が穴のあいた蚊帳《かや》だ。毎晩蚊に攻められて寝ることも出来ないと訴えたのである。栄一は用度係の宮下某という男を調べた。すると彼は安い損料《そんりょう》で古蚊帳を借りておきながら新しい蚊帳が買えるほどの借り賃《ちん》を役所から取って、その差額を着服していたことが判明した。そこで栄一は軍制取調方《とりしらべかた》兼務の用人黒川嘉兵衛に報告した。宮下はすぐさま免職された。

宮下はそれを根に持って、栄一を非常に怨んだ。そして「ただは置かぬ」と言いふらして歩いた。栄一にすれば当然の事をしたまでだが、世間にはよくこんな逆怨《さかうら》みもある。宮下は弱い男だから、たとえ襲われてもタカが知れてる。しかし本人が弱いだけに、腕の立つ男を頼まないとは限らぬ。栄一はそのつもりで覚悟していたが、とうとう宮下は仕返しにこなかった。弱い犬ほど吠《ほ》える例だったらしい。

その頃もう一つ、栄一の身に危険の迫った事件があった。それは女の問題で、栄一自身の懐旧談も、「これは余り名誉な話ではない」と簡単に片づけているから、こまかい事情は分らない。何でも栄一は近藤勇《こんどういさみ》のひきいる新選組の侍と、一人の女性を争ったらしく、しかも栄一が恋の勝利者になったと想像されるのである。

ある晩、栄一と喜作の住んでいる役宅へ、新選組の連中が、七、八人押しよせてきた。前もって察知していた二人は防禦の手筈を定めておき、もし彼等が刀を抜いたら、こっちも容赦なく斬ってやろうと覚悟していたが、さいわい話合いで事がおさまり、新選組もおとなしく引きあげていった、というのである。

問題の女性は何者か？　恋の鞘当はどんなだったか？　そしてその夜どんな話合いをしたか？　一切不明だが、いかにも殺気立った幕末の京都らしいラブ・アフェヤーである。身を慎んでいた栄一にも、そこはかとなく女出入りはあったと見える。

この歩兵取立御用には次のような後日物語がある。大正十四年（一九二五）の七月だというから、栄一が八十六歳のときである。すでに十六年前に実業界を隠退していた彼は、主として社会事業や国際親善などに力を尽していた。その彼がある日柏木交一という未知の人から手紙をもらったのである。

「私は、今から六十年前、私が十八才の時（本年七十八才）貴殿が江原一つ橋の陣屋に来られて、　募兵をせられた時に、之に応じたものに候、思へば六十一年の昔、うたた懐旧の涙にくれ申候、朋輩のものは皆死亡し私一人と相成、今日に至るまで漸く余命をつなぎ居申候。

此度、興譲館より貴殿の御編纂に相成候彼の徳川慶喜公伝を拝借し、全部一読致し、公の心事の公明、正大、且つ順逆に迷はず、断の一字を以て幕末の難局を切り盛りし玉ひし忠誠に対し、実に満腔の敬意を表すると同時に、伏見（鳥羽方より先きに砲声聞えたり）戦争に従軍し、今日まで生き長らへし私が、明治大帝の洪恩《こうおん》に蘇られし慶喜公の伝記—貴殿が、心血を注いで編纂《へんさん》し玉ひしこの記録を一読して、溜飲《りゅういん》の下りたる如き心地致し候事を告白致申候。

野生は其後三十四年間学校教育に尽し、晩年を恩給にて送り居り候もの、何等貴殿に求むる所あって音信致すものに無之《これなく》、六十年前の昔をしのぶと同時に、当時の貴下が今尚ほ矍鑠《かくしゃく》として、邦家に尽瘁《じんすい》され慶喜公の寃罪《えんざい》、誤解を天下に訴へて、消極的の大偉人の面影を、躍如たらしめられし挙に対し、当時の一兵卒たる私として老の涙を禁ずる能はず、ために此一書を呈するものに有之《これあり》候。

早々頓首」

この手紙は代筆だった。しかし栄一は自筆でこんな返事を送った。

「客月十六日附。御門生大塚信男氏代筆之御懇書拝見致し候、先以て益御清適抃賀《べんが》の至に候。老生昨年冬より持病の喘息《ぜんそく》にて（中略）其内復旧可致《いたすべく》と存候。

尊翰《そんかん》によれば、貴兄は六十年の昔、老生が一ツ橋藩御領地備中地方に於て、歩兵募集の御用にて出張の際の応募兵の一人として、七十八才の高令を維持せられ、教育家として御尽瘁の趣《おもむき》、殊《こと》に老生十数年来の努力を以て編纂発表致候、徳川慶喜公伝を御熟読相成、公が世界の大勢と、皇国の将来とを観察せられ、維忠維誠《これちゅうこれせい》以て幕末の難局を収拾被致《いたされ》候御心事を、御推察被成《なされ》候事は、平常の御修養にも起因可致《いたすべく》候も、真に感嘆の至と老生に於ては、特に陳謝の涯《きわみ》に御座候。

（中略）存寄《ぞんじよ》らざる六十年前老生の募集によりて兵員に加はり、終に今日に及びし貴台より、特殊《とくしゆ》の観察を以て微衷貫徹《びちゆうかんてつ》致候よう相成候義は、何等因縁にても相存候《あいそんし》事かと思惟《しい》いたし候義に御座候。

貴台とても既に八十に近き老令に有之《これあり》、老生は八十六才に相成候故に会見の如何《いかん》とても難期《きしがたく》候へ共、自然御出京の機会も候はば、弊屋《へいおく》へ御来訪、往時追懐談に一夕《いっせき》を費《ついや》し申度候。（中略）

尚々病後の執筆意を尽さず候へ共、御懇書を一覧して、老生は実に無上の快心を覚え、所謂《いわゆる》食を忘るるの想有之《これあり》候、故に拙文ながら心事其侭《そのまま》に相認候に付、篤と御判読被下《くだされ》度右為念《ねんのため》申添候也」

するとすぐ折返して返事がきた。

「さなきだに脆《もろ》き老の涙も、御鄭重なる貴殿の御親書に接しては、繰返しうれし涙にくれ、拝読いたし候、近来は御持病にて御苦しみなされ候趣、何卒十分御摂養御長命あらん事蔭ながら祈り上申候。私は、常に、人に向って、伏見戦争の話をすると、一口に、〝アア朝敵軍の方でしたか〟といはれるのが、残念に有之《これあり》、殊に年を取ると気が短くなって、腹が立ってたまらぬ事有之《これあり》候に、貴殿の彼の書物を一読致候以来は、誠に何ともいひ様なき感に打たれ、嬉しくてもう何時世を了り候ても、更に遺憾は無之《これなき》心地致申候。

回顧すれば、五十八年前、連隊長河野佐度頭殿《さどのかみどの》、大隊長新庄源六郎の部下にて、伏見京橋の北にて戦ひ、吾が持てる銃身に小銃弾を受けて相退《あいしりぞ》き候当時を思へば、茫乎《ぼうこ》として夢の如くに候。其夢の中の人は皆殆《ほとん》ど世を去り候と存候に野生のみ生き残り、当時の募兵掛たる貴殿より、嬉しき彼の御書翰を頂くという事は、何たる仕合せものに候ぞ、全体、小生眼を病み居り候に付、大塚信男君に代筆を願い申候にも不拘《かかわらず》、御親書を下され、感謝の余り不細工千万ながら、此一書を認め申候、不悪《あしからず》御推読被成下度《なしくだされたく》、此頃は徳川御一家の系図を、彼の書物により、写し取り候抔《など》、何やかや、一層若帰り申候、幸に御自愛の上、邦家の為《ため》、益《ますます》御尽力是祈《これいの》り申候先は御礼旁々《かたがた》御見舞迄如斯《までかくのごとく》に御座候。

早々頓首」

二老人はついに再会の期なくして世を去った。互いに六十年前を懐かしむ老いの心境には、冬の斜陽みたいなヌクモリが感じられる。この往復文書を読むと、二人にしみじみ懐旧談を交えさせたかった、という気がしてならない。

15 運命の皮肉

慶応元年（一八六五）の秋、栄一は勘定組頭《かんじょうくみがしら》に進み、食禄二十五石七人扶持《ぶち》、滞京の月手当二十一両となった。

この役は勘定奉行の配下であるが、奉行よりも用務の実権を握っていた。そして一つ橋藩の重役たちはみな栄一を理財に長じた能吏として重用した。だから栄一は歩兵取立御用の際に立案した、米や木綿の商売、硝石の製造、藩札の発行などを、著々《ちゃくちゃく》として実行に移すことが出来た。

このとき渋沢喜作は軍制所調役組頭《ぐんせいしょしらべやく》に昇身した。平岡円四郎の配慮で共に一つ橋に仕え、同じ職務にいそしんできた二青年も、ここでおのおの長ずる所に応じて、違った職場へと別れていった次第である。

話はその前年の元治元年にもどるが、長州の毛利《もうり》勢が朝命に背いて蛤門《はまぐりもん》で禁裏《きんり》へ発砲したため、孝明天皇の激鱗《げきりん》にふれて長州征伐の勅命《ちょくめい》がおりた。そのとき幕府は尾張大納言を総督とし、諸藩の兵を集めて長州征伐に向かったが、長州藩主の毛利父子は寺院に蟄居《ちっきょ》謹慎し、責任者たる主将や家老の首を征討軍に献じて恭順《きょうじゅん》の意を表したので事件は落着した。

しかしこれは幕軍が強かったためではなく、当時長州藩の佐幕派が勢力を得ていたからである。だから間もなく同藩の攘夷派である高杉晋作らの奇兵隊が武力で藩論を支配すると、隣藩周防《すおう》と連合して幕府に反抗した。しかも今まで不和だった薩摩藩とも気脈を通じたのである。

そこで幕府は再度の長州征伐をくわだてた。ただされ幕府の権威が地に落ちているときだから、どうしても負けられない軍《いくさ》だった。徳川十四代将軍家茂《いえもち》は自ら牙営《がえい》を大阪に進め、紀州藩主徳川茂承《もちつぐ》を第一陣の総督として、諸藩の連合軍をさしむけたが、結局、幕軍は至る所で旗色がわるかった。しかも朝廷からは早く征伐せよという催促《さいそく》がくる。そうこうするうち、慶応二年七月二十日に将軍家茂は大阪城で病死してしまったのである。

三百年の栄華を誇った徳川幕府も、今土台が崩れだしている。最後の余力を結集した長州征伐さえ、連戦連敗の報ばかりだ。そのさなかに、まだ二十一歳の将軍が急死して、嗣子《しし》もない始末である。城内は暗雲にとざされて、上を下への大混乱だった。とうとう幕府は徳川慶喜を十五代将軍に迎えようとした。そしてこのニュースは栄一と喜作にどう響いたであろう？

当時一つ橋では原市之進が黒川嘉兵衛に代って、用人筆頭を勤めていた。原は眉目《びもく》清秀の才略ある武士だった。そして栄一と喜作が一つ橋に仕えた時から、二人の勤務ぶりをよく見ていた上役《うわやく》でもあった。慶喜の将軍家相続という一事は、普通なら一つ橋家にとって目出たい話である。しかし栄一と喜作は絶対に反対だった。そこで二人は原にその反対理由をこう述べたのである。

天下の大勢から見ると、徳川幕府はもう土台も柱《はしら》もくさり、軒も屋根も傾いたアバラヤ同然である。今さら大黒柱を一本取りかえたところで、やがて潰《つぶ》れることは目に見えている。いくら慶喜が英明の資でも、そんな家を相続するのは、タキギをしょって火の中へ飛びこむようなものだ。よりによって、主君をそんな立場に立たせる法はない。

やはり慶喜は京都守衛総督の任に踏《ふ》みとどまり、徳川親藩の中から幼君を選んで将軍職につかせるべきだ。そして一つ橋家はこの機会に幕府から大阪城をもらい受け、近畿《きんき》地方に五十万石から百万石の封土を加増してもらう。つねに極力徳川宗家と共倒れになることを避けながら、独自の実力をたくわえてゆく。それが結局日本のためであり、徳川一門のためであり、慶喜のためでもある。これが栄一の論旨だった。

黙っていた原はこの説に賛成した。そして二人が慶喜に直接進言する日取りまできめてくれた。しかし慶喜は二人に会う前に、幕府から派遣された老中板倉周防守《すおうのかみ》や大目付《めつけ》永井玄蕃頭《げんばのかみ》と面談して、宗家の相続を引受けてしまった。もっとも事前に二人の進言を聞いたところで、慶喜の相続は天下の大勢上やむを得ないことだったろう。到底二青年の手のとどく問題ではなかったのである。

それだけに二人は一層口惜《くや》しがった。

「いくら名君だといっても、要するに慶喜公は腰の弱い貴公子だ。こんなことではこれから先が思いやられる」

栄一は喜作とそんなグチを言いあった。後年栄一はその編著『徳川慶喜公伝』に当時の感慨を「余は失望落胆、不平、不満やるかたなかりき。」と書いている。

将軍家茂の喪はまだ秘してあった。慶喜は徳川宗家を相続したが、思う所があってしばらく将軍職は受けなかった。そして自ら長州征伐に出陣することを決意して勅許を得た。慶応二年の八月である。

このとき栄一は「御出陣御供被仰付《ごしゅつじんおんともおおせつけらる》、御用人手附《ごようにんてつき》と可心得《こころえべく》候」という辞令をもらった。「御用人手附」とは本営勤務である。そこで栄一はことさら第一線に立つことを志願した。彼の心境は相当複雑で悲壮だった。それを分析すれば大体次のようになる。

そもそも栄一は倒幕攘夷を志して郷里を出奔した。それが不思議な廻りあわせで徳川の親藩一つ橋家に仕えるようになった。しかし倒幕の志は捨てずに、徳川一門の内部からその期をうかがってきた。すると一つ橋藩主の慶喜が徳川宗家を相続してしまった。やがては将軍職も受けるだろう。そして栄一も幕臣になりそうである。これではミイラ取りがミイラになる訳だ。おまけに慶喜は優柔な殿様に過ぎない。自分の前途に光明はなくなった。

ところへこの長州征伐である。慶喜の宗家相続は大反対だが、この戦争は大賛成だ。平素論理的な栄一も論理を度外視して失望落胆、不平、不満のハケ口《ぐち》をそこに見出したのである。いさぎよく戦場で散るのが、せめてもの本懐だ。以前は多賀屋勇を頼ってゆこうとした長州と一戦する。運命はどこまで皮肉なものだろう。

栄一は出陣を前に故郷の妻へ手紙を送った。

「一筆示しあげまいらせ候、そののちうちたえて御《おん》おとづれもなく、人々もいよ〱御かわりなう御くらしなさるべく、めでたくぞんじまいらせ候、ここ元かわりなう勤めおり候まゝ、御《ご》しんもじなきよう御《おん》たのみあげまいらせ候、先頃は山々申しこし、御元《おんもと》こと此方へ呼びとり申すべく候旨《むね》申進めおき、もはや時節にも相成候まゝ、あけくれ相待居候ところ、はからずも此度長州への御出陣御供《おんとも》おおせつけられ、これよりまかりこし候あいだ、思うこともとげやらずざんねんながらしばらく御《お》とめ申しまいらせ候、
さりながら、いくさは武士の常、さほど心にかかり候事にもこれなく、やがて吉左《きっそ》右《う》御知らせ申すべく、日をかぞへ御まちなさるべく候、永々の離別、此度こそ面会の上、山々の苦節御はなし申したき楽《たのしみ》の甲斐《かい》もなう、又々二百里もこれあり候西へまかりこし候こころ、御《ご》すいもじなされ、引きくらべ御両親へ孝行おこたりなう頼み上げ

まいらせ候、うた事も日ましに生長のよし、女ながらもたのもしき事、そのうち面会

の期もあるべくと待ちわびまいらせ候、かずかず申しのべたく候得共、まことにせわ

しく候まゝ、思う事ものべやらず、あら〳〵筆とめまいらせ候、めでたくかしく

八月けふ　　　　　　　　　　　　　とく太夫

おちよどの江　　　　　まいる

筆すえながら手許《てばか》の御《おん》はゝにもよろしく御たのみ申あげまいらせ候、又外《ほか》に壱包《ひとつつみ》は其許《そのもと》え片身《かたみ》ごころの懐剣に候あいだ、大切になされべく、さりとて此身《このみ》おとづれわからぬうち、不慮《ふりょ》の心などなきようくれぐ〳〵頼みまいらせ候、もし又こなた亡《な》きものにも相成候はゞ、その後はとくと思案もこれあるべく、いづれにも目出度《めでたき》かちいくさ御かえりに相成申すべく候、そのせつ山々申上げべく候かしく（後略）」

妻を心配させまいと、さりげなく出陣を報じてから、追って書きで万一の場合を暗示したところは、相手の立場に立って物を考える栄一の性質がよく出ている。手紙の文面といい、懐剣といい、何か歌舞伎の一場面でも覗《のぞ》いたような古めかしさを感じさせるが、これを送った栄一も受取った千代も、われわれが昭和の戦争で経験した哀別《あいべつ》離苦《りく》を、新興武士階級の夫婦という姿で味わった訳である。

それから六十年後、この文中に出てくる歌子が母の形身として保存しておいたこの懐剣と手紙を見て、栄一は次のような歌をよんでいる。

消え残る露の玉づさ秋の霜
　すぎし夜寒のあとをこそ見れ

さて慶喜は長州征伐の決意を固めたが、薩州、芸州をはじめ諸藩が幕命に従わない。おまけに小倉《こくら》では幕軍が城を攻め落とされた。そこで慶喜も出陣を見合せ、軍艦奉行の勝麟太郎《かつりんたろう》を広島へ特派して長州と和を結ばせた。だから栄一も戦場に立たずにすんだ。彼に皮肉だった運命もここでは彼を危地から守ってくれた次第である。

　そのうち家茂の喪も発せられ、やがて慶喜も将軍職についた。その結果栄一は幕臣として陸軍奉行支配調役の任を命じられた。いよいよミイラになったミイラ取りの心は暗かった。

　もし一つ橋家を有望な中級会社にたとえるなら、幕府は破産寸前の大会社である。大きさは日本一だが、建て直す方法もない。中級会社の有能社員だった栄一は、社長と共にこの大会社へ籍を移されたのである。とたんに今までと違って、将軍社長の顔も見られなくなった。意見も聞いてはもらえない。おまけに得意な理財関係の職場から、お門違いの陸軍畑へまわされた。しかもあるかなきかの下級社員である。栄一は辞職しようかと考えた。

　しかし浪人したところで行く先はない。徒食して大言壮語するだけでは倒幕など思いもよらぬ。栄一と喜作は相談の結果、当分そのまま辛抱《しんぼう》することにした。幕府に長く仕える気はないが、そのうちにまた命を投げ出すような仕事もおこるだろうと、それを心待ちにしていたのである。

たつ鳥あとを濁さずで、栄一は一つ橋藩の後任者に懇切な事務引継《ひきつぎ》をしてから、京都にある幕府の詰所《つめしょ》へ通勤しはじめた。詰所は陸軍奉行の役所の脇《わき》で、組頭《くみがしら》森新十郎のほかに、同役が十四、五人もいた。以前は水を得た魚みたいによく働いた栄一も、水中の酸素が欠乏《けつぼう》したような息苦しさを感じて、あまり精勤はしなくなった。

すると九月にこんな事件が持ちあがった。

そのころ幕府の御書院番士《ごしょいんばんし》に大沢源次郎《おおさわげんじろう》という武士があった。御書院番士なる役目の内容はよく分からないが、大沢は陸軍奉行の配下として禁裡《きんり》（皇居）警護の任も兼ねていた。ところが幕府へ次のような情報がはいったのである。

大沢は極秘裏《ごくひり》に薩摩藩と通じて倒幕の陰謀をたくらんでいる。そして共謀者も相当多いらしく彼の宿所たる北野の某寺院には弓矢鉄砲の備《そな》えもある。そのうえ彼はなかなか腕《うで》の立つ男だというのである。

大沢の陰謀に関して、ハッキリした証拠はあがってない。彼がただ薩摩藩士と親交を結び、ひんぱんに手紙を往復している情報だけである。しかし当時の幕府は薩摩ノイローゼにかかっていたから、陸軍奉行支配調役の誰かが、奉行の名代として彼の宿所へゆき「御不審《ごふしん》の廉《かど》があるから、糺問《きゅうもん》のため捕縛する」と申渡して縛《しば》って連れてこなければならないのだった。

十中八九、大沢は死にものぐるいで抵抗するだろう。組頭の森は小才《こさい》の利く江戸っ子風の男だから、そんな物騒な役目は引受けたがらない。また組の中にも命がけの使者を買って出るような物好きはいない。そこで彼等は相談の結果、

「渋沢は根が浪人で、コワイもの知らずだから、あの男に限る」と、貧乏クジを栄一に押しつけた。すると栄一は二つ返事でそれを引受けた。幕臣という身のあり方にクサクサしていた彼は、彼の表現によれば「死ぬ工夫《くふう》を思いめぐらしていた」矢先だから、欣然《きんぜん》として危険な任務に飛びついたのである。それは栄一にとって、憂《う》さ晴《は》らしのスリリングなスポーツだったかもしれない。そういえば平和な現代生活の中でも、自動車、モータボートをはじめ、スキージャンプ、ボッブスレイなどで命を落とす人さえいる。

ところで栄一は大沢召捕《めしとり》に何の心理的抵抗も感じなかったろうか？　倒幕の陰謀という点では、大沢も栄一も一つ穴の同士だ。まだ倒幕の志を捨てきらなかった栄一が、なぜ進んで同士を召捕に出かけたのだろう？　彼の回顧談にその説明はない。しかし筆者の想像によれば、それは畢竟《ひっきょう》栄一が幕臣だったからだと思う。もし彼が倒幕運動に従事する場合は、きっと前もって幕臣を辞職したであろう。最初から幕臣だった大沢が幕臣のままで倒幕をたくらんだ一事は栄一の承服出来ない点だったと思われる。

都大路にも秋は深まっていた。ある夕栄一は京都町奉行の役宅で、新選組の隊長近藤勇や副隊長土方歳三《ひじかたとしぞう》と面談した。大沢召捕の手筈《てはず》を打合せたのである。かねて陸軍奉行からの達しで栄一が大沢の宿所へ踏込むときは、新選組の侍《さむらい》が六、七人同行することになっていた。いずれを見ても殺伐《さつばつ》な面魂《つらだましい》の男ばかりだった。そして栄一もそれにヒケを取らない気魄を持っていた。

その夜栄一は土方歳三のひきいる数人の侍に警護されて、ひとまず大沢の止宿する寺の近くの家へいった。あらかじめ選んでおいた見張りの場所である。そこで忍びの者に大沢の動静をさぐらせると、彼は外出中だという。一行は家の奥座敷で、ひそかに大沢の帰りを心待ちに待った。この物騒な役目を持つ一団を、洛北の夜は美しい虫《むし》時雨《しぐれ》につつんでしまった。

「ただいま大沢が帰りました」

忍びの者の報告に一座は緊張した。そしてみな大刀を手にして立ちあがった。

土方以下数人の剣士と連れだって栄一は戸外に出た。降るような星だった。

すると土方は歩きながら栄一にいった。

「われわれ新選組の連中がこれから寺に踏みこんで大沢を縛《しば》るから、そこで貴公は奉行の命を申し渡されるがよい」

「それはいけない。それでは拙者の役目が相立《あいた》たん。まず拙者が真先に踏みこんで奉行の命を伝えてから、貴公らが捕縛する。それが筋道というものだ」

　すると土方の横にいた男が口をはさんだ。

「そんな持ってまわった事をするには及ばん。新選組はまず第一に大沢を縛るのが任務だ。貴公の申渡しはそれからでよい」

　栄一はその言葉を押しかえした。

「いや。そりゃ本末顛倒《ほんまつてんとう》だ。大沢の罪状にまだ確証は挙がってない。彼は単なる容疑者に過ぎん。だから拙者が奉行の名代として、御不審の廉があるから糺問《きゅうもん》のため捕縛すると申渡したとき、はじめて彼の罪状は決定され、捕縛の理由も成立つ。いわば拙者はこの役目の正使で、貴公らは副使だ。正使が奉行の命を伝えないうちに、副使がウムを言わせずカラメとっては、役目の筋が通らんではないか」

「そんな理屈を言っても、大沢は不敵な男だから何をするか分からんぞ。貴公がシカツメらしく申渡してる最中に、斬りつけてきたらどうする？」

「いらぬお世話だ。そのときは相手になるまでだ」

「貴公にそんな洒落《しゃれ》た真似が出来るか？」

「人を馬鹿にするな。拙者の腕前も知らんで……」

　夜の静寂に気を兼ねたような笑い声さえ立てて、壮士の一行が進んでゆく眼前をやがて問題の寺院が黒々とふさいだ。

栄一は新選組の隊員をそこに待たせて、土方と二人で門内へ進み、つづいて玄関に立った。取次ぎに出た門生らしい若者が、大沢はもう寝たと答える。栄一は奉行の名代として火急の用事できた趣きを伝える。ふたたび出てきた門生が栄一を招じ入れる。彼は土方を玄関先に残して、単身フスマの奥へ消えた。

ほの暗い寺院の一ト間に、やがて大沢が現われた。寝間着の上に何か羽織ってねむそうな眼をしている。栄一は彼の挙動に気を配りながら、奉行の命を伝達した。すると彼はひどく恐れ入って、神妙に縛《ばく》につく旨を答えた。それは泰山鳴動してネズミ一匹のアッケなさだった。

栄一はすぐ玄関に戻って土方にその模様を知らせた。そして大沢を新選組に引渡すときこういった。

「では貴殿にお引渡しいたす。さし出た申分ながら、態度殊勝《しゆしよう》と見受けました。その辺御斟酌《ごしんしやく》あって、よろしく謀られたい。拙者はすぐさま奉行所へ復命にまいりますから、お先に御免」

栄一の出てゆく寺門では、新選組の手の者が、大沢の表札《ひようさつ》を取りはずしていた。その夜陸軍奉行は栄一の報告を聞いて非常に喜び、当座の褒美《ほうび》として羅紗《らしや》の羽織をくれた。後年栄一はこの時のことを、「一般に幕臣の怯懦《きようだ》だったことが知れる話だ」と評している。

（思い出　あるとき晩年の父に私が本を読んで聞かせていると、その中に新選組の話が出てきた。すると父は「いま読んだ近藤勇や土方歳三はワシもよく知っておったよ」と前置きしながら、大沢源次郎召捕の話をしてくれた。そしてその最後のところを、

「ワシが勢いこんで大沢に申渡しをしたら、大沢は噂と正反対にひどく大人《おとな》しげな男でね。すぐさま恐れ入って縄目についたよ。全く拍子抜けがして、おかしかったよ。そのとき土方歳三とはいろいろ折衝したが、彼は強いばかりの侍ではなく、なかなか思慮のある人物だった。ワシが正使副使の理屈など並べたあげく、独りで座敷へ踏みこんでいったので、土方はワシにキミはもともと武家の出かとたずねた。そこで、いや、百姓だと答えたところが、彼はひどく感心してね。とかく理論の立つ人は勇気がなく、勇気のある人は理論を無視しがちだが、キミは若いのに両方いけるとホメてくれたっけ」

この父の話を聞きながら、私は両方ともいけない自分を顧みて苦笑した）

この事件が片づくと、栄一はまた幕臣を辞職する道を考え始めたが、ほかにこれという生活の当てはない。張合のない毎日がつづくうちに、役所へは次々と新しい仕事が持ちこまれる。

一体、慶喜には新しもの好きの面があった。栄一がそもそも慶喜の部屋へ通された

とき、当時としては珍奇な写真がかけてあったのを見て、攘夷論の栄一は、主君の洋《よう》癖《へき》をニガニガしく思った記憶がある。その後の栄一は西洋文明に対する認識も増して、もう独善的な攘夷論者ではなくなったが、それでも西洋のものはニガ手だった。その栄一に進歩的な将軍慶喜は電信技術の習得《しゅうとく》を命じたのである。栄一がどの程度にそれを習い覚えたか不明であるが、森鷗外の『西周《にしあまね》伝』によると、慶喜は市川斎宮《いちかわいつき》という人の持ってきた電信機を試みさせた上、「渋沢栄一をして其技を伝習せしむ」とある。文明の夜明け時代には、やはり西洋文化が社会の上層階級や一部の蘭学者から将来されたのである。

（**思い出**　晩年の父は居間に卓上電話も引いておかなかったほどで、およそ文明の利器とは縁遠い家庭生活をしていた。応接間の壁に呼リンのボタンがついていても、来客の帰りぎわなどはそれを押さずによく大きな声で「おーい」「おーい」と書生や女中を呼んでいた。押しても反応のない呼びリンより、返事をしてくれる人間のほうが頼もしかったのだろう。その「おーい」という大きな声を思いおこすと、この電信技術を伝習せしむという文字が、ほほえましく見えてくる）

さて、倒幕論者の栄一を幕臣にしてしまった皮肉な運命は、つづいて攘夷論者だった彼を夷狄《いてき》の国へ送ることになった。どこまでも皮肉な二重奏である。

16　異国遥《はる》かなり

一つ橋藩の用人筆頭だった原市之進は、幕府の目付役に就任していた。ある日その原の使者が、栄一に急用があるからすぐ来てくれと伝えた。栄一はさっそく原の屋敷へ出頭した。

原の話はこうだ。慶応二年（一八六六）の十一月二十九日だったという。フランス皇帝ナポレオン三世が明年パリで世界万国博覧会を開くについては、世界各国の帝王を同式典に招待する。そして江戸駐在のフランス公使レオン・ロッシュは、その招待が日本の大君《たいくん》（将軍のこと）にもくるから、大君《たいくん》欠席の場合は、親戚を名代《みょうだい》に出されるがよいと、幕府に建言してきたのである。

評議の結果、将軍慶喜は水戸にいる弟の徳川昭武《あきたけ》を派遣《はけん》することにした。そして慶喜は弟がまだ十四歳の少年だから、博覧会がすんでも三年か五年はパリに残して置いて、西洋の学問をさせるようにと命じた。

留学が旅行の最終目的だから随員も出来るだけ少なくしたい。しかし昭武の側近く仕える水戸の侍たちは民部公子《みんぶこうし》（昭武のこと）一人を禽獣《きんじゅう》夷狄の国へはやれぬ、何でもお供すると息巻く。やっとその数を七人に絞《しぼ》ったが、頑固な連中だから先が思いやられる。御傅役《おもりやく》には山高石見守《やまたかいわみのかみ》、外交には向山《むこうやま》外国奉行も随行するが、日常の人事や庶務会計の処理は大仕事である。ここまで語りつづけた原は一段声に力を入れてこういった。

「すると上様《うえさま》御自身で、その役は渋沢篤太夫こそ適任だ、本人将来のためにもなろうから、篤太夫を随行させよという御沙汰だった」

この言葉を栄一は有りがたく聞いた。主君が自分を認めてくれた喜びも大きいが、何しろフランスへゆけるという一事はうれしい寝耳に水だった。彼はその場ですぐ随行を引きうけた。

もし昆虫の変態にたとえるなら、随員の水戸藩士はまだ攘夷一点張りの幼虫時代である。だが栄一は少なくともサナギには進化していた。彼は毛虫の気持もよくわかると同時に、成虫として日本の将来を予見する順応性にも目覚めていた。

栄一は考える。世界の大勢は日本を孤立させてはおかない。そして日本と通商し始めた西洋諸国は、驚くべき文明を所有している。これからの日本は彼等の長を学んで、自国の糧《かて》としてゆかなければならない。その意味でこの洋行は願ってもない好機会だ。サナギはいよいよ志士というマユを破り、一羽の蝶と化してヨーロッパの花園へ飛び立つのである。

当時ナポレオン三世は東洋政策に意を用いていた。その結果フランス公使レオン・ロッシュは徳川幕府に深く取入ったのである。だから前述した長州征伐の際も、幕臣の一部には、フランスの軍艦や兵力を借りようという説も出たくらいだった。そしていよいよ幕府が倒れる直前にロッシュは慶喜へフランスの軍艦や兵力の貸与を申出し、慶喜が断然拒絶したという史実さえある。

一方、イギリスは薩摩藩に接近した。フランスが時の権力者に目をつけたのに反し、イギリスはいわば薩摩という先物買いをした次第である。だからイギリス公使パークスはよく幕府に難癖をつけた。また彼は、ナポレオン三世が日本をフランスの保護国にする野心を持っているなどとも注意した。パークスは維新直前に、薩摩の大立物西郷隆盛へイギリスの兵力貸与を申込んでいる。むろん西郷も拒絶した。もし慶喜や西郷が毅然と拒絶していなかったなら、日本は兄弟垣《かき》にせめいで、フランス、イギリス両国の勢力下に二分されたかもしれない。そして現在の日本はイデオロギーの上で、源平時代さながらに二分されてしまった。

ところで幕府は幕末に五回も海外へ使節を派遣した。そしてその五回目がこの遺仏使節徳川民部大輔《だいふ》一行だったのである。

当時は日本内地の旅行でさえ水盃《みずさかずき》をした時代だ。ましてフランス行きは現在の宇宙旅行にも近い冒険だったろう。しかし栄一は書生の気軽さで、黒羽二重《はぶたえ》の小袖羽織と、緞子《どんす》の義経袴《よしつねばかま》を行李《こうり》に入れただけ。ほかに旅仕度としてはボロ靴を一足買った。また、同僚が横浜で買ってきたという洋服をある上役が持っていたので、その上役と碁敵《ごがたき》だった栄一は、賭碁で首尾よくそれを手に入れた。これも書生の気軽さである。ところがその洋服というのは、ホテルのボーイが着る燕尾《えんび》服の古手で、チョッキもズボンもついてなかった。そこで別に縞ズボンを買入れた。きっと今見たら珍妙無類な洋服姿だったに違いない。

（**思い出**　父の死後「竜門社」へ寄附された父の旧宅には、一時、父の遺品が陳列されていた。その中には大小をはじめ長裃《かみしも》、陣羽織、陣笠などもあった。それらは父が幕臣になってからの品だったらしいが、とにかく芝居か仮装以外には見たこともない封建的遺物を、父が実際身に着けていた姿を想像すると滑稽な気がした。

　それにしても維新の変革は男性の頭からチョンマゲを奪い、武士の腰から大小[*1]を捨てさせた。日本は太平洋戦争に負けて、かなり急激な社会的変革に見舞われたが、国民の生活様式は大体明治以後の延長にすぎない。そこへゆくと、維新早々の「文明開化」が日常生活から歴史的習慣を追放した点は、やはり画期的な事件といっていい）

　使節一行は全部チョンマゲに羽織袴という純日本風だから、髪結いも裁縫師も必要だ。そこで両方出来る綱吉という男を随員に加えた。庶務会計を担当する「俗事役《ぞくじやく》」の栄一は、そんな人選からその旅仕度まで指図しなければならない。そうした急がしい中で彼は渋沢喜作に洋行報告の手紙を書いた。喜作はあいにく例の大沢源次郎を江戸へ護送する旅に出ていたのである。しかし彼は幸い栄一の出発前に帰ってきたので、二人の盟友は別れたあとの事や、やがて起こりそうな幕末の政変について語りあった上、死ぬべき時は互いにいさぎよく死のうと誓い合って別れた。

また、栄一は妻千代の弟で七つ年下の尾高平九郎《へいくろう》を、自分の見立養子《みたてようし》にした。これは万一戸主が海外旅行で死亡しても、家名の断絶しない用心のためだった。その結果平九郎は、役には就かなかったが、幕府から多少の禄を受けることになった。

栄一は出発の二日前に故郷の妻へ手紙を書いた。

「お千代どのえまいる

篤太夫より

一ふで申あげまいらせ候（中略）さてはこなた事、ぞんじよらず結構におおせつけられ、民部大輔《たゆう》様と申す上様御弟子《うえさまおんおとうとご》様え御附添《おんつきそい》、フランス国え御つかいおおせつけられ、両三年かの国えまいり候あいだ、このだんさよう御承知なされたく存じまいらせ候、まことに思いがけなき事にてさぞ御たまげなされべく、さりながら月日のたつは早きものに候えば、いづれそのうち御めもじいたすべく存じおり候あいだ、それを楽しみになされ候ようたのみまいらせ候、ついて此品三種さしあげ申候問、御内々にて御しまい置きなされたく候、紙入壱ツ、小ばん弐枚、弐ツさげきんちゃく壱ツ、さんごじの玉弐ツ附《つき》に候間、御改之上御請取《おうけとり》なさるべく候（後略）」

　ほかに金子五両送ったとも書いてある。栄一が国を飛び出したのは四年前、じらい妻子とは宿根《しゅくね》という所で、碌に口を利く暇もなかった程度の対面しかしていない。それさえもう三年前だ。異国へ旅立つ栄一は手紙を書きながら、つくづく妻をいじらしく思ったろうが、妻のほうでも「さぞさぞ御《おん》たまげなされべく」以上のショックだったに違いない。

　さて慶応三年正月十一日（西暦一八六七年二月一五日）、徳川昭武の一行二十九人（内四人はフランス人とドイツ人）は、横浜を出港した。その日早朝から雪をチラつかせた空も、出帆《しゅっぱん》まぎわには晴れわたった。徳川将軍の名代民部大輔の鹿島《かしま》だち[*2]だから、岸には老中小笠原壱岐守《いきのかみ》やフランス公使レオン・ロッシュをはじめ多数の役人が見送っている。やがてフランス船アルヘイ号は港に汽笛をコダマさせながら動きだした。蒸気機関の震動もチョンマゲ一行には新鮮な驚異だったろう。二十八歳の栄一は、難局日本をあとに、果たしてどんな夢を洋上へ浮かべたであろう。

　この時の旅行記に『航西《こうせい》日記』『巴里《パリ》御在館日録』『御巡国日録』の三種がある。随員中の杉浦靄山《すぎうらあいざん》と栄一の共著だが、その大部分は栄一の筆に成ったものである。余りむずかしい漢文調は平易に書きなおして、適宜に抄録してゆこう。

「郵船《ゆうせん》中にて諸賄方《しょまかないかた》きわめて鄭重《ていちょう》なり。およそ毎朝七時ごろ旅客洗面のすみしころ、ターブルにて茶を呑ましむ。茶中かならず雪糖を和し、パン菓子を出す。また豚《ぶた》の塩漬などを出す。ブール（註　バタのフランス語）という牛の乳の凝《こ》りたるをパンへぬりて食せしむ。味甚《はなは》だ美なり。（中略）食後カッフェーという豆を煎《せん》じたる湯を出す。砂糖牛乳を和してこれを飲む。すこぶる胸中をさわやかにす。」

一行が生れて初めて経験する洋風生活であり、洋食であった。「牛の乳の凝りたる」バタや「豆を煎じたる湯」のカフェーを、文字通りバタ臭いと気嫌《けぎら》いした水戸藩士もいたろう。それを「味甚だ美なり」「すこぶる胸中をさわやかにす」と褒めた栄一の感覚は進歩的だったといえる。そして彼は万事この調子で、西洋文明を素直に受入れていった。

次は上海《シャンハイ》の記事である。

「……江岸《こうがん》はすべて瓦斯燈《ガスとう》（地中に石炭を焚き樋《とい》をかけ、その火光を所々へ取るもの）を設《もう》け、電線（鉄線を張り施《ほどこ》しエレキテールの気力を以て、遠方に音信を伝うるものをいうなり）を施《ほどこ》し、佳木《かぼく》を植え、道路平坦《へいたん》にてやや欧風の一斑《いっぱん》を見る。……」

これも『航西日記』の一節だが、すべて丹念に見聞を詳述した上、西洋の進んだ点と東洋の遅れた点を対比させ、感想などが附記してある。一行は香港でアンペラトリスという商船に乗りかえた。やはりフランス船だが、アルヘイ号よりは倍も大きな船だった。

話は本題を外《そ》れるが、京都の料理屋で紋付の紋がハガレて、気まりの悪い思いをした栄一は、香港でもこんな逸話を残している。何でも一行がいざ上陸というとき、栄一はここぞとばかり、例の賭碁で取った燕尾服の上着を一着なし、縞ズボンを穿いて、得々と昼間のデッキへ出ていった。むろんチョンマゲ頭である。

するとー行中の外人が声をひそめて「チョッと渋沢さん下まで」と船室へ連れもどし、「その服装はあまりおかしい」と注意したので、栄一は赤面した。もし注意されなければ上陸後はさらに見ものだったろう。まさに国際的「赤ゲット」のハシリである。

三月二十一日（陰暦二月二十一日だが、以下すべて陽暦で書いてゆく）にスエズへ着いた。まだ運河は出来ていなかった。一行はアレキサンドリアまで汽車に乗った。

『航西日記』にこうある。

「紅海と地中海の間はアラビアとアフリカの地相接する処にして、僅かに波路《なみじ》を隔つおよそ百五六十里の陸路《りくろ》あり、（中略）千八百六十五年ごろより仏国会社にてスエズより地中海までの堀割《ほりわり》を企て（註　レセップの運河工事）しかも広大なる土木を起し、この節経営最中のよし。汽車の左方はるかにタントなど多く張り並べ、土畚《もっこ》を運ぶ人夫等のゆきかうを見る。この功の竣成《しゅんせい》は三四年の目途《もくと》にして、成功の後は東西洋直通の波路《なみじ》を開き、西人東洋の商貨を運輸する便利昔日に幾倍するを知らずといえり。すべて西人の事をおこす、ひとり一身一個のためにせず、多くは全国全洲の鴻益《こうえき》を謀る。その規模の遠大にして目途の宏壮なるなお感ずべし。夕七時ごろ調度食料パン乾肉果物葡萄酒等を用意して汽車に乗って発す。（中略）発軔会所（註　発車駅）より数十歩隔てて沙漠なり。草木生せず茫渺《ぼうびょう》たる曠野《こうや》風の吹き廻しにより所々高低あり。（中略）汽車道の側に一の道路あり。土民駱駝《らくだ》に荷物を負わしめ通行す。およそ沙漠をわたる馬牛は飲料なくては遠きに行き難し。唯々駱駝は渇《かつ》に堪うるをもって、負載《ふさい》の用をなすと云う。（中略）この客舎にて汽車中塵沙《じんさ》を掩《おお》うため用うる目鏡《めがね》または薄紗《うすぬの》裁を買って途中に備う。」

砂漠の砂ほこりがひどかったと見える。この車中で髪結い兼裁縫師の綱吉が逸話を残している。彼はオレンジを食べて、皮を窓外へ投げた。窓に無色透明なガラスなどというものが張ってあろうとは、露知らなかったのである。ガラスはまだギヤマンとかビードルとか呼ばれた貴重品で、庶民の生活とは縁遠かった時代である。

ところで綱吉の投げたオレンジの皮は当然窓ガラスに当って、前の座席にいる異人の顔へハネ返った。しかし綱吉先生は皮を窓外へ捨てたつもりでいるから、無邪気にこの動作をくり返す。すると異人のほうはガラスを知らない人間を知らないから、これを悪意のイタズラと解してひどく怒り出した。怒られた綱吉はやっと事情を察したが、僅かの過失に激怒する異人の気の狭さに腹を立てた。そして言語不通の敵愾心《てきがいしん》が二人を格闘に導こうとしたとき、通訳が駆けつけて事情は判明した。おかげで国際的紛争も笑い話に終ったという。筆者がまだ小学生だった明治三十八、九年ごろの日本の汽車は、三等車の窓ガラス中央に細い白ペンキの横線が一本引いてあった。それだけ当時の乗客には綱吉先生が多かった訳である。

「ガラス越に吾《われ》を認めてよらむとす　ガラスを知らずこの仔山羊《こやぎ》まだ」

吉植庄亮《よしうえしょうりょう》のこの歌をもじれば、「ガラス越《ごし》に蜜柑の皮を捨てむとす　ガラスを知らず日本人まだ」ということになる。

一行はカイロでピラミッドやスフィンクスを、またアレキサンドリアで博物館を見物している。そしてトルコのことを、

「当時トルコ帝は四百八十人余の妾ありという。殊に男子かえって妬情《とじょう》深く、もし妾ひそかに他の男に面するあれば、ただちにこれを害すという。この地欧洲の最寄《もより》に在りといえども、その陋風《ろうふう》を改めざるは因襲《いんしゅう》の久しき、開化におくれたりというべし」

地中海に出てからはイタリーのガリバルジーの英風をたたえ、コルシカ島を見ては「山水の鐘秀霊英《しょうしゅうれいえい》よく人傑を生ず」とナポレオン一世を偲んでいる。

四月三日にマルセイユへ着いた。

「先に電信を以って着船を本府に通達しければ、我船の岸にいたるやいなや砲台にて祝砲を報じ、程なく本港の総鎮台《そうちんだい》バッテーラ（註　ボート）にて出迎え、上陸して馬

車に乗らしめ、騎兵一小隊前後を護《ご》し、ガランドホテルドマルセーユというに嚮導《きょうどう》し」とある。ガランドホテルと書いてあると、ガラン洞《どう》の無人ホテルみたいだが、無論グランドホテルのことである。フランスは昭武を招待した国だから、待遇が他国より丁寧で国賓《こくひん》扱いをしたのである。その日の午後一行は答礼のため総鎮台と陸軍総督を訪問し、フランス皇帝の別荘や市街を見物してから、夜の八時に劇場へ招待された。

四月四日に一行は写真をとった。その写真を見ると、現在日本の写真家が写す記念撮影よりも集団の扱いが自然で、規則的な堅苦しさがない。

この日一行は動植物園を見てからツーロン港で軍艦に乗り、艦砲射撃を目撃した。また製鉄所で熔鉱炉その他を見学したり、潜水夫の作業なども見物した。そういう見聞記を再録したらキリがないから略す。

＊1　大刀と脇差し。
＊2　旅行に出ること。

17　文明首都パリ（上）

一行はリヨンを経て、四月十一日の夕方四時に花の都パリへ着いた。横浜を出てから丁度《ちょうど》五十六日目である。すべて見るもの聞くもの不思議ずくめの旅が、いよいよ本舞台の幕をあけてくれたのである。無論一行もパリの第一印象に目を見張ったろうが、パリ人もチョンマゲで大小をさした和服姿の一行に好奇心をそそられたろう。

「フロリヘラルド先導にて、巴里都中央カプシンヌ街なるガランドホテルに投宿せり。」と日記にある。このフロリヘラルド（Fleury Hérald　フルウリ・エラール）というフランス人は、幕府から日本の名誉領事を委嘱《いしょく》されていたパリの銀行家だ。彼はフランス政府から任命された徳川昭武の補導役だったので、自然栄一もこの人から、財政経済その他百般の社会的な新知識をさずけられることになったのである。

翌十三日に一行は洋服を注文し、十四日に栄一は借家の点検にいっている。そして後日一行はホテルからこの借家へ引き移った。

四月二十日にはナポレオン一世の墓所を見物した。日記はデ・ザンヴァリードにある傷痍《しょうい》軍人宿舎を「国に尽しし廃疾の者等を安治せしむるの法と見ゆ」と記し、またその隣りにあるナポレオンの墓所で守衛を勤めている人たちは、戦争で手や足を負傷したものが多いと書いている。ウォータールーの戦争から五十三年目だから、生き残りの老勇士もいたかもしれない。

四月二十二日にはボア・ド・ブーローニュの競馬を見た。また二十五日の日記は、「夜九時より故《もと》の外国事務大臣（外務大臣）ロアンデロイス夜茶の招待に陪《ばい》す。各国のミニストルその他親族男女会集し、種々の饗応あり」と報じ「……表向きの掛合《かけあい》にて争論に至るべきも、談笑中に彼我《ひが》氷解する事あり。（中略）仏国にてはソワレーと唱《との》う。」と「夜茶会」を説明している。

四月二十八日にナポレオン三世の謁見式《えっけんしき》があった。日記を見ると、フランス王権最後の花ざかりが、天然色映画みたいに目に浮かんでくる。原文を読みやすくして抄録しよう。

まず徳川昭武公使のホテルへ、宮廷から馬車がさし向けられる。迎えにきた二人の典礼掛《てんれいがかり》（式部官）は、金飾りのついた礼帽と紫羅紗の礼服で、剣をさげていた。四台の馬車がホテルの門を出る。「第一車は前乗、四馬、御者《ぎょしゃ》二人騎士二人ずつ車の前後に立つ。」とあるから、四頭立ての馬車だったらしい。これに向山全権と山高傅役《ふやく》と式部官一人と都合三人が乗っている。

「第二車は中車、六馬、御者四人騎士二人ずつ車の前後に立つ。」これに徳川公使と式部官一人とカション（日本から公使に随行したフランス人）との三人。そして第三、第四の後乗の馬車がつづく。この衣冠束帯《いかんそくたい》、狩衣《かりぎぬ》、素袍《すおう》、金モールつき礼帽礼服の一団は、パリのグラン・ブールヴァール（大通り）をものものしく練ってゆく。「公使の馬車行列を見んとて、都下の老幼は勿論近郊よりも来り、群集道にみてり。」

それは金色サンゼンたるアンピール様式の荘重華麗な王室用馬車が、極東の貴賓《きひん》を乗せて繰りひろげる、宮廷儀礼の一大レビューだったに違いない。

さてチュイルリー宮に着くと、正門両側に二人の騎兵。門内に進めば左右に捧げ銃《つつ》をした歩兵の整列だ。そして公使の車が近づくにつれて、宮殿内から軍楽隊の吹奏が響く。公使一行が玄関で車をおりると、階上には百人の近衛兵が厳然たる直立不動の姿勢。礼典掛総頭取（式部長官）が階下に出迎えて一行を宮殿内にみちびいた。

「ひと間《ま》ごとに鎖《とざ》し、門官二人ずつ立侍《りつじ》して、行き当れば開き入れて直《ただ》ちに鎖す。第五の戸扉《とびら》に入れば、すなわち謁見の席にて、三段高き壇、左仏帝右帝妃、左方外国事務執政大臣その他貴官列し、右方高官の女官列したり。」公使はカションの通訳で、皇帝皇后と挨拶をかわした。絢爛瀟洒《けんらんしょうしゃ》なルイ式宮殿と、花の咲いたような貴族貴婦人の盛装は、夢心地の一行に夢ならぬ竜宮城を思わせたろう。

五月二日。マルセイユで写した写真がとどく。この日一行は軽気球を見た。

五月三日の夜八時から、仏帝の招待でオペラ見物。

「（前略）接続に言語ありて大方《おおかた》は歌謡なり。（中略）その歌曲の抑揚疾舒《しつじょ》（メリハリと早い遅い）音楽と相和《あいわ》し、一幕ぐらいに舞踏あり。二八の娥眉《がび》（美女）名妓五六十人、裾《すそ》短き彩衣繡裳《さいいしゅうしょう》を着《ちゃく》し、粉粧《ふんしょう》（化粧して）媚《こび》を呈し、冶態《やたい》（シナをつくって）笑《え》みを含《ふく》み、みな細軟軽窕《さいなんけいちょう》（スラリとしなやかで軽妙）を極め、手舞足舞踏転跳躍《とうてんちょうやく》一様に規則ありて、百花の風に繚乱《りょうらん》するごとし。かつ喜怒哀楽の情をこらし、（中略）舞台の景象《けいしょう》、瓦斯燈《がすとう》五色の玻璃《はり》に反射せしめて光彩を取るを自在にし、また舞妓の容輝後光（スポット・ライトか？）あるいは雨色月光陰晴明暗をなす。須臾《しゅゆ》（瞬時）の変化その自在なる真《しん》に迫《せま》りて観するにたえたり。」

オペラの第一印象を巧みに描写している。無表情国、無写実国日本から渡仏して花の都の舞台芸術が表情沢山、写実上手なのに驚いたさまがよくわかる。この一節を読むたびに、筆者は栄一が創立委員長となって、明治四十四年に帝国劇場を開いたことを連想する。

五月四日「夜十時ミニストル館に至り舞踏を見るに陪《ばい》す。これは舞踏の席を開きて親族知友を招待するにて、また礼会の一なり。けだし夜茶会の盛挙なるものにして、施設もすこぶる華美なり。（中略）男女年ごろの者、相互に容貌を認め、言語を通じ、賢愚を察し、自ら配偶を選求せしむ。（中略）かの楽しんで淫せざるの風を自然に存せるならん。（中略）この会を仏国にてはバルという。あたかも本邦の北嵯峨《きたさが》、大原、岐岨《きそ》、藪原等盆踊りの類に似て大いに異るものなり。」

一行は有名な凱旋門《がいせんもん》にも登った。（まだエッフェル塔は出来ていなかった）動植物園へもいった。プラース・ド・ラ・コンコルドの夜景に「暗夜とても瓦斯燈掩映《えんえい》して人の眉毛を弁ず」と驚きもした。イタリー、オーストリア戦争のパノラマも見た。またヴィクトール・ユーゴーが小説『レ・ミゼラーブル』（噫無情《ああむじょう》）の中に書いた例の地下水道も歩いた。日本にない立派な施設の堆積がパリ市なのである。慶応三年の「おのぼりさん」は見学に忙《いそが》しかった。

六月六日。一行はナポレオン三世がボア・ド・ブーローニュの練兵場でおこなった観兵式を陪観した。するとその日、ヨーロッパ文明の中心地たる花のパリにも、突如として血なま臭い事件がおこった。

盛大な観兵式が目出たく終ったあとで、ナポレオン三世は帰途についた。彼はロシア皇帝アレキサンダー二世や王子たちと一台の馬車に同乗して、ボア・ド・ブーローニュの松林へさしかかった。物見高い群集は沿道に人垣《ひとがき》を築いて歓呼の声をあげた。と、人垣の最前列にいた一青年が、突然、皇帝の馬車にピストルを撃った。スワこそとばかり、警護の一騎兵は青年目がけて馬を乗りかけた。だが青年は身をひるがえして、なおも引金《ひきがね》を引いた。第一発で自分の手を傷つけた狙撃者《そげきしゃ》は血まみれになりながら、さらに二弾を発射した。その一弾は青年の指を一本撃ち落とし、他の一弾は騎兵の馬の鼻面《はなづら》に当った。馬は躍《おど》りあがり、その返り血が皇帝や王子の衣服を凄惨に染めた。血の色に興奮した群集は青年に怒号をあびせかけた。

このときナポレオン三世は泰然として車上に立ちあがりざま、誰も負傷したものはない、と群集に告げた。つづいてアレキサンダー二世も、一同無事である旨をくりかえした。

むろん狙撃者はその場で捕えられた。彼はベリゾウスキーという機械工で、まだ二十歳のポーランド人だった。祖国の自由を奪ったロシア皇帝に、愛国の一撃を下そうとしたのである。彼は護送の途中、ロシア皇帝がカスリ傷一つ受けなかったと聞かされて、無念そうに憤怒《ふんぬ》の色を満面にみなぎらせた。

後日法廷で「ナポレオン帝も撃つつもりだったか」と訊問《じんもん》されたとき、青年は傲然《ごうぜん》として言いはなった。

「ポーランド人の撃つ弾丸は必ずロシア皇帝に命中するはずだ。私はポーランドをロシアの虐政から救う以外のことは考えていない」

『航西日記』は「ラ・シエークル」紙の記事を詳細に訳出している。そして裁判の経過までは報道してないが「新聞の速《すみや》かにして委《くわ》しきと、且《かつ》その寛優《かんゆう》なる国風を知らしめんため、そのまま記せしものなり。」と結んでいる。

敏速な新聞報道や、法治的な犯人の取扱いを見聞して、栄一はそのどちらも存在しない日本の姿を、未開国として振り返ったであろう。また、高崎城乗取りや横浜焼打ちを夢みた彼にとって、このポーランド青年の一図な体当りは、到底ひとごととは思えなかったに違いない。

　それにしても不運で気の毒な個人がいるように、不幸な宿命を背負わされた国家もある。

　六月九日。徳川昭武はナポレオン三世の案内で、ロシア皇帝やプロシャ王と共にヴェルサイユ宮殿へいった。栄一も随行している。一九一九年に第一次世界大戦の講和条約が結ばれた「ラ・ギャルリ・デ・グラース」（鏡の間《ま》）の鏡が、珍らしいチョンマゲのサムライ姿を写したのは、ルイ十四世以来初めてのことだったろう。

　この日昭武一行はパリに帰ってから、バッシー郷ペルゴレイズ街五十三番へ転宿した。フランス皇帝が豪華な宮殿に数カ国の王侯を招いたレセプションへ、賓客の「はしくれ」として「雑魚《ざこ》の魚《とと》まじり」をした栄一も、引越し騒ぎでは本来の「俗事役」に戻って、急がしく立ち働いたろうと想像される。

　六月十七日。栄一は千代に手紙を出した。

「……たとえ十年が二十年とても相替《あいかわ》りなき赤心、唯々《ただただ》いじらしきはそなたの事に候えども、国のためと存じ候わば辛抱《しんぼう》もなるべく、よくよく御了簡《ごりょうけん》、短気なきようなされたく、くれぐれ念じまいらせ候……」

　栄一は例の通り、留守居ばかりさせつづけてきた妻に気を使っている。さいわい彼の一家は、いつも「国のため」という至上命令に忠実だった。

ここでごく簡単に当時のフランスの世相を紹介しておこう。十年ほど前に出版されたモーリス・アレム著『第二帝政下における日常生活』という本によると、ナポレオン三世（シャルル・ルイ・ナポレオン・ボナパルト）は一八五二年に帝位へつく直前、ボルドーの晩餐会《ばんさんかい》で「帝国、そは平和なり」という公約を与えた。革命につづく大ナポレオンの外征で、フランス国民はひたすら平和をこい願っていたのだ。そしてナポレオン三世も一図にそれを目ざして、一八七〇年の普仏戦争で敗北するまで、フランスの王権に最後の花を咲かせたのである。

モーリス・アレムの結論はこうだ。

「第二帝政は、工業的にも、理知的にも、世俗的にも、また遊蕩《ゆうとう》的にも一大活力を示した時代である。史家や劇作家や記録作家はよく〝快楽のエポック〟と呼んでいるが、非常な勤勉なエポックでもあった」

つまり「よく学びよく遊ぶ」時代だったのだろう。そして花のパリはヨーロッパの中でも、やはり一番イキな都だったらしい。だから昭武の随員中にも、いわゆるパリらしい浮いた話の種を播《ま》いた人もいた筈《はず》である。だが残念なことに、何の記録も残っていない。もっとも栄一は責任の重い割りに身分の低い「俗事役」だったから、そんな暇も金もなかったと思われる。

〈思い出　晩年の父から聞いたパリの話は、ナポレオン三世が博覧会場で、世界を一ト呑みにしたような尊大な演説をやったということと、町で見た馬上姿のビスマークが、大きな立派な人だったということぐらいである。

それからこんな話もあった。ある日馬術の不得手な父が馬で町へ出たら、馬が何かに驚いて矢のように走りだしたまま止まらない。すると巡査が大声で「ここは馬で駆けてはいけない道だ」と注意したので、父は手綱を絞めるのだが馬は依然として走りつづける。

「落語の〝どこへゆくか馬に聞いてくれ〟じゃないが〝馬に注意してくれ〟と言いたいような始末だったよ」こういって笑った父を思い出す。

もっと柔らかい方面の話を聞いておけばよかった〉

徳川昭武は教師を頼んでフランス語を習い、随員もそれに参加することを許された。その時のものかどうか分からないが、栄一の勉強したフランス語の手帳が残っている。

第一ページは何か読本の文章でも写したらしく、「ヨーロッパを掩《おお》う火の雨は、平和の雫《しづく》なくして消えるであろうか？」という意味のフランス語が書いてある。それにつづいてアルファベット順に並べた単語に、訳語を附記したページがある。その訳語が明治以前らしくて、いかにも古風だ。

例えばaimer（註　エーメ、愛する）を「好」。absolument（註　アブソリューマン、絶対的に）を「是非トモ」。cruel（註　クリュエル、残酷な）を「感ジナキ」。paix（註　ペエ、平和）を「太平」という類である。
また、「こんにちは」（ボン・ジュール）という挨拶を、J'ai l'honneur de vous souhaiter le bonjour.（註　ジェイ・ロンヌール・ドゥ・ヴー・スエテ・ル・ボンジュール、私は貴下に佳き日を祈る名誉を有す）という馬鹿丁寧な言いまわしや、「私は便所へゆく」という言葉を、Je vais où le roi va tout seul.（註　ジュ・ヴェ・ウ・ル・ロア・ヴァ・トゥー・スール、私は王も唯一人でゆく所にゆく）というクイズみたいな文章も書いてある。

このクイズ式辞令は日本語なら、「はばかり」という言葉さえはばかった遠廻しの表現だが、こんなところへ王様を引合いに出すほうが失礼みたいな気もする。同時にいかにもフランスらしい皮肉でユーモラスな文句でもある。ことによるとナポレオン三世の宮廷で、女官たちが使っていたのかもしれない。

（**思い出**　私が高校二年生で二十ぐらいの時だったから、父はもう七十二にはなっていたはずである。日課の朝風呂を浴びてきた父は、食堂に当てられた日本間のチャブ台の前に坐る。夏休みで珍らしく顔の揃った私たち三人の兄弟も、それぞれ定めの席に着いて父と朝食を共にした記憶がある。軒にかぶさる青桐の葉かげでは油蟬が鳴きしきって、その日の暑さを予告していた。

中の兄の正雄《まさお》は帝大英法を専攻していたが、上の兄の武之助《たけのすけ》は帝大フランス法の学生だった。そして私もまた一高でフランス語を勉強している。そういえば父も慶応三年にパリでフランス語を覚えてきた。しかも父はその四十数年前のフランス語を、時には外人客とあやつっている。そこで正雄が父の物持ちのよさを冷やかし半分に褒めると、父は満面を笑みほころばせながら、「なに、物持ちがよいものか。もう時候の挨拶ぐらいしか出来はせんヨ。それでも本場のパリ仕込みだから、調子だけは満更でもないと見えてネ。相手が買いかぶってマクシ立ててくるのには弱るよ。本場仕込みがとんだワザワイの種サ」

私はこの「時候の挨拶」という言葉に旧幕時代の匂いを感じながら、父がフランス人と会話するときに、受け答えを滑かにするだけの「セッサ」とか、「エービヤン」とか、「ネスパ」とかいう接続語を巧みに挿入する手際のよさを思い出していると、父は私のほうを向いて「La raison du plus fort est toujours la meilleure.（ラ・レーゾン・デュ・プリュ・フォール・エ・トゥージュール・ラ・メイユール）という諺《ことわざ》だけは、御一新前のフランス語をまだ覚えてるぞ」とにこやかに笑う。私は父の口からラ・フォンテーヌの寓話に出てきそうな言葉を聞くことに意外な親しみを感じていると、兄の正雄は自分だけが言葉の仲間はずれにされたことを可笑しがりながら、私に諺の意味をたずねるのにかぶせて、父は「最も強き者の申分は常に最上なり、というのだろう」と解釈をくだす。

「つまり英語の〝Might is right〟（マイト・イズ・ライト）だネ」中の兄はこう私に言ってから「こうフランス語の先生ばかり揃っちゃ、フランス語を知らないものはやり切れませんネ」と笑う。

私がレーゾンすなわち「申分」は古風だけれども名訳だなと思っていると、父は、

「そうさネ。これから武と秀と三人でフランス会でも催すことにするかナ」と愉快そうに言いながら、来訪客の待っている応接間へ立っていった。

その後「フランス会」は一回も開かれずじまいだったが、この朝食のおかげで私は父の口からフランスの諺を一つ覚えた次第である）

ところでナポレオン三世は昭武にヴィレットという陸軍大佐をつけて、射撃その他の洋式武術を指導させた。するとある日、この大佐と栄一の間に議論が持ちあがった。大佐が日本の剣術より洋式銃槍術のほうが優れていると言ったのに対して、栄一が集団的突撃の場合はともかく、一騎打ちなら日本の剣術のほうが断然強いと反対したからである。

「いや、一対一でも銃槍術のほうが強い」

「いや、日本の剣術のほうが絶対に勝つ」

双方自説を主張して譲らない結果、見る見る感情が激していった。

「論より証拠だ。大佐と私が真剣勝負をすれば、実際の優劣は一目瞭然です」栄一は勢いこんでこう言い放った。

「よろしい。私も望むところだ。すぐ武器を取ってくる」大佐も決然と席を立った。

栄一は身仕度をしながら心中「何を小癪《こしゃく》な毛唐人め。一刀両断にしてくれるから……」と、攘夷論者時代の血を湧かせていると、やがて大佐は手ブラで戻ってきた。

そしてフランス人らしく両肩をすくめて両手をひろげながら言った。

「一時は激したものの、よく考えて見れば、あなたも私もプランス・アキタケに仕える身だ。ささいな議論から真剣勝負などして、どちらが負傷しても申訳ない。馬鹿な真似はやめましょう」

むろん栄一もなるほどとうなづいた。

（**思い出**　晩年の父がこの話をして、「相手がワシより少しばかり利巧だったおかげで、双方怪我《けが》をしずにすんだよ」と、おかしそうに笑った顔が目に浮かんでくる）

18　文明首都パリ（下）

六月二十日。昭武一行は万国博覧会を見物した。『航西日記』は細大もらさず会場の光景を記述している。その中に日本から出品した茶店の記事がある。

「この茶店は桧造《ひのきづく》りにて六畳敷きに土間《どま》を添え、便所もありて、専《もっぱ》ら清潔を旨とし、土間にては茶を煎《せん》じ、古味淋《みりん》酒などを貯《たくわ》え、需《もと》めに応じてこれを供す。庭中休憩の場所に状机《しょうぎ》を設け、かたわら活人形《いきにんぎょう》（註　各種の風俗人形）を並べ据えて観覧に備え、座敷には〝かね〟〝すみ〟〝さと〟といえる妙齢の三女子閑雅に着坐して容観を示す。その衣服首飾の異るのみならず、東洋婦人の西洋に渡海せしは未曾有《みぞう》のことなれば、西洋人のこれを仔細《しさい》に見んとせるもの、縁先に立ちふさがり、目鏡《めがね》もて熟視す。その座敷は畳床《ゆか》なれば、これに上ることを許さず。ゆえにその体《たい》に近づき迫るは得ざりしが、間断なく蟻附蝟集《ぎふいしゅう》（註　アリのごとくたかり、ハリネズミの毛みたいに集まること）して、後者《うしろのもの》は容易に見るを得ざるも少なからずとぞ。ある良家の少女母に伴われきて、その衣服を借着し、ついにこれを買わんと請《こ》いしことありという。その物数寄《ものずき》なる驚くべし。」

宮岡謙二著『異国遍路　旅芸人始末書』によると、三人の大和撫子《やまとなでしこ》は江戸柳橋松葉屋の抱え芸者で、頭を桃割れに結い、友禅縮緬《ゆうぜんちりめん》の振袖に丸帯をしめ、長いキセルで煙草を吸ったり、手まりをついたり、お客の求めがあれば味淋をお酌したり、茶をついだりしたというのである。

この時から七十二年後の昭和十四年（一九三九）に、筆者は宝塚のスター四十人を連れて、アメリカへ公演にいったが、ニューヨーカーが振袖姿の少女に蟻附蝟集して感嘆する様子も、やはり「その物数寄なる驚くべし」だった。つまり欧米人が七十年一日のごとくキモノを珍しがり美しがることは、彼等がそれを生活に取入れなかったという証拠でもある。しかし今度の終戦を一紀元として、キモノの袂や帯が西洋流にデフォルメされながら、きっと彼等の実用品になってゆくだろう。

それはともかく、博覧会場の茶店にいた美しい和服姿の三美人を、プロスペール・メリメも見物している。一八四五年に例の有名な小説『カルメン』を書いた彼は、博覧会の年には六十四歳だったが、九月六日にジェニ・ダカンという女友達へこんな手紙を送っている。

「……先日は博覧会へ行きましたが、そこで日本の女たちを見て大いに気にいりました。彼女たちは牛乳入りのカフェーのような皮膚をし、それがはなはだ快適な色合でした。（註　メリメは後年ジョゼフィン・ベーカー[*1]を持てはやしたパリジャンの先祖の一人だから、小麦色の皮膚に心を引かれたのかもしれない）。その衣裳の折目から判断したかぎりでは、彼女たちは椅子の棒のように細い脚《あし》をしているらしく、（註　練馬大根ではなかったと見える）これは痛ましい次第でした。それをとり巻いた無数の弥次馬の中にはいって見ながら、欧洲の女は、日本の群衆の前へ出れば、こんなに落ちつき払ってはいまいなどと考えました。あなたがエドでこんな風に見世物にされ、サツマ公の街（註　徳川と島津を混同している）の俗物が〝あの女の着物の後ろにある瘤《こぶ》（註　背中の帯の結び目か？）は、たしかにほんものの瘤かどうか知りたいもんだ〟などといっているところを考えてごらんなさい。瘤といえば、今ではそんなものはつけていません。これは瘤などのなかった証拠になります。……」

ここに一つナポレオン三世の話を入れよう。一体、欧米人はよく人の名を覚えて、会話の際にも相手の名を呼びかけたりするが、ナポレオン三世は、とりわけ人名を覚えることに努力したそうである。彼は初対面の人に会う場合、相手の名が変っていると、その綴《つづ》りまで聞きただした。そして対談の最中にも、絶えず相手の名を思いおこしながら、顔や身ぶりの特徴と結びつけて覚えこむ。さて重要な相手が帰ると、彼はすぐその名を机上の紙片に書き、精神を集中して銘記した上で、紙片を破り捨てたという。

一国の皇帝に名を覚えられるという事実は、その人の名誉だったに違いない。だから皇帝の側から言えば、人の名をよく覚えこむことは、内治外交の上で大きなプラスを意味した訳である。そしてこんな細かい神経を持つ皇帝が東洋政策に熱心だったのだから、徳川昭武一行に対する心づかいも一ト通りではなかった。当時の日本式表現によれば、皇帝は昭武を「自分の養子みたいに大事にした」と言われたほどだったのである。

七月一日。晴天。博覧会を協賛した世界各国の出品者に対して表彰式のおこなわれる日だ。昭武一行もそれに招待されていた。

ナポレオン三世は午後一時すぎにチュイルリー宮を出た。きらびやかな儀仗兵《ぎじょう》に守られて、数台の壮麗な馬車が練ってゆく。その第六番目は一トきわ立派で、馬が八頭もついていた。皇帝、皇后、皇太子、皇子を乗せた車である。

この豪華なパレードは式場のパレ・ド・ランデュストリ[*2]を目ざして、コンコルド広場からシャン・ゼリゼへ進んだ。すでに花を終えた大通りのマロニエ並木は掌状《しょうじょう》の広葉《ひろば》に夏の緑をふかめ、その果てにそびえ立つ大ナポレオンの凱旋門は真昼の太陽の下で、自分の蔭をまだ足元にちぢめていた。

皇帝が式場に着くと、千二百人の楽団が奏楽で歓迎した。やがて式は開始され、最後に皇帝は歓呼と拍手を浴びながら壇上にのぼった。得意の絶頂に立った彼は十数カ国の元首や外交団や大聴衆を前にして口を開いた。

古代のギリシャ詩人はオリンピヤードを一大盛事として、多くの詩に歌った。そして今回の博覧会には世界各国が人知の進歩、技術の発達を競って、あらゆる文明の成果を展示し合っている。たとえ開化の極致とはいえないまでも、その階梯となったことは否定できない。もし古代の詩人がこの会を見たら、何というだろう。

全世界的なこの挙《きょ》は、多数の国々が互いに学びかつ助け合ってこそ、万民共栄の道に進んでゆけるという事実を教えた。だから博覧会は必ずしも形而下の催しではなく、形而上的にも意義深いことがうなずける。

さて物品の陳列方法も、新発明の側には古代の遺物、美術的なものの隣りには実用品といった工合で、対照の妙が考慮されている。私はこの挙が万民開化の一階梯たらんことを期すると同時に、神の加護によって、この国を愛と正義の勝利へみちびくため、あえて自ら任ずる次第である。

演説の要旨は大体以上のようだった。国際間のコンミュニケ（外交上の声明書）などは見たことも聞いたこともない栄一の、儒教的謙譲精神を教えこまれてきた耳には、それが「世界を一ト呑みにしたような尊大な演説」と聞こえたのである。

この時から僅か三年後に、ナポレオン三世は普仏戦争で徹底的に大敗した。そしてフランスに代って勢力を伸ばしたドイツも、皇帝神権説を信じたカイゼル・ウィルヘルム二世（一八五九―一九四一）が第一次世界大戦を巻きおこして、一九一八年にみじめな降伏を余儀なくされた。国家の興亡もまことに走馬灯のようである。

〈思い出　この走馬灯を親しく見聞した父は、後年よく杜牧之《とぼくし》の『阿房宮の賦《あぼうきゅうのふ》』を引用して戒めとしていた。記憶力のよい父は他の数多くの漢文漢詩と共に、『阿房宮の賦』も全部暗記していたから、ナポレオン三世の大演説という話が出ると、きっとこの詩の必要箇所が、スラスラ口をついて出てくるのだった。

杜牧之は中華の唐時代の詩人である。また「阿房宮」は秦《しん》の始皇帝が造営した壮麗な大宮殿だが、項羽が攻めこんで焼きはらったのである。そして父は杜牧之の「ああ六国《りっこく》（註　秦が滅ぼした国）を滅《ほろ》ぼすものは六国なり。秦にあらざるなり。秦を族《ぞく》するものは秦なり。天下にあらざるなり」をもじって、「フランスを滅ぼすものはフランスなり。ドイツにあらざるなり。ドイツを族するものはドイツなり。連合国にあらざるなり」といっていた。すべて国が滅びるのは敵国のためではなく、自国の思いあがりにあるという教訓である。これは千百余年来の古風な倫理観だが、現代の国家や団体や個人にも通用する。

そして昭和六年に世を去った父は、日本が思いあがりの代償として受けた無条件降伏を知らないですんだ〉

さて『航西日記』はパリの劇場に出た日本の芸人について、諸新聞の記事を訳出している。それに補足解説を加えた宮岡謙二著『旅芸人始末書』の一節を紹介しよう。

「まずまっ先に乗り込んだのは松井源水《まついげんすい》の一統である。七月の二十一日テアトル・ジユ・フランス・アムペリアルでお目見えしている。空中に高く投げ上げて廻したコマを、竹竿《たけざお》の尖《さき》にうけたり、扇子をまっすぐに立てたその椽《ふち》の上を這わしたり、日本刀の刃の上を渡らせたり、あるいは日本の田舎風景をしつらえた箱庭の道から橋から、鳥居へ神社の屋根へひとりでに廻りゆくコマの行方は、パリ人士にはエキゾティックな初めてのみものであった。

手品は朝吉が一番うけた。魔法で蝶を自由自在にあやつる至芸（註　蝶の形をした紙片を扇子であおぐ芸）も珍しかったし、水を盛った盃をうっかり倒したふうをして、白紙の中にたちまち画を浮かばせるものや、黒と黄のこまかい色紙《いろがみ》をまき散らして、見物の注意をそらすまもなく、傘《かさ》の中からこれをまとめて虎の形にして出す手ぎわに、大向は大喜びである。

足でたらい廻し、びょうぶ廻し、樽廻しの曲芸を演じる亀吉、小滝、太郎吉の芸も足さきの不器用な西洋人に、（中略）感心されている。しかし、（中略）派手な音楽になれている外人連には、足芸のはやし——つまり伴奏の音楽が単調で、つまらぬとの声はあったようだ。

総じて腑に落ちなかったことは、太夫が観客に対しさっぱり愛嬌がない、女子供がキャッキャッと力んで声援するのに、会釈一つ返さぬそっけなさである。日本人とは冷淡なものだとの印象を与えている。芸人と見物とが一体となって気分をだすパリっ児には、この点よほどものたりなかったに違いない。」

次は十日ほど遅れてやってきた浜錠定吉《はまじょうさだきち》一座である。

足芸の浜錠定吉は松井源水より芸人の格が上で、源水がテアトル・アンペリアルに飛び入りで出たのに反し、定吉は上級の劇場シルク・ナポレオンに出演の予約ができていた。イギリスの興行師マギールが一晩千フランで、この劇場を押さえておいたのである。

舞台の芸にはこんなのもあった。定吉の肩に立てた一丈五尺もある竹竿《たけざお》に、息子の三吉が素足でスルスルと登り、揺れしなう竿の天辺で掛声もろとも、時には足だけ、時には手だけで全身をささえ、梯子乗りみたいな離れわざを演じる。下の父親も息子の声に応じて掛声をかけながら、巧みに竿のバランスを取り取り、パリっ児に東洋風のスリルを満喫させたのである。むろん得意の足芸も見せた。そして『旅芸人始末書』にはこうある。

「定吉一座の初演には、徳川昭武もその取巻きをひき具して見物している。一座のものにとって故国では、将軍家の御前でじきじきに出演するような機会は、まずなかろう。かれらは肝心のパリ大衆の声援より、幕府大官台臨のほうをよほど光栄に思ったことと察せられる。（中略）昭武よりはご祝儀として、仏貨二千五百フランのご下賜金があった。（中略）あくる日のフイガロ紙には、日本公使が多額の賞与金を定吉に分配したことを報道し、見当ちがいにも、定吉を日本政府の御用芸人と手がるく、しかし大きく紹介している。これはヨーロッパではよくある、宮廷専属の芸術家ぐらいの重い意味を含ませたものだ。（中略）このご祝儀の多少については、昭武に随従してその晩一緒に見物した、しかも一行の会計を預っていた渋沢篤太夫、のちの栄一子爵の責任も軽からぬ次第だ。ところが、その渋沢が博覧会見物の印象や新聞の切抜きを、こまごまと書きとめているのだ。なにを隠そう、この章節はかれの〝航西日記〟を種本としているところが多い。明治期において、日本資本主義の本山と祭られる渋沢の功績は、まことに偉大なものであろう。しかし、そんなことなどここでは、どうでもよい。たかが旅芸人ではあってもその足跡は、たやすく拾えないのだ。それをともかくメモしておいてくれたことは、なにものにも代え難いかれの殊勲《しゅくん》と賞《ほ》めてやりたく思う」

栄一も思いがけない知己の出現に、定めし地下で微笑しているだろう。

また『旅芸人始末書』には日本人の演技態度を、こう評した一節もある。

「やさしい眼の割に、あまりにもきまじめ一方に堅すぎるといわれ、青黒いまでに濃い髪やひげ、黄色で扁平な顔、つり上った目尻では、よほど悪がしこい、せせっこましい人種と極印をおされたらしい。一流紙フイガロなどの劇評欄には、日本芸人がペコペコするおじぎの低さ、卑しさ、ことに一座する芸人間の格式による封建性が、舞台の上まであふれていることを指摘し、また、お世辞にも日本人は美しいとは申せないなどとかきたしている」

日本芸能人の美しさや佳《よ》さを、国際的水準の上で高価に受け入れている現在のパリを思うと、文字通りに隔世の感だ。最近のパリは日本からくる女性のキモノに対しても、もうフリソデには飽きて、例えば結城[*3]みたいな渋好みの衣裳を歓迎しているそうである。

ここで少し趣きをかえて、小松清《こまつきよし》、杉捷夫《すぎとしお》編の『フランス文学史』から、文学作品の発表された年譜を抄録してみよう。当時のフランスを中心とした、世界の思想の流れがうかがえる。同時に鎖国日本が、どれだけ思想的に立ちおくれていたかもよく分かる。

年代	フランス文学作品	フランスのこと	世界のこと
一八三一	スタンダール『赤と黒』 ユーゴー『パリのノートルダム』		
一八三三	メリメ『モザイック』 （―四三）ミシュレ『中世史』		カーライル『衣裳哲学』（イギリス）
一八三四	バルザック『ウジェニ・グランデ』	リヨン、パリの暴動、自由主義者大量に逮捕さる	ハイネ『ドイツ論』（ドイツ）

一八三六	ミュッセ『世紀児の告白』		ゴーゴリ『検察官』（ロシア）
一八四一	デューマ『モンテ・クリスト伯』		
一八四五	メリメ『カルメン』		
一八五二	小デューマ『椿姫』	ナポレオン三世帝位につく	
一八五七	フローベル『ボヴァリー夫人』 ボードレール『悪の華』		シナ戦争
一八六一			ツルゲーネフ『父と子』（ロシア）
一八六二	フローベル『サランボー』 ユーゴー『レ・ミゼラブル』		農奴解放（ロシア）（―六九）トルストイ『戦争と平和』（ロシア）
一八六三	ルナン『イエス伝』 テーヌ『英文学史』		リンカーン農奴解放（アメリカ） メキシコ戦争
一八六四	フュステル・ド・クーランジュ『古代都市』	労働者ストライキ権獲得	
一八六六			第二インターナショナル成立
一八六七		（パリの世界博覧会） （昭武パリに到着）	
一八六八	ドーデー『プチ・ショーズ』	（昭武パリを去る）	明治維新（日本）

共和主義者のヴィクトール・ユーゴーはナポレオン三世の帝政に反対して、一八五一年から十九年間、英仏海峡の孤島ゲルヌゼーに亡命していたが、その他数多くの、

明治以後日本へ紹介された有名な文学者たちは、当時のパリに星のごとく光っていたはずである。そして美術界、音楽界、劇界も同様だったろうと想像される。

栄一はこのときパリで学んだ社会的知識を、後年の日本であらゆる方面に活用している。しかし文学、美術、音楽に関しては、何一つ土産を持ち帰らなかった。つまり栄一の頭には近代芸術を受け入れるアンテナはなかったのである。それは明治時代パリに留学した日本の画家が、外国の経済機構や社会施設の研究に無関心だったのと同じ訳かもしれない。

＊1　アメリカで生まれ、フランスで活躍した黒人歌手、ダンサー。
＊2　産業館。
＊3　結城紬。高級絹織物。

19　ヨーロッパめぐり

博覧会の式典がすむと、昭武はヨーロッパ諸国を巡回することになった。最初はスイス、オランダ、ベルギー。次にイタリー、イギリス。そして最後に出来たらドイツ、ロシアへゆく予定だった。ところがその随員の人数でモメゴトがおこった。現在でも若い男ばかりが長い海外旅行をつづけていると、みな怒りっぽくなる傾向がある。まして慶応時代の排他的な水戸侍が、異国の旅で神経質になっていたことは想像にあまりある次第だ。

一体、当時のヨーロッパ諸国では、帝王といえども余り多数の従者など連れずに、身軽な旅をしていた。それが昭武の一行とくると、頭にチョンマゲをいただき、腰に大小を横たえた武士が紋付袴に威儀を正して、三十人近くもゾロゾロつながって歩くのである。この異様な一団は、今日のチンドン屋などが及ばないほど、人目を引く効力を持っていた。こんな調子でヨーロッパ諸国を練りあるいたら、体裁も悪いし旅費もかさむ。そこで御傅役《おもりやく》の山高が、小姓頭取《こしょうとうどり》の菊地に、今回の旅行には随員をへらすから、大部分の者はパリに残って、フランス語でも勉強するようにと命じた。とたんに水戸侍たちはカンカンに怒りだした。

「実にけしからん話だ。一体われわれが公子のお供をして参ったのは、外夷の言葉を学び、彼等の真似をするためではござらん。おそれ多くも将軍家のおぼしめしで、公子を御警護申上げながら、各国の国情を視察するのが任務でござる。その上意《じょうい》にそむき、パリに残って学問せよなどとは奇怪千万だ。左様な次第では、公子を一歩たりとも動かす訳にはまいらん」

鼻っ柱の強い若侍たちが男性ホルモン過剰のイライラを爆発させて、山高へ食ってかかった。そのケンマクに気圧された彼は、外国奉行の向山《むこうやま》ほか数名の同僚とも相談したが、妙案はうかばない。そこで事件を栄一のところへ持ちこんできた。

「そんな不穏なことを申す連中には、御傅役の職権で、帰国を命令なさったらよいではありませんか」栄一はアッサリ片づけた。

「いや、命令を聞かないのだ。重ねて申渡せば、何をしでかすかわからんのだ」

「万一乱暴でも働けば取押えるばかりです。それだけで十分帰国を命じる理由が成りたちます。命令さえ出れば、拙者身にかえても彼等を日本まで無事に送りとどけます。その点御安心下さい。ところで今回のお供は、何人ぐらいになさるお考えでしょう？」

「三人ぐらいは連れてゆかずばなるまい」

「承知しました。それならさほど面倒もなく解決できそうです」

栄一はこう引受けて、怒っている連中の部屋へ押しかけていった。そしてまず人べらしの理由を冷静に説明してから、彼等の申分を聞いた。さまざまな不平不満が並べられる。栄一は静かに聞きおわると、次のような主意を述べた。

諸君がどこまでも公子に随行したいという心持はよくわかる。しかし団体行動の秩序を保つには、上司の命令を尊重することが第一だ。いま上司は随員をへらしたいと言っている。帝王でさえ小人数で旅行するヨーロッパのことだから、これも〝郷に入っては郷に従え〟で、あながち無理とは言いきれまい。しかしどうしてもそれが不服だという人は、いさぎよく随行の役目を辞して、日本へ帰るよりほかに仕方がないではないか。その場合は渋沢も中にはいった責任上、かならず同行する。

ここで侍たちは帰国派と残留派に別れて論じ出した。栄一はこう念を押した。

「事はきわめて簡単明瞭だ。上司の命に従うか、辞職して帰国するかの二つに一つだ」

すると小姓頭取の菊地が答えた。

「ではやむを得ない。われわれ談合の上何人かお供するものだけを残して、あとは帰国することにいたそう」

「それは妙案だ。さっそく御談合願いたい」

栄一はこういって彼等の相談を待った。意地づくで帰国を宣言した者も、腹の底では帰りたくないのである。だから相談は容易にまとまらない。栄一は潮時を見はからって、最後の切札《きりふだ》を出した。

「こういう案はどうだろう？　こんどの旅行は二回か三回ある。だから一回に三人ずつ交代でお供すれば、全員が一度はかならずお供できる勘定だ。そして誰も帰国しないですむことになる」

頑固な連中もこの妥協案には賛成した。それでも昭武の随員は全体で十一人になった。

九月五日。一行はスイスのベルンで大統領に謁《えっ》した。そして数日同国に滞在して、観兵式、武器庫、時計工場、電信機製造所などを見学した。

ところで『航西日記』によると、一行はベルンから湖水を渡ってジュネーヴへいっている。

「湖上瑞西《スイス》第一の高山モンブラン（白山という意なり）を望む。夕陽に映じ、もっとも壮観なり。およそ八九里にして、夕七時ごろジュネーブへいたり、メトロポールという客舎に宿る。」

余談にわたるが、栄一の三男で筆者の兄渋沢正雄《まさお》は昭和十一年（一九三六）にこのメトロポールへ泊まった。第二十回の国際労働会議に使用者代表として出席したときの話である。するとホテルの主人が七十年前の記録を覚えていて、むかしこのホテルに泊まった最初の日本人一行の中に渋沢という人がいたが、どういう関係かとたずねた。そこで兄は親子だと答えながら、何か「因縁」とでもいったような一種の懐かしさを味わったそうである。

現在でもヨーロッパには歴史の鼓動が聞こえてきそうな、古い建物が数多く残っている。そしてそういう町に住む人の心には、昔をふりかえる落ちつきもまた残っている。国の新しいアメリカさえも、しきりに古い建造物を大切に保存している。それにひきかえ、東京は何と「生き残った歴史」の少ない都会だろう。そういえば後年の栄一は、史蹟保存などにもよく力をそそいだ。

九月十六日。昭武はオランダのヘーグで国王ウイルレム三世に謁見した。そして一行は軍艦造船所などを見学した。『航西日記』には「この国は各国と異なり、御国と年久しく和親を通じ、交易をなし、ついには信義を失わず。かつ千八百年の初、仏国那破烈翁《ナポレオン》に侵撃せられ、国はほとんど淪滅《りんめつ》し、東洋所々の属国にも本国の威権行われず、港々にもその国旗を建つるを得ざる程なりしが、わずかに本邦長崎港のみ依然国旗を掲ぐるを得たりしかば、永くこれを徳とし、常に御国の信義を忘却せずという。」

一行がベルギーへ立つとき、オランダ国王は国境まで特別仕立の汽車を出してくれた。

二十世紀後半に至って、すべての植民地政策は断末魔の苦悶をつづけている。この時代には思いもよらない事だったろう。

九月二十五日。昭武一行はベルギーのブラッセルで国王レオポルド一世に謁した。そして翌日から陸軍学校、薬品工場、製鉄所、ガラス工場、地理学校など数多くの見学をして、十月六日、再度国王に謁している。そして一行は九日にパリへ帰りついた。遠い異国の旅先であっても、住み馴れたパリの「仮御屋形《かりおやかた》」は、一応「わがや」という気持だったに違いない。

十月十八日。一行はイタリーへ立った。第二回目の旅行。フィレンツェ、ミラノ、ピサなど数都市を訪問して、議事堂、大理石工場、モザイック工場その他名所旧蹟を見物した。フィレンツェで国王ヴィクトル・エマヌエル二世に謁見したとき、昭武一行は勲章を贈られている。栄一も五等勲章をさずけられた。日本に勲章のない時代だから、日本人としては勲章のハシリを御馳走になった訳である。

十一月三日。一行はイタリーのリボルノ港で、満艦飾のイギリス軍艦に迎えられた。メイン・マストには日本の国旗がひるがえり、礼装した士官水兵が甲板に整列して、歓迎の奏楽と共に捧げ銃《つつ》。マストの上にも水兵が並んでいた。

十一月六日。マルタ島へ着いた。砲台からは礼砲がとどろく。一行は砲台、ドック、製鉄所を見学し、十一日にマルタを出発して十七日にマルセーユ上陸、翌日パリへ着いた。この航海中に軍艦のクランク・シャフトが折れて、帆で走るという事件などあった。

十二月三日。一行ロンドン着。第三回目の旅行だ。

『航西日記』はこう語っている。

「曇。この地秋より仲春ごろまで連日曇天、濛霧《もうむ》深く咫尺《しせき》を弁ぜず。（中略）白昼に街燈を点ず。寒威もっとも凛烈《りんれつ》たり。」

昭武はウインザー離宮でヴィクトリヤ女王に謁した。一行は議事堂、新聞社、図書館、大砲製造所、機械製造所、閲兵式、水晶宮、イングランド銀行、軍艦造船所などを見学している。

十二月十七日。全員小雨のけぶる朝のロンドンをたって、夜の七時にパリへ安着した。これでヨーロッパめぐりは首尾よく終ったのである。

どこの国も日本より遥かに高い文化水準に立って、たゆみなくそれぞれの特色を発揮していた。それは数世紀間の歴史が結晶した文明という宝石みたいに見えた。栄一は多忙な三カ月の旅行中、絶えずこの宝石の輝きにまぶしい目を見張ってきた。

これからいよいよパリ留学がはじまる。栄一は幕府へ通信するついでに、自分の断髪届を出しておいた。パリの生活にチョンマゲは不便だという理由である。そしてある日彼は髷を切り、和服や大小を廃した。かつての攘夷論者も、今はパリ仕立ての洋服を着るようになったのである。散髪は不精な栄一にとって、結局面倒がなくてよかった。感傷癖《へき》のない彼は大小を捨てても、格別感慨は湧かなかった。

20　三つの驚き

今まで一々書かなかったが、栄一の見学した文明の宝石は数限りもない。彼の若い感受性はそのつど躍動したことと思われる。しかし後年の彼は、それらの中から最も肝に銘じた三つの驚きを挙げている。

その第一は銀行家フロリヘラルドの指導で知識をえた、フランスの株式会社組織である。スエズからアレキサンドリアへゆく汽車の窓から見た運河工事を『航西日記』に、

「すべて西人の事を興《おこ》す、ひとり一身一個のためにせず、多くは全国全洲の鴻益《こうえき》をはかる。その規模の遠大にして目途の宏壮なる、なお感ずべし。」と書いた栄一は、パリでもそれを感じつづけたのである。

パリには沢山の銀行や会社がある。それらは大衆の金を集めて、大規模な営利事業を営んでいる。たとえ一人一人の投資額は少なくとも、数が集まれば巨大な金額にのぼる。会社という組織が「チリもつもれば山となる」を実現するのだ。そして組織の賢明な運営が、一国の産業を起こしながら利益を生む。その結果大衆の出した金が大衆を富まし、引いて国を富ましてゆく。これは栄一が日本に帰ってから「合本法《がっぽんほう》」と

称して着手した「株式会社」の種本だった。

栄一は昭武一行の会計をあずかっていた。最初は幕府から予定通り送られた旅費も、パリ留学をはじめるころから遅れがちになってきた。そこで栄一は経費の節約や不時の借金などに苦労した。そしてフロリヘラルドの配慮で、約二万両の金をフランスの公債と鉄道会社の社債にしておいた。ところがいよいよパリから引きあげるとき、社債が大変高くなっていたおかげで、一行は思いも寄らぬ利益を得た。栄一は驚きながら、つくづく便利な組織だと思った。彼の「合本法」なる観念に、生活体験としての実感が裏づけられたのである。

第二の驚きは栄一のすぐ手近に発見された。それはフランスに日本みたいな官尊民卑《かんそんみんぴ》のふうがない、という事実だった。

ナポレオン三世が銀行家フロリヘラルドと陸軍大佐ヴィレットを昭武の補佐役につけたことは前にも書いたが、この二人は任務の必要上、よく栄一の前で打合せをしたり、時には雑談をかわしたりした。士農工商という封建的階級制度のやかましい日本からきた栄一の目には、銀行家は「町人《ちょうにん》」で、陸軍大佐は「お武家様《ぶけさま》」である。日本ならこの二人は、同席さえ許されないほど身分に上下の差別がある訳だ。ところがパリにはそれがない。全然対等の応対である。ヴィレットも「お武家様」なるがゆえの無理は言わないし、フロリヘラルドも「町人」なるがゆえの卑下はしない。

栄一はビックリしながら、十七歳の秋を思いだした。「レジスタンス」の章に書いた、岡部村の陣屋の出来事である。そのとき階級制度の非を認めた栄一は、それから十一年の時が流れても、その結論に誤りはないと信じていた。それをパリでは銀行家と陸軍大佐が実演している。しかもこの二人だけではなく、どこへいっても封建的な階級の差などないのである。栄一はこれこそ正しい人間の姿だと思った。国が進歩発達するためには、社会全体がこうならなければウソだと痛感した。

それから九十年、いまだに「大臣」などという大時代な言葉を有りがたがって使っている日本は、官尊民卑を清算した国とはいえない。主権在民の国には不適当な呼称だ。

さて第三の驚きはベルギー国王レオポルド一世の言葉だった。二度目に謁見したときの話である。

そのときレオポルド一世は昭武がリェージュの製鉄所を見学したと聞いて、わが意を得たといわんばかりにこう語った。

「それはよい所を見学なさいました。およそ世界のどんな国でも、鉄を多く産する国はかならず富み、鉄を多く使う国はかならず強い。日本もこれから強くなるためには、大いに鉄を使わなければなりません。さいわい私の国は鉄を沢山に産しています。だから、あなたのお国で鉄を使われる場合は、ベルギーの鉄を輸入なさるがよろしい」

この言葉は栄一をめんくらわせた。「武士は食わねど高楊枝《たかようじ》」の国に生れ育った彼は、身分ある人が金銭や商売の話など口にしないのを常識と心得ていた。それだのに一国の王ともあろう人が、三段論法でセールスマンみたいな鉄の売りこみをする。これでよいのだろうか？　栄一は心の中でその是非を検討した。そして結局王の国家的商魂を是認した。王もまた国を代表する一個の人間だと思ったからである。

以上三つの驚きも、現在では当り前のことばかりだ。しかし、九十年前の日本人には珍奇な社会事象だったのである。それを大きな驚きとして感受した栄一の心のアンテナは、ほかの人より鋭敏な感度を持っていた訳である。やはり一種の「コロンブスの卵」だったと言えるかもしれない。

そのころ栄一はパリから、郷里の尾高新五郎にこんな手紙を送っている。むろん「候文」なのだが、ここでは現代の口語文に直して抄録しよう。そのほうが青年栄一の新鮮な感激をよく伝えると思うからである。

「……西洋の開化文明は、聞いていたより数等上で、驚き入ることばかりです。天下の気運とでも申すのでしょうか、到底人知の及ぶところではありません。（中略）私の考えでは、結局外国に深く接して長ずる点を学び取り、わが国のためにするほかはなく、以前の考えとは反対のようですが、いまさら日本が孤立《こりつ》することなど思いもよりません。あなたの御意見を伺いたく思います。

当地の物価が高いことは、日本の五、六倍です。しかし金融は自由自在で紙幣も流通し、正金《しょうきん》＊1同様に通用しています。（註　むろん当時の日本に銀行も兌換券《だかん》もなかった）世界の大勢は物価を一国内だけの相場にとどめてはおきません。外国と交際する以上は、外国で適用している金本位制にするより、日本の物価を安定させる道はないと考えます。

文物《ぶんぶつ》の富《とみ》、器械の精《せい》は、かねて聞き及んではいましたが、その実際を見て一段と驚きました。また人が道に落ちているものを拾《ひろ》わず、通行人が道をゆずり合うゆかしさなども、実際のことです。そして水や火を使う便利《べんり》な仕掛にはビックリしました。パリの地下はすべて水と火の道です。火はガスといって形なくして燃え、火炎《かえん》が実に清明で、夜も満面を照らして昼間のようです。また水は全部噴水《ふんすい》で、町のところどころから吹いています。その水をそそいで道路のホコリをしずめます。そして家は七、八階、たいがい石造で、座敷の壮麗なことは公侯のすまい以上です。婦人の美しいことは実に雪のごとく、玉のごとく、普通の婦人でさえ、楊貴妃や西施《せいし》（註　昔の代表的中国美人）にも負けないほどです。これは博覧会にきている、日本や支那の二、三人と比べて、論のきまったところです。何もかも、ただ歎息することばかりです」

このヨーロッパ文明に圧倒されたような辞句が、わずか四年前「外夷の畜生共を残らず踏み殺し」という「神託」に血をわかした栄一の正直な実感だった。そしてそれを受取った「神託」の筆者新五郎も、以前とはまるで考えが変っていた。彼は栄一の「外国に深く接して長ずる点を学び取り、わが国のためにするほかはなく」の一点に同感と希望を寄せたのである。結局、新五郎も栄一も順応性に富んだ青年で、破壊よりは建設に向く性格の持主だった。

新五郎はこの手紙を持って「中の家《なかんち》」に出かけ、解説を加えながら異国の様子を披露した。しかし四年も夫と別れている妹の千代には「婦人の美しいことは実に雪のごとく、玉のごとく」以下をボカシて話したかもしれない。

そのころ「中の家」にも、パリから手紙と写真がとどいた。写真というものが珍しい上に、チョンマゲを切った栄一の洋服姿はなお珍しかった。千代は変り果てた夫の姿をあさましがって、人に見せまいと秘し隠しにした。それを新五郎はこう説きさとした。

「外国の事情を知るには、その国の人と親しくなるのが何より肝心だ。外国人の中で侍姿などしていては、誰も打ちとけた交際をしてくれまい。それでは外国へいった甲斐もなくなる。姿はどんなに変っても、心は日本の篤太夫さんに間違いない」

せまい村のことだから、こんな噂はすぐ伝わる。ところで近所の親類に、かねがね栄一をよく思ってない老人がいた。田舎の老人らしく精神的動脈硬化症だった彼は、とかく栄一の進取的な言動に難癖をつけていた。口も八丁、手も八丁の青年が小生意気に見えて、虫が好かなかったのだろう。この老人がパリだよりの噂を聞いたからたまらない。彼は得たりとばかり、こんなことを村中に言いふらして歩いた。

「幕府を倒すなどと大きなことをいった栄一が、一つ橋の家来になるさえあるに、間もなくノメノメと幕府の家来になってしまった。いくらエラそうな口は利いても、やはり命は惜しいものと見える。ところがこんどは攘夷を唱えた男が夷狄の国へ渡り、マゲや大小まで捨てて夷狄の風俗を有りがたがっている。どこまでシャアシャアした男だろう」

この悪口が「中の家」へ反射してくるたびに、千代は身を切られるように感じた。しかし兄の新五郎は、それをこう慰めるのだった。

「篤太夫さんの国をよくしようという心に変りはないが、一貫したその心も、時勢の変化につれて姿を変える場合はある。それをとやかく言う者には言わせておくがよい。大きな鳥の目ざす大空の高さは、村すずめなどに分かりっこない」

純潔一辺倒の節操論から見れば、この老人の非難もある程度は当っていよう。しかし栄一の心境は「地下運動」や「水を得た魚（上）」に説明しておいたから、ここでは略す。ただどんな場合にも何か事をおこせば、どこかにケナス人の現われるのが世の常である。

（**思い出**　晩年、父は私にこう語ったことがある。

「ワシは子供のときから意地っ張りだったから、何か困難な事にぶつかると、ここで失敗してまたあのイヤな親類に後ろユビをさされてなるものかと、いつも自分をはげましてきた。だから結果的に見れば、絶えずワシを親切に誘導してくれた新五郎さんより、この意地悪な親類のほうがワシを人間的にみがいてくれた恩人だ、ということになる。——ここで父は微笑しながら——どうもワシは小さいときから、君子ではなかったね」）

＊1　貨幣としての金銀。

21　不安な帰国

　一行がヨーロッパめぐりをすませたころから、パリの新聞に慶喜が政権を返上したという報道がではじめた。「仮御館《かりおやかた》」内外の日本人はみなショックを受けながら「まさか」と思った。ヴィレット大佐までが虚報だろうと否定していた。しかし新聞はつぎつぎにこのニュースを発表してゆく。日本を立つ前から政変を予想していた栄一は新聞を信用して、昭武のパリ留学の前途を考え出した。

　翌慶応四年（一八六八）の一月に幕府から政権返上の通知がきた。また三、四月ごろには、鳥羽《とば》で幕軍と薩長軍が衝突したことや、将軍慶喜が大阪城を立ちのいて海路江戸に帰り、謹慎恭順《きんしんきょうじゅん》の意を表したという報も伝わった。海外万里の異郷に聞く祖国の一大変事は、「仮御館」の人々に言語を絶した打撃や心痛を与えた。

　かつて倒幕に熱中した栄一が、幕臣として国外で幕府の瓦解を聞く。その皮肉な運命に対する個人的感慨は深かったろうが、幕府の瓦解そのものについては十分心の用意が出来ていた。そこで彼はこう考えた。

　やっと十五になったばかりの昭武が、混乱の日本へ帰ったところで仕方ない。せっかくはじめたパリ留学を続けるのが一番賢明だ。といって潰れた幕府から送金のあるはずもなし、一行の貯《たくわ》えも十分ではない。栄一は父市郎右衛門に手紙を出して、相当額の送金を依頼した。昭武と随員三人ぐらいの留学なら四、五年はやってゆける目算が立ったからである。

　市郎右衛門はこの依頼を二つ返事で承諾した。律義で義俠的な彼はこう考えたのである。栄一は今家にいないが、つまりこの家の主《あるじ》だ。その主が私財を投じて主君の学費に当てたいという。世が変ったからこそ、いやしい百姓も貴人のお手助けが出来る訳だ。何を惜しむことがあろう。たとえ田地や家を売っても金は調達する……封建時代の庶民的善意の躍動だ。この父にしてこの子あり、この子にしてこの父ありというような話である。

　四月十三日にとうとう朝廷の帰国命令がきて、一行は今さらのようにあわてた。栄一は外国奉行と相談して、昭武の留学継続や随員ならびに幕府留学生の帰国を準備しはじめた。すると、つづいて水戸家の当主[*1]の訃報と共に、昭武の相続決定が伝達された。そのため昭武は至急日本へ帰らなくてはならなくなった。市郎右衛門の送金も不要になったのである。

　あわただしい帰国を前にして、栄一が会計や人事の処理に骨を折ったことは一ト通りでなかった。それに関してはこんなエピソードもある。

　当時幕府の留学生はロシアに四人、フランスに八人、イギリスに九人いた。徳川の倒れたために、彼等は屋根の上で梯子《はしご》をはずされたような形になった。ロイドという イギリス人が船賃横浜払いで、喜望峰廻りの貨物船に乗せて帰そうという手配をした。しかしそれでは横浜へ着いても、船賃を払わない限り上陸出来ない訳だ。そして誰も支払いの責任者はいない。第一人間を荷物扱いするのは日本の恥だ、と栄一は考えた。そこで昭武の金を一万円近くも流用して、マルセイユから客船で帰すことにした。そのため二十人からの青年をパリの「仮御館」へ呼びよせた。そして広間を片づけて出帆までの宿泊所に当てた。

するとその連中が人をフロアー（床《ゆか》）に寝かすとは豚あつかいだと苦情を言いだした。それを聞いた栄一はムッとしながら刀をさげて、いきなり広間へ怒鳴りこんだ。

「お国の一大事で送金のとだえた今日、旅費がどんなに大切かぐらいは諸君も知ってるだろう。その中から民部様の大金をさいて客船で帰すのは、私の独断による心尽くしだ。諸君を豚あつかいどころか、荷物あつかいにしては、結局お国の恥だからである。

留学といっても、ただ専門知識を学ぶだけが能ではあるまい。祖国の大動乱を知りながら、ささいな日常の不便にすぐ不満をいうような、そんな思慮の浅い人間を作るために、日本は苦しい中から留学生など派遣したはずはない。私は日本のために嘆きます。

よしんば、どんなよいベッドに寝られても、今は臥薪嘗胆《がしんしょうたん》の気持があって然るべき時だ。諸君ももともとベッドの上で生れやしまいし、わずかヨーロッパ風に吹かれたぐらいで、フロアーの上もないものだ。それほどフロアーがいやなら、すぐ出ていってもらいましょう」

激しくタタミかける栄一のケンマクに、学生たちは一言もなく恐れ入ってあやまった。その叱られた中には後年の外務大臣林董《ただす》や、帝国学士院会員、貴族院議員菊池大麓《きくちだいろく》もいた。菊池は十四歳、林は十九歳、そして栄一は二十九歳。林はよく晩年の栄一に、

「あのときの小言は実に猛烈だった」と言い、栄一も「グズグズいったら、ハリたおすつもりだった」と答えて笑い合ったそうである。

明治元年十月十五日（旧暦八月三十日）昭武一行は文明の首都パリに別れをつげた。一年半にわたる生活が懐かしく思い出されて、名残りは尽きない。一行の帰りつくべき祖国は今暴風雨《あらし》の最中だ。すべての予想が不安に結びつく。日本は？　徳川家は？　そして親戚知友の安否は？　また、自分の前途は？……一行全員がこの不安に引きずられながら、一歩一歩文明社会に背を向けていった。

船が香港へ寄航したとき、栄一は会津落城の報を聞いた。また榎本武揚《えのもとたけあき》が幕府の軍艦数隻をひいて、函館に立てこもったという話も聞いた。

最初パリで鳥羽戦争の報道に接したとき、軍事には門外漢の栄一も、幕府の戦略のまずさに腹を立てた。兵庫神戸など咽喉の地を押さえないでただ大阪だけを守り、その上京都へ出兵して「朝敵」の汚名を受けるなどは沙汰の限りだ、と思ったのである。だから榎本武揚が北の果ての函館に海軍を結集したというニュースも、栄一には納得のいかない戦略だった。

するとが上海へ着いたとき、栄一は思いがけなく知人長野桂次郎《ながのけいじろう》の訪問を受けた。スネールという外国人がいっしょである。スネールは会津藩に抱えられたドイツ人で、会津落城の前に、上海へ銃を買いに来ていたのだった。長野は栄一にこう説いた。

「前将軍は政権を返上して謹慎しておられるが、幕府の強力な海軍は函館に集まっている。もし民部公子が、ここから函館へお廻りなされば、幕軍は総大将に前将軍の弟君《おとうとぎみ》を迎えて士気がふるい立つ。その上スネール君は鉄砲や弾薬を十分供給してくれるというのだ」

「香港で会津落城と聞いたが本当か?」栄一が言葉をはさんだ。

「まだ確報はない。しかし万一落城しても残党は多い。武器さえあれば、薩長などに負けるものか。勝てば官軍だ。民部公子を函館へお連れするよう、君も一肌ぬいでくれ!」

しかし栄一はキッパリ拒絶した。今さら函館に立てこもったところで、無名の軍にすぎない。昭武を戦争の渦中に巻きこむことは、慶喜の苦衷を踏みにじる以外に何の効果もない旨を力説した。そこで長野もスネールもスゴスゴ帰っていった。栄一は日本に近づくにつれて、維新の暴風雨を直接皮膚に感じた。

さて一行は陰暦十一月三日（陽暦十二月十六日）に横浜へ着いた。ところでこの慶応四年は、八月二十七日に明治天皇の即位があり、九月八日には明治と改元され、江戸も東京と名を改めていた。だから昔と同じなのは暦《こよみ》ばかり。これは明治五年になってから詔書《しょうしょ》で太陽暦の採用が公布され、同年十二月三日を明治六年一月一日と定めたのだった。

横浜は二年前と同じ姿でありながら、征夷大将軍の弟として花々しく見送られた徳川昭武も、今は朝敵の片割れとして冷たく迎えられた。明治政府の役人が一行の身元などを権柄《けんぺい》ずくで取調べる。おかげで出迎えにきた旧家臣の心尽くしが余計侘びしく身にしみる始末。見るもの聞くものが不愉快の種だ。かつて倒幕を志した栄一も、幕臣としてこうした祖国の変貌に会えば、「国破れて山河あり」という杜甫《とほ》の詩が、肉体的な実感として胸に迫るのだった。

昭武は水戸藩の家臣と東京へ向かったが、栄一は船から荷物を受取ったり、事務の跡片付をしたりで、その晩は横浜にいる友人の家へ泊まった。動乱の噂話は栄一の耳を強く刺激したが、二年ぶりで畳の上に坐って食べる日本食は、何とも言えないうまさ、うれしさだった。むろん彼の口からは、ヨーロッパ文明の土産話がいきいきと語られた。

〈思い出〉　このとき父がフランスから持ち帰った土産物の中で、後年まで保存された品に一箇の石鹼《せっけん》があった。数多くの同類は父の知友に配られて、たった一つだけが家に残ったのかもしれない。私がそれを見たのは昭和十五、六年だったろうか。薄緑の褪色《たいしょく》したらしい白っぽい肌がザラザラに荒れ、コチンコチンにひからびている感じだった。恐らく湯につけても泡は立つまい、と思われるような風貌だった。石鹼も七十五歳以上になれば、色も香もうつろうのである。

一体明治生れの人間は小さいときから石鹼のことをシャボンと呼び馴《な》れてきた。これはフランス語のサヴォン（savon）を訛《なま》った呼び名なのかもしれない。またマルセル石鹼という呼び名もあった。これはマルセイユ（Marseille）石鹼の訛《なま》ったもので、とにかく石鹼はフランスが本場というような気がしていた。

ところで父のパリ土産のシャボンには「ナポレオン三世アンペラトリス御用品」といったような注釈がついていた。日本ならさしづめ「皇室御用品」という格である。ナポレオン三世のアンペラトリス（皇后）ウージェニは目のさめるような美人で、ナポレオン三世が大統領時代にエリゼの接見式で一目見たとたんに恋のトリコとなり、帝位につく早々皇后にしたと伝えられている。だからこのシヤボンの同類にはパリのチュイルリー宮で、皇后の雪の肌に泡立たせた果報者もいたかもしれない。

ナポレオン三世が失墜してから何年もあとの話だというが、たまたまパリに出てきたウージェニが昔恋しさの余り、旧居チュイルリー宮の門内へはいろうとしたら、元の皇后を知らない門番にスゲなくハネつけられたという話を聞いたような気もする。そういえば父が不安な帰国をした当時の日本は、それこそ斜陽族、日没族の多量生産時代だった。

話は兄の正雄が中学生、私が小学生だった明治三十四、五年時代に飛ぶが、ある日飛鳥山《あすかやま》の家で、兄は父がフランスから持ち帰ってきた古いピストルを発見した。骨董品みたいに古色蒼然《そうぜん》としていたので、部屋の一隅をねらって引金を引いたところが、ゴウゼンたる響きと共に弾丸が壁をつらぬいた。兄もそばにいた書生もそれこそビックリ仰天した。よくやる冗談で、もし書生でもねらっていたら、それこそ大変だったたからである。

あとでこの話を聞いた母は、だれにも怪我のなかったお礼に、鎮守さまと邸内にある神社へお参りしなさいと言いつけた。しかし夕方食卓についたとき、兄は庭の裏にある第六天の祠《ほこら》だけ忘れていたことを母に告げたので、母はこういった。

「じゃすぐいっといでなさい。一軒だけ抜きにしちゃ、第六天さまだって気を悪くなさるよ」

するとと父は笑いながら、

「食事のあとでいいじゃないか。神仏ともあろうものがそんなことで気を悪くするものか。火事見舞のお礼まわりじゃあるまいし、……」)

＊1　徳川慶篤。水戸藩十代藩主。

22　あらしの足跡（上）

「野分《のわき》のまたの日こそ、いみじう哀れにをかしけれ」

維新のあらしも九十年後にふりかえれば、清少納言《せいしょうなごん》の言葉通り、吹き倒されたもろもろのものに趣きを感じる。しかし当時の人々には、そんな客観的余裕はなかった。栄一も旅行の残務整理で東京横浜を何度か往復した。

そして十一月二十三日に、国から出てきた父市郎右衛門と神田柳原の武具商梅田慎之助宅で会った。海外万里の旅や維新の大動乱を中にはさんで、久方ぶりに対面した父と子は積る話が尽きなかった。

中《なか》の家《うち》はみな無事だった。しかし戸田の原で飛脚をあやめた尾高長七郎は、栄一の留守中に牢を出されて帰宅したが、やはり留守中に病死していた。またその兄尾高新五郎は渋沢喜作たちと徳川の無実の罪を天下に訴え、同士と「彰義隊《しょうぎたい》」を組織して上野の東叡山に立てこもったが、あえなく官軍に攻め落とされた。そして新五郎も落武者《おちむしゃ》となって諸所を転々と逃げ歩いたあげく、やっと故郷へたどりついていた。

喜作は意見の対立から彰義隊を去り、別に「振武軍《しんぶぐん》」なる一隊を結成して飯能で官軍と戦った。だが、やはり戦いに敗れて、彼は函館の幕軍に投じたという話だった。

ところでこの振武軍には、栄一の養子渋沢平九郎も加わっていた。今でもその出陣前に写した写真が残っている。それを見ると、彼は眉目秀麗のキリッとした美丈夫である。たぶん二十二歳のときの写真らしいが、紋付袴《もんつきはかま》で腰に小刀《しょうとう》をたばさみ、杖《つえ》のように立てた大刀《だいとう》の上に軽く左手をのせながら、右手は下にさげて、その先に開いた白《はく》扇《せん》を持っている。なかなかサッソウたる立ち姿の全身像だ。どう見てもチャンバラ映画の若手人気俳優ぐらいの男前である。ただしこのイデタチは役者の扮装ではない。彼は身も心も正真正銘の侍だった。

手許《てばか》村の尾高が雑貨商を営んでいたことは前にも書いた。だから家にいたころの平九郎は、ときどき店に出て客に接した。彼の男前は近村にまで聞こえていたから、彼が店に出る日は若い娘たちが争って糸や油を買いにきたという。尾高一家にそんな意図はなくても、平九郎は結果的に店の看板息子だった訳である。しかしこの看板息子は文武両道に秀でた温厚な模範青年で、浮いたウワサなどミジンもなかった。

栄一の洋行するとき彼がその養子となって江戸に移り住み、幕府の禄を食《は》む身となったことも前に書いた。そこへ明治維新の動乱である。武士道精神に生きるこの青年は、徳川への臣節を重んじて彰義隊に加わった。そして、さらに喜作と共に振武軍へ転じたのである。

平九郎は家を出発する日、障子に墨《すみ》くろぐろと次の文字を書きのこした。

「楽人之楽者憂人之憂、食人之食者死人之事」（人の楽しみを楽しむものは人の憂《うれ》いを憂い、人の食《しょく》を食《は》むものは人の事に死す）

また「たらちねの親の恵みを今ぞ知る、赤き心をうけしと思へば」という歌も詠んでいる。この二つから見ても、平九郎が青春の熱情を何の迷いもなく、封建的な忠節にほとばしらせる忠臣孝子型だったことはわかる。

飯能の敗戦で五百人の振武軍はチリヂリになった。味方にはぐれた平九郎はたった一人、四里ほどの道を峡谷ぞいに登って、顔振峠《かおふりとうげ》の上へ出た。青葉の底から湧きあがる蟬《せみ》しぐれが、峠路《とうげじ》の静寂を領していた。見ると戸を半分しめた茶店が一軒あって、中に一人の老婆が薄暗く坐っていた。平九郎は用心深くあたりを見まわしたが、敵兵の気配《けはい》もない。彼は茶店にはいって、思わず「つかれた」とつぶやきながら、ドッカリ店先に腰をおろした。すると老婆が渋茶をついで持ってきた。

暑さの中を戦いつかれ、歩き疲れてきた平九郎に、その渋茶はうまかった。老婆は二杯目をつぎながら、彼に人なつっこく話しかけた。むろん彼は身柄を悟られないように受け答えをした。しかし老婆はこのりりしい青年を、幕府方の落武者と察した。小具足《こぐそく》をつけて四布袴《よのばかま》をはき、腰に大小をさした平九郎の姿は、一目でそれとわかるのだった。

秩父《ちちぶ》大宮も川越も越生《おごせ》も官軍で一杯だという噂を聞いていた老婆は、この若武者の行く先が心配でならなかった。末頼もしそうな蕾《つぼみ》の花を、ムザムザ散らすには忍びないのである。幕府びいきらしい老婆はムキになって、官軍の知らない間道を教えてくれた。しかし平九郎は取りあわなかった。

「ワシはそんなものではないのだが、そう見えるかな」とソラっとぼけていた。たまりかねた老婆は、せめて人目につく腰の物だけでもとってゆきなさい。縁の下へ大事にしまって置いて、いつでも返してあげますからといった。その親切が身にしみたのだろう、平九郎は大刀だけ預けると茶代を払ってそこを出た。蜩《ひぐらし》が物悲しく鳴きかわす彼方《かなた》に、武甲山《ぶこうさん》が壮《さか》んな西日を浴びていた。

平九郎は途中で小具足と袴を脱《ぬ》いで風呂敷に包んだ。そして尻《しり》っぱしょりに空脛《からすね》を出したまま素足で歩いた。腰の小刀は、上に風呂敷包みをからげて隠した。今は木にも草にも心を置く落人《おちうど》である。蜩の声が少年時代への郷愁を誘って、切《せつ》ないまでに両親や同胞《きょうだい》を恋しがらせた。生きて再びわが家に帰りつきたい。だが泥棒猫みたいな逃げ隠れはいやだ。彼は老婆の教えた間道を選ばなかった武士の意地に、誇りと悔いを併せ味わいつづけた。

顔振峠から北へ半里、黒山という村にさしかかったとき、平九郎はギクリとした。官軍の斥候兵とおぼしい三人の人影を見たからである。彼等はツカツカ近寄ってくると、中の小頭《こがしら》らしい男が鋭く声をかけた。

「こら、貴様どこへゆく？」

「ワシはこれから宮《みや》へ帰ります。宮の者だで……」平九郎は努めてさりげなく答えた。

「宮とはどこだ？」部下の一人がたたみかけてきた。

「大宮のことです。ワシは秩父大宮の神主の息子です」

「どこへいってきた？」

「用事があって南へいった帰りです」

「そのほう飯能から来たな？」小頭がけわしい目つきでこうカマをかけた。

「いいえ、飯能からでは……」平九郎はトッサにこう否定したが、一瞬、図星をさされた周章の色は隠せなかった。

「ソレ、脱兵《だっぺい》だ！　縛《しば》れ！」

三人がバラバラっと肉迫してきた。平九郎は一歩しりぞいて片膝つくと、

「ウン、脱兵ならどうする？」

名のりかけざま、小刀を抜く手も見せず小頭へ。不意を打たれた小頭は左腕を切り落とされて、血けむりもろともギャッと倒れた。

「山にはまだ六十人の同士がいるぞ！」

平九郎は大音《だいおん》にこう叫んだ。勿論ウソである。目前の敵に対する威嚇と、敵軍のその後の捜索を徒労に終らせようとする策略だった。

そしてこう叫ぶなり、彼は小銃をかまえた兵に躍りかかって一ト太刀《たち》あびせた。そのとたん、もう一人の兵が背後から平九郎の右肩へ切りつけた。切られながらも彼は振りかえりざま一ト太刀むくいると、返す刀を小銃の兵へ振りおろした。しかしその兵が切先をさけながら撃った弾丸は、平九郎の腿《もも》をつらぬいた。それにも屈せず、血みどろの彼はもう一人の兵に刀を振りかぶった。その形相に恐れをなした二人は、倒れた小頭を残したまま逃げさった。

　右肩と腿に深手《ふかで》を受けた平九郎は、道ばたの巨石へたどりついて腰をおろした。そして二十二歳を一期《いちご》に、武士らしく腹かき切って相果てた。明治元年陰暦五月二十三日の夕方だった。陽暦七月十二日に当るこの日、パリの栄一は何も知らずに、こんな日記をつけていた。

「朝御《お》乗切《のりきり》（註　昭武の乗馬）コロネル御供。（中略）夜山高石見守罷出る。夜雷気無雨」

　まもなく最前逃げた兵が同勢を連れて引っ返してきた。小頭にはまだ息があったが、恐ろしい脱兵はもうこと切れていた。そこで彼等はその刀を隊長川合麟三にとどけた。この官軍は芸州藩神機《しんき》隊の斥候《せっこう》*1だった。

　平九郎の死骸は村人の情《なさけ》で、誰ともわからないまま黒山村の全昌寺に葬られ、仮りに「大道即了居士」という戒名まで与えられた。そして村人はいつも茶のみ話に、この無名戦士を「脱走のお勇士さま」とあがめていたそうである。後年、平九郎の小刀も、峠の茶屋に預けた大刀も、また自家の障子に書きのこした文字も、めぐりめぐってみな栄一の手元に届けられたという。いかにも明治らしい人情のこまやかさを物語る話だ。

わずか九十年前の日本では、正直者が馬鹿を見るどころか、こうしてムザンに命を落としていったのである。「すまじきものは宮仕え」から「持つまじきものは戦力へ」と歴史は移行した。もし平九郎の若い情熱が平和の道へ方向づけられれば、それは立派な建設の糧《かて》ともなったであろう。丁度、原子エネルギーを爆弾でなしに、文化的動力として使うような理屈かもしれない。

（**思い出**　父は平九郎の壮烈な最期が痛ましくて、いじらしくてならなかったのであろう、後年自分の墓地に石碑を立てて、例の「楽ム二人之楽ミヲ一者ハ憂フ二人之憂ヲ一、食ム二人之食ヲ一者ハ死ス二人之事ニ一」という辞世の句を、筆跡通りに刻ませた。いきおい私たちは中学時分から墓参のつど、この漢文を読んでいたわけである。するとある日親戚の茶目な一人が後半の文句を、これは食人種の食物は死人のことだ、という意味に取れると言って私たちを笑わせた。

平九郎の切腹に対しては何とも申訳のない冗談だが、明治の前と後ではそれほど世の中が一変したのである。そして一般大衆は有能な少数人の苦難や犠牲によりかかりながら、それぞれの生活に幸福の限界を広めてきた。そういえば近代文明とは、特に科学的な面で、知恵のない大衆が知恵のある少数人の労力に、心おきなく寄食しているみたいな制度である）

ここで話をフランス帰りの栄一にもどそう。梅田慎之助宅で市郎右衛門からこの話を聞いた彼は、養子平九郎の壮烈な最期に、逆縁の悲しみを胸の痛くなるほど味わった。しかし多忙な彼は私事にかまけてはいられない。海外旅行の残務が山積している。

最後に市郎右衛門がこう聞いた。

「幕府の倒れてしまった現在、お前は一体どうしてゆくつもりだ？　お前が家を出たときからもう我が子ではないと、諦めているから、将来のことをとやかく指図する気はないが、もし衣食に事欠くようではと思って、多少の金は用意してきたが……」

父親の温情に栄一の眼頭《めがしら》は熱くなった。しかし彼は京都でもパリでも倹約を旨としたおかげで、小額ではあるが蓄えも出来ているからと固辞した。そしてこう言葉をつづけた。

「今さら函館へいって脱走兵に加わる気もありません。また、新政府に媚《こ》びを呈して仕官する積りもありません。これから前将軍の隠棲しておられる静岡へいって、生涯を送ろうと思います。しかし、いわゆる無禄移住と称して静岡藩にころげこみ、その実は同藩の厄介になるような、旧旗本連《はたもとれん》の真似は断じてしません。静岡で何か生計の道を立てた上、余所ながら慶喜公の前途を見守ってゆく考えです。が、その前に一度家へも帰ります」

市郎右衛門は満足そうにうなずいて帰郷した。そして十二月一日に栄一も六年ぶりで「中の家」へ帰った。遠い異国の空で心を痛めた維新の大動乱も、東京を離れるにつれてその足跡は薄れてゆく。懐かしい故郷は昔ながらの姿で栄一を迎えた。広々とした田畑も、遠い山々も、鎮守の森も、そして村の家々も……

栄一一家の喜びは言語に絶した。母おえいも妻千代も、うれし涙に泣きぬれた。娘宇多はもう数え年の六つになっていた。生れて初めて対面した父親にハニカミを見せるイタイケな姿。そのハニカミを解きほぐそうと努める父親の笑顔。こうした一家団《だん》欒《らん》こそ、千代がどんなに待ちこがれた一瞬だったろう！

「栄さんがフランスから帰ってきた。」

親戚知友もゾクゾクたずねてくる。栄一の口から語られるヨーロッパや東京の話は、血洗島村に新時代の息吹《いぶき》を吹っこんだに違いない。こうして栄一が故郷に滞在した二、三日は、夢のように過ぎさっていった。

＊1　敵情をひそかに探る兵。

23　あらしの足跡（下）

また東京へ出た栄一は、旧一つ橋藩の小石川邸（現在の後楽園はこの庭園の一部）や、神田小川町の静岡藩出張所へゆく用事が多かった。薩摩の西郷隆盛と接渉《せっしょう》して、江戸城を平和裡に明け渡すことに成功した勝麟太郎は静岡藩の元老だったが、その彼に面会したのもこの時である。勝は栄一から徳川昭武のパリ留学の模様を熱心に聞いた。また、フランス、イギリス、イタリー、オランダ、ベルギー、スイス諸国の接待ぶりなどもこまかにたずねた。そして、昭武の水戸家相続の事情や、維新前後の政治情勢を説明してから、

「キミの留守中にこんなことになったが、これも平生の油断からだ。要路にいる者はよく考えなければならない」と結んだ。栄一は勝が時勢を明察する力に富み、政治的手腕もある人だという印象を受けた。

ある日栄一が水戸藩の小石川邸から出てくると、二人の供を連れた立派な武士に、

「渋沢君ではないか、片目でよくわからないが……」

と声をかけられた。京都時代に懇意だった松本暢という片目の友人である。明治政府に仕えていた彼は、いま役所からの帰りだから、家へ来て泊まらないかと誘った。

そこで栄一も気軽についてゆくと、元旗本屋敷だったという松本の家は立派で広かった。しかも書生を三、四人も置いて豊かに暮らしているらしい。彼は栄一に将来の方針など聞いたが、栄一は新政府に仕える気はないと答えた。

また、中井弘蔵という栄一の旧友も新政府に仕えて、相当の地位についていた。世間は現金に古いものを捨てて、新しい人を呼び迎えているのだ。ある日栄一が用事で横浜へいったときも、偶然道連れになった知人山中隣之助《やまなかりんのすけ》は彼にこういった。

「あなたはヨーロッパ帰りだから、きっと新政府に重用されて栄達なさるでしょう」

これが当時の常識だったのである。しかし栄一は、

「いや私は断じて新政府には仕えません。自分でバンクをやるつもりです」と答えた。

だが山中には「バンク」という言葉が何の事だかわからなかった。そんな新知識を仕入れてきた栄一も、身の振り方に関する心情は古風でウエットだった。征夷大将軍から朝敵に追い落とされた徳川慶喜が痛わしくてならないのである。観念的にも、実感的にも、彼は旧主に心中立てをしたい気持で一杯だった。

栄一は丹念綿密の性質だから、昭武の旅費一切を明細な書類にまとめあげた。それは日常使用した茶碗や茶托《ちゃたく》の数まで狂いのないほど正確なものだった。その会計書類に残金二万円ばかりと種々の現品を添えて、静岡藩の勘定組へ届けた。明治元年の十二月下旬だった。そのとき栄一にはもう一つの任務があった。それは昭武からの手紙

を慶喜に手渡し、この不遇な兄に弟のヨーロッパ生活をくわしく報告した上、こんどは慶喜からの返事を水戸の昭武へ持ち帰って、兄の近況をこまかに伝えるという使命だった。宝台院《ほうだいいん》という寺に謹慎中の朝敵慶喜は、洋行帰りの弟に会うことも遠慮しなければならなかったのである。

ある晩栄一は宝台院へいった。ひどく粗末な古寺で、通された部屋も狭くて汚なかった。シーンと静まり返った寒気が膝《ひざ》から這いあがってくる。出された火鉢にも火種はとぼしい。ほの暗い行燈の火影《ほかげ》が、ときおりスキマ風にまたたいた。それは幽居《ゆうきょ》のわびしさを、一点に凝結させたような燈火《ともしび》だった。

「これが前将軍のお館《やかた》なのか！」

栄一は感傷的な気分をどう紛らす術《すべ》もなかった。と、障子があいて、影のような人がはいってきた。栄一は慶喜の側近が自分を主君の居間《いま》へ案内しにきたのだと思った。しかしその人影はションボリそこに坐った。よく見ると、それが慶喜その人だった。気のせいか、大変なやつれ方である。栄一は思わず畳に平伏した。このときばかりは、不覚の涙が止め度もなく頬を流れた。

「こんな情《なさけ》ないお姿を拝《はい》そうとは……何と申上げてよろしいか……」栄一は声を詰まらせた。しかし心の静まるのを待って、彼はかねがね疑問に思っていた鳥羽伏見の戦争を、

「何とかほかに手の打ちようはなかったのでしょうか？」と口に出してしまった。「今さら過ぎ去ったことを兎《と》や角《かく》申しても詮方《せんかた》ない。今日はそんなグチを聞くために会うのではないはずだ。民部のフランス滞在中の様子を聞くためではないか」

慶喜の声は静かに澄んでいた。国家の大所高所から徳川一門や我身《わがみ》を捨てた人の心が、月光のように沁みてきた。栄一はハッとわれにかえって、ヨーロッパ旅行の話をくわしく報告した。むろん慶喜も興味深げに聞き入ってくれた。それは謹慎中の彼にとって、何よりも心の慰められる土産だっただろう。

その翌日から、栄一は慶喜の返事を心待ちに待った。しかし何の音沙汰もない。そこで静岡藩の勘定頭平岡準蔵《ひらおかじゅんぞう》に催促すると、慶喜公の御返事は別の使者を出して水戸の昭武様へお届けするから、足下《そっか》が持ってゆく必要はない。足下には静岡藩で何か役目を申しつけるらしいから、ここに残って御沙汰を待つように、とのことだった。正直な栄一は、それが癖《くせ》のムカッパラを立てて、平岡やその他の役人に当りちらした。

「将軍様などというものは、兄弟の情愛さえないものと見える。弟御《おとうとご》の海外旅行にお供してきた拙者が兄君《あにぎみ》にその模様を申し上げ、それに満足なさった兄君の御様子を弟御に復命してこそ、御兄弟のお心持ちが通じ合うわけだ。それを返事は別の使者に届けさせるから、お前はここに残れとは何事だ！　そんな人情のない御沙汰をどうにも出来ない家来《けらい》も家来だ」

言いたいだけいって、栄一はさっさと旅宿へ引きあげてしまった。すると翌日中老大久保《おおくぼ》一翁《いちおう》から呼び出しがきた。そして彼は栄一にこう語った。

「キミは非常に立腹してケシカランことを言ったそうだが、こんどの御沙汰は君公御自身のお取りはからいだ。これは決してわれわれの責任のがれではない。

慶喜公はこうおっしゃるのだ。民部は渋沢を心から頼りにしている。もし渋沢が返事を持って水戸へゆけば、民部は彼を手元に置いて、重く用いるに相違ない。ところが水戸藩士は兎角党派心や猜疑《さいぎ》心が強い。渋沢が役に立てば立つほど怨みを買って、どんな災難に会わないとも限らぬ。だから彼はこのまま当地に留めおくがよい、というおおせなのだ」

栄一はトッサに顔もあげられなかった。浅はかな独り合点と、はしたない暴言を深く恥じながら、慶喜の恩情を身にしみて感謝した。なるほど栄一の恩人平岡円四郎も水戸藩士に暗殺されたし、後の用人筆頭原市之進も同じ運命を辿っていた。

民主主義の社会に君臣などという人的関係はなくなった。しかし人間の生きてゆくかぎり、師弟とか先輩後輩とか上役下役とかのあいだには、慶喜と栄一の感じ合ったような友愛精神が表現形式を変えながら永遠につづいてゆくだろう。

〈思い出〉 昭和のはじめごろ、劇作家の真山青果《まやませいか》先生が父から慶喜公の話を聞きたいと言われたので、私は先生を父の家へお連れした。父は長時間熱心に語りつづけたが、その中に宝台院の一夜と後日物語も出た。真山先生は指先で幾度も涙をぬぐいながら傾聴しておられた。そして、話がすむといかにも満足そうに、「実によいお話を聞かせていただきました」と礼を言われたことを覚えている）

さて栄一は静岡藩から「勘定組頭」に任命された。しかし彼は不遇な主君の禄を食《は》む気にはなれなかった。一つには民間に殖産事業をおこしたいという念願もあったので、彼はその役目を受けなかった。のみならず藩を辞して静岡紺屋町に「商法会所」という会社をおこした。当時新政府は「石高拝借《こくだかはいしゃく》」という名で諸藩へ金を貸していた。維新の金融逼迫《ひっぱく》に備えて政府の発行した五千万両余の紙幣が、一向民間に流通しない。そこでそれを全国的に流通させるため、諸藩の石高に応じて新紙幣を貸付け、年三分の利子で十三カ年間に返却させる制度を設けたのである。そして静岡藩にも五十三万両ほどの「石高拝借」が出来ていた。

栄一は勘定頭の平岡準蔵をたずねて、この金の運用を相談した。その結果が「商法会所」となって現われたのである。会所の業務は商品担保の貸付。定期、当座預金。米穀、肥料の売買。製茶養蚕への融資などだ。いわば銀行と商事会社を兼営するような半官半民の会社で、資本金は藩の「拝借金」や個人の出資を集めたものだった。これで新帰朝者の新知識「合本法」も、いよいよ実を結んだ次第である。明治二年二月の開業だというから、たぶん日本で最初に設立された株式会社だったろう。栄一はこれを一つのモデル・ケースとして、日本に新しい営利事業をふやしてゆく考えだったのである。

ところで明治二年七月十五日の「明治新聞」に次のような記事がある。文中菱太夫とあるのは篤太夫の誤記だろう。これは栄一のことが新聞に出た最初のものかもしれない。

「静岡（駿府を云）よりの書中に、徳川民部大輔殿に附添帰朝の士の内に、渋沢菱太夫と申者フランス国に滞留の中、器物交易のため自分の手元へ二万両の利分をたくはへたり、猶此外に反物買入且彼地にて売残しの器物を日本へ持帰り候、是等はわづか計りの事なれども、先頃横浜に於て売払代金又二万両余に相成、前書の貯金と合て四万両余の金は全く自分の才覚にて得たる事に相違なし、然るに民部大輔殿手元へは暇を乞ひ静岡へ罷越、中将様（註　慶喜）へ御奉公いたし、右の四万両は駿州一円の難渋人へ施しとして分配し、自分は一銭も身に附ず、フランケットにて勤方勉強致し候よし、是誠に其君へ忠節他事なき所なるべしと云。」

こんな事実があったかどうかは知らない。それはともかく、この記事は文章も内容も稚拙で面白い。まだジャーナリズムがユリカゴの中で、パイクビをくわえているような感じだ。

明治二年の三月には、栄一も妻子を国から呼びよせて一家を構えた。そして商法会所頭取として業務にいそしんだ。ところが五月になると藩庁がこんな内意を伝えてきた。商法会所が藩の出資した金で商業を営むことは政府の主意に反するから、営業の実体はともかく名称を変えろというのである。そこで関係者一同協議の結果「常平倉《じょうへいそう》」と改名した。これは中国の漢時代からあった名称だそうで、商法会所が米穀貯蔵倉庫をこう呼んでいたのを、そのまま社名にしたわけである。

そのころ栄一も篤太夫という名を篤太郎に改めた。維新後は太政官達《たっし》で、太夫とか左衛門とかいう官職に属する名が禁じられたからである。太政官だとか参議だとかいう古い名称はそのまま使用していながら、個人の名前にまで干渉したのは中央集権的意図の余波だろうか？　フランス革命時代に旧来のモッシュー、マダムという敬称を廃して、シトワイアン、シトワイエンヌと呼ばせたほどの過去抹殺《まっさつ》意識はないまでも、新政府が時の流れを、いわゆる「旧弊」から「文明開化」へ導こうとした傾向の一例だったかもしれない。

〈**思い出**〉父からこんな笑い話を聞いたような気もする。そのころ父がある知人の家へいったら、座敷の床の間に口の大きな背の低い瀬戸物の瓶《かめ》がウヤウヤしく飾ってあった。瓶の一箇所には「つ」の字型の瀬戸の取っ手がついており、白色の表面には美しい花模様が描いてある。父はどこかで見たような陶器だと思っているうち、それがヨーロッパの寝室で使う便器ということに気がついた。

しかし知らぬが仏の知人は大マジメで「これは最近洋行帰りの友人から土産にもらった品ですが、あまり見事なので床の間に飾りました。一体何に使うものでしょう？　洋食でも入れるのでしょうか？」と、すましたものである。父は吹きだしながら、種あかしをしたという。文明開化の「舶来品」を有りがたがる話のハシリだったにちがいない）

その年の九月に謹慎をゆるされた前将軍慶喜は、宝台院を出て栄一のいた家へ移り住むことになった。世が世なら思いもよらないことだ。栄一一家は家を清掃して、教《きょう》覚《がく》寺《じ》という寺の客室へ引っこした。きっと栄一は旧主の身の上に、いっそう人間的な親しみを感じたことだったろう。

ある日東京の太政官から栄一に呼び出し状がきた。大久保一翁に聞いてみたが用件は見当もつかない。大久保はすぐ出頭するがよいという。そこで栄一は常平倉の業務に留守中の指図を与えた上、十月二十六日に静岡を立った。東京では一体、何が彼を待受けているのだろう？

24 新時代の神々（上）

静岡と違って、さすが東京は活気にみちていた。栄一が太政官に出頭すると、思いもよらぬ「大蔵省租税正《そぜいのしょう》」を任命された。そこで大蔵省にまわってそのことを披露したが、むろん役所に知人など一人もいない。一体、税制に関する知識も経験も皆無な栄一を、誰が租税正に推挙したのだろう？　彼はキツネにつままれたような気がしておかしかった。

当時の大蔵省はまだ民部省という名で、所管事務も広範囲にわたっていた。大蔵卿は旧伊予宇和島《うわじま》藩主の伊達宗城《だてむねなり》、大輔《たゆう》は肥前出の大隈重信《おおくましげのぶ》、少輔《しょうゆう》は長州出の伊藤博文《いとうひろぶみ》。そして大隈が省内の実権を握っているという噂なので、栄一はわざわざ彼の家へ仕官を断りに出かけた。

その理由は栄一が税務を知らなすぎること。静岡に創設したばかりの事業があること。それに従来の恩誼《おんぎ》を思うと、旧主慶喜の隠棲する静岡を去って、新政府に仕える気持になれないことなどだった。すると大隈は得意の長広舌をふるって、栄一を煙に巻いた。

「キミは租税のことを何も知らんというが、その点我輩も同様である。いや、今の新政府に働く者で、役所の仕事に知識や経験を持っている人間は一人だっておらん。すべて前例や手本はないのである。日本全体が新規マキナオシになったのである。キミが旧主の恩誼を忘れぬ一事は誠に奥ゆかしい。また始めたばかりの事業をつづけたく思う気持もよくわかる。だが我輩にいわせれば、失礼ながら目のつけどころが小さすぎる。

現在の日本はそんなことに拘泥《こうでい》している場合ではない。少しでも働きのある者は、みな気をそろえて新規に国を建て直さなければならない時だ。例えてみれば八百万《やおよろず》の神が高天原《たかまのはら》へ神《かん》つどいに集《つど》って、国を生んでいるようなありさまである。だからキミも八百万の神の一ト柱《はしら》となって、新しい日本の建設に一ト肌《はだ》ぬいでくれたまえ、というのだ。

旧主を思う情誼もさることながら、ここでキミが仕官を固辞すれば、いかにも慶喜公が新政府にタテをついて、故意に旧臣をよこさないように取られてしまう。それは慶喜公のためにも、キミのためにもよくないことだ」

気魄と弁舌にかけては人後に落ちない栄一だったが、大隈はまさに一枚上手で、結局彼を説き伏せてしまった。そこで栄一も本郷《ほんごう》の湯島《ゆしま》天神下に移り住んで、大蔵省へ通勤する身となった。ちなみに常平倉はそれから間もなく廃藩置県が実施されて、自然消滅という姿になった。

ここで当時の栄一がどんな青年だったかを顧るために、明治四十二年（一九〇九）七月発行の実業之日本から、大隈重信の思い出話を抄録してみよう。

「○　そもそも渋沢君を初めて世の中に引出した者は我輩であった。それで我輩と渋沢君の関係は特別である。

○　当時渋沢君は旧幕臣で、明治政府には出ないといって居った。我輩が大蔵省に入って人材を求めて居ると、郷純造《ごうじゅんぞう》君（誠之助《せいのすけ》男爵の父）が洋行帰りの渋沢君を推薦《すいせん》して来た。

○　郷氏はなかなか人物を見る眼があった。氏の薦めて来た人物は皆よかった。前島《まえじま》君（密《ひそか》男爵）も其一人である。

○　それで郷氏の推薦なら使って見ようと言って話して見ると、渋沢君はなかなか頑固で容易に出仕を肯《がえん》じない。

○　今でこそ君は常識円満の大人であるが、当時はまだ一見壮士の如く、元気当るべからざるものがあった。

○　無論両刀を帯びて、一つ間違ったら一本参ろうという権幕、家に居る時でも一刀だけは腰より離さないという勢で、会うといっても容易に出て来ない。

○　それで説伏するにはなかなか難《むずか》しかったが、我輩は、八百万の神が寄合って新日本を作るのだから、君も一つ神様になって呉れいといって遂《つい》に承諾さした。

○　処が又一方には我輩が旧幕臣たる渋沢君を用いたというので、旧幕臣中にも新政府中にも反対があり、殊に大蔵省の官吏達は大不平であった。

○　彼等は殆《ほと》んど同盟罷工《ひこう》（註　ストライキのこと）という様な勢で我輩の処へ遣《や》って来て、あんな壮士見た様な幕臣を我々の上に抜擢《ばってき》するのは何事だといって非常にやかましい談判であった。

○　其中でも最も猛烈に反対したのは玉乃世履《たまのせいり》（後大審院長となり自殺せし人）であった。渋沢君を玉乃の上へ抜擢したといって非常に怒った。

○　其頃は井上（馨《かおる》）侯もまだ大蔵省へ入って居なかった。我輩は四方の反対を抑《おさ》へて、マー見て居れといって渋沢君に思う存分働かしたが、君の働き振りは実に精悍《せいかん》なものであった。

○　当時の大蔵省は、財政の事は無論今日の農商務省（農林省、通産省）逓信省（郵政省）又は司法省（法務省）の或一部の仕事、それに地方行政なども持って居たので、繁劇なることは非常なものであった。

○　渋沢君は八面鋒《はちめんほう》という勢で働かれた。財政の事、地方行政の事、殖産興業の事、あらゆる方面に活躍された。

○　考へもよく、計画も立ち、それに熱誠以て事に当られたから、六ケ月も経つと先に反対した者等は大いに驚いた。

◯　今度は不平党が謝罪に来た。最先《まっさき》に反対に来たのも玉乃であったが、最先に謝罪に来たのも玉乃であった。

◯　彼等曰《いわ》く『渋沢君はとても我々の及ぶ所でない、誠に得難き人である。先に無礼な事を言ったのは、我々の思違ひであって、実に相済まぬ』といって、後には皆渋沢君と懇意な間柄となった」

かつての攘夷鎖国論者から洋行帰りの最新知識人へ転向していた栄一は、ここでも井の中の「いさぎよさ」を捨てて、大海へ進出すべき使命に目覚めたのである。

〈**思い出**　私の高校生時代だから、父はもう七十を二つ三つ越していた。夏休みに兄や私が家へ友人を呼んでトランプなどやっていると、夜分帰宅してきた父も仲間にはいって、いっしょによく徹夜したものだ。その話は項を改めて書くが、若い私たちは徹夜のあとで昼過ぎまで寝たのに反し、七十二、三の老人はそのまま一睡もせずに、早朝から詰めかける訪問客と面談し、それがすむと、都心へ出かけて一日の激務を片づけ、晩は宴会などにまわって十一時ごろ帰宅するのだったが、一向疲れた様子など見せなかった。

その父が大蔵省時代の思い出を、「用事が山ほどあったので、三日も四日もほとんど一睡もせずに働き通したが平気だったよ」と語ったことがある。私はなるほど七十すぎてこの勢いなのだから、三十台には「さもありなん」と思った。そしてトランプだと平気で徹夜する私が、試験勉強はせいぜい午前三時ぐらいでへコタレるのに比べて、「どうもオヤジさんは心身共に出来が違いすぎる」と、自分にサジを投げたりした）

さて栄一は大蔵省へ出勤してみて驚いた。事務に秩序も企画性もない。徳川幕府を倒して天下を取ったと自負する鼻息の荒い連中が、煙草を吸ったり茶を飲んだりしながら勝手な議論に熱中したあげく、果ては各自の手柄話に終るのである。そこで栄一は大隈に建言して、省内に「改正掛《かいせいがかり》」という局を新設してもらった。民政一切の事務を調査研究して、必要ある場合には法制化することも出来る組織だった。租税正の栄一は改正掛長を兼務して、大隈のいわゆる「精悍」かつ、「八面鋒という勢で」働きだした。明治二年の十二月である。

何しろ新米《しんまい》の神々ばかりが国造りをやるのだから、栄一がヨーロッパで得てきた知識は大変役に立った。同時に新しい省務もドンドンふえてゆく。栄一が三日も四日も徹夜したのはこの時代だった。

ここでさっき大隈の懐旧談に出た玉乃世履の栄一評を抄録してみよう。栄一より十五歳も年長の玉乃は彼をこう見ていたのである。

「此節《コノセツ》静岡ヨリ渋沢生ヲ民部租税正ニ擢用《テキヨウ》セリ。此《コレ》ハ一橋秘蔵ノ臣ニテ百姓ヨリ抜キ、民部公子ニ従ヒ仏ニ在リシモノニテ、最ノ人才ナリ。日々討論面白キ事也。民部局中ニテ開成局ヲ開キタリ。世履開成ノ字ヲ改正ニ改メタリ。深意也。呵々。渋沢ハ元ト漢学有志ノ党ニテ、勤王家ナリシガ、一変シテ今日ノ学ニ至ル。持論公平正大、旧幕ノ俗習ナシ。勝房州ノ流ナルベシト察シタリ。（下略）」

この「最ノ人才ナリ。日々討論面白キ事也」に至るまでは、玉乃も栄一に反感を持っていたものと思われる。

明治四年になると大久保利通《おおくぼとしみち》が大蔵卿で井上馨が大蔵大輔《たゆう》、そして栄一は大蔵大丞《だいじょう》になった。しかも省務一切は井上が切りまわし、栄一はその有力な片腕だった。

そのころ得能良介《とくのうりょうすけ》が省内の出納寮《すいとう》に出納正《すいとうのしょう》として就任した。得能は大久保利通や西郷隆盛と同じ薩摩藩の出身で、栄一よりは十七歳も年長だった。いざ仕出して見ると、薩長の天下といわれた役所の上役に若輩の栄一がいる。しかも彼は旧幕臣で、元をただせば武蔵の国の一農民にすぎない。得能の腹の中には、玉乃と同じような不満がモヤモヤしだした。おまけに得能は生一本で短気な人だった。

ところで明治三年の冬から四年の春にかけてアメリカへいった伊藤博文は、アメリカ政府の会計事務を調査した結果、洋式簿記という土産を持ち帰った。栄一はそれが日本在来の大福帳式計理に比して、数等合理的なことを知った。記入法はチョッと面倒だが、正確で整然たる経路を示す。栄一の進言で井上は大蔵省にアメリカ式会計法を採用し、金銭の出納にも伝票を使うようになった。いきおい大福帳式会計しか知らない役人たちにとっては、それが大変な難物だった。そのためよく記帳の間違いがおこるので、栄一はそのつど小言をいっていた。

ある日栄一が執務している部屋へ、出納寮から得能がやってきて、岡本健三という栄一の下僚と激しい口論をはじめた。そこで丁度そばを通りかかった栄一が仲裁にはいると、得能は栄一に食ってかかった。

「貴公はハイカラな真似ばかりして、伝票などという小うるさいものを書かせるが、一体あれは何のためだ。手数がかかるばかりで始末におえん。従来の記帳で結構じゃないか」

得能は顔色をかえ、声までふるわせている。

「いや、それは馴れないからだ。もう少し辛抱すれば何でもなくなる」栄一はこう答えた。

「馬鹿なッ！　あんな七面倒なことをやるから、間違いがおこるのだ」

売り言葉に買い言葉で、栄一の返事も皮肉になっていった。

「これは驚き入った御挨拶だ。伝票の記入一つ出来ないで、貴公はよく出納正が務まりますな。恥ずかしいとは思いませんか？」

「何をッ！」

得能はカンシャク玉を破裂させて、いきなり栄一を激しく突きとばした。大男に不意を打たれて倒れそうになった栄一は、危く踏みとどまりながら考えた。オレは背は低いが腕力には自信がある。取っ組合えば負けるものか。しかし自分が腹を立てればケンカになる。栄一は冷静さを取りもどした。

「得能君！　ここをどこだと思う？」

「むろん大蔵省にきまっとる」

「そうだ。ここは役所ですよ。役所の事務について意見を言うなら口があるはずだ。腕力沙汰は大人気ない！」

栄一がこう冷笑したので、得能もやむなく引きさがっていった。

その場に居合せた栄一の下僚たちは、

「実にけしからん。上役の大蔵大丞に対して下役があんな振舞いをするとは何事だ。ゆるしておけん」と怒りだしたので、逆に栄一が「まあまあ」となだめた。しかしこの事件は表面化して、得能は「本官を免ず」という辞令を渡された。ただし情状酌量の意味で「御用有之《これあり》滞京すべし」という待命の沙汰がついていた。大変な厳罰である。栄一はかえって気の毒に思った。

この事件には後日物語がある。もともと得能は有為の材だったから、政府は彼を間もなく司法省に出仕させ、明治七年には再び大蔵省に入れて紙幣頭《しへいのかみ》の椅子を与えた。そのとき栄一は野に下って、第一国立銀行の総監役になっていた。

当時の第一銀行は兌換紙幣[*1]を発行していた。ところが日本は銀本位制だったので金貨の相場が高くなると、内外の商人たちが銀行紙幣を大量に集めて金貨と兌換してゆく。これでは折角発行した銀行紙幣の流通が安定しない。銀行の存立に危険を及ぼす致命的な事態である。そこで栄一は大蔵省紙幣寮へ出かけた。事情を説明して善後策を講じるためだ。ところが当の相手の紙幣頭は得能良介だった。栄一は気が重かった。しかし、栄一が役所へゆくと、得能は「やあ、まことに久しぶりでした」と懐かしがって、まるで親しい旧友みたいに迎えてくれた。そして以前の事件など忘れてしまったような態度で、虚心坦懐に栄一の意見を聞いた。その意見というのは、銀行紙幣を金貨に引換えることを禁じて、政府紙幣で兌換する、という方法だった。

「それはこまる。ほかに策はありませんか」

得能はこう答えた。しかし栄一がそれ以外に銀行を救う道のないことを告げると、得能は必ず改正しましょうと約束し、後日その通りにしてくれた。栄一は彼の公平な態度に敬服して、それ以来親しい交際をつづけた。得能もかっては栄一を「このハイカラ野郎」と怒ったが、すでに栄一の手腕や人柄を見直していたものと思われる。すがすがしい話である。

政府は明治三年ごろから製糸事業を調査しだした。少年時代に家業の養蚕を手伝った栄一は熱心な主唱者の一人となった。そして明治五年には在留フランス人ジブスケの案を元として、上州富岡《とみおか》に洋式製糸場を新設し、工場の指導者にフランス人ブリュ一ナを雇った。文明開化の製糸法で生糸の改良と増産をはかり、海外輸出をふやそうという意図である。ちなみに日本の生糸がそもそも海外に輸出されたのは、万延元年（一八六〇）に甲斐の商人伏見屋忠兵衛が、横浜海岸七番のイギリス人に売ったのが最初だといわれている。

新時代の神々は東京横浜間に汽車を走らせた年に、製糸の洋式工場も建てたのである。その担当者の一人だった栄一は富岡工場の件を尾高新五郎に話した。すると養蚕に精通していた新五郎は、工場勤務を買って出た。その結果、彼は思いもよらぬ障害に出会った。

まず第一が土地の人の反感だった。富岡製糸場は政府が官業によって模範を示そうとした最初の試みである。しかし地元の人はお役所仕事を馬鹿にしてアザ笑った。養蚕はオレたちのほうがうまいという腹があるからだ。

第二はブリュ一ナ夫妻の宿所を提供してくれるものがない。異人を郷土に入れれば神仏や先祖の祟りがこわいと言うのである。そういえば筆者が小学生だった明治三十年台にも、西洋人を見ると「異人パッパ猫のクソ」などと口走る子供の多かったことを覚えている。意味不明だが要するにブベツの言葉である。長い鎖国の歴史がxenophobia《ゼノフォビア》（外来人に対する嫌悪）を培《つちか》っていたためだろう。

新五郎は工場の建築用材を妙義山《みょうぎさん》の森から切りださせた。すると土地の人はこう反対した。妙義は神山で天狗が住んでいる。異人のためにそのスミカを荒らせば、天狗が怒るのは当然で、しかもその祟りは村民にくるといって承知しない。

そこで新五郎は嚙んで含めるように国利民福や土地の繁栄を説きさとし、「土地の人が土地の繁昌を喜ぶように、天狗だって土地の繁昌は喜ぶにちがいない。どうも諸君は天狗様の心持を邪推しているようだ」などと、まず天狗を味方に引入れて、用材の切出しに成功した。

次に新五郎は工場建築に必要な煉瓦《れんが》のないことに当惑した。当時は煉瓦という名称や文字さえなかったのである。彼はブリューナから煉瓦の説明を聞いた上、富岡の近くに好適な土質の岡を探し当て、そこで煉瓦を焼いた。

さて煉瓦は出来たがセメントがない。新五郎はセメントが日本古来の漆喰《しっくい》に似ていることに思い当ると、故郷の手許《てばか》村にいる左官職の名人親子を呼びよせて、セメント的漆喰を製造させた。

そして千八百八十三円八十三銭三厘で買収した土地一万五千六百六十坪六合に、日本最初の広大な煉瓦造りの工場を建てた。この建築は今でも富岡に残っている。

当時の外人給料は次表の通りである。

首長ブリューナ（外ニ同人妻子従者合セ四人）

	月給六百弗《ドル》	賄料《まかないりょう》百五十円
検査人ペラン	月給百五十弗	賄料六十六円
同　プラー	月給百弗	賄料同断
機械方レスコー	月給百弗	賄料同断
銅工方シャトロン	月給百弗	賄料同断
医師マイー	月給二百二十五弗	
土木絵図師バスチャン	月給百二十五弗	賄料同断
女工ヒェーホール	月給八十弗	賄料同断
同　モニエー	月給六十五弗	賄料同断
同　シャレー	月給五十弗	賄料同断
同　バラン	月給五十弗	賄料同断

ところで「富岡製糸場繰糸伝習工女」と称する日本女性の寄宿舎は賄つきで一室に三人詰め、「夜具其他スベテ御貸渡シ、五部屋ニ付小使女一人附被下《ツケクダサレ》且《カツ》日々入湯為致《イタサセ》候事」とある。

そして一等工女の給金は二十五両、二等十八両、三等十二両という割合。ここで参考のため明治十三年（一八八〇）に「東京商法会議所」で調べた米相場を見ると、明治五年の平均価格は一円につき米二斗五升七合だった。

工場も寄宿舎も完成して、マユを蒸《む》す蒸気釜《がま》は湯気を立てたが、女工応募者は一人も現われない。大煙突から登り龍みたいな煙を吐き、巨大な機械が轟然と独りでにまわる工場は、土地の人には切支丹《キリシタン》の魔法としか思えなかったのである。そこへもってきて、あの工場で働くと生血を絞られて死ぬ、という風評が立った。

「現に生血を吸ってる異人をこの眼で見た。耶蘇《やそ》の邪法で土地の人は知らないうちに生血を取られているらしい。私の身体もこのごろメッキリ血がへってきたようだ」などと、分別ざかりの男までがまことしやかに言いふらす。これはフランス人が葡萄《ぶどう》酒を飲むところを見て、一犬虚に吠《ほ》えた噂だった。今考えるとウソみたいな話だが、新五郎はそれを説きさとすのに大変な苦労をした。

彼は郷里から自分の娘を呼びよせて女工にした。生血説の事実無根を立証するためである。そんな努力をつづけてゆくうち、土地の人もだんだん文化的に目をさまし、後には四百人以上の女工が応募して、製糸技術を習い覚えた。そして後年、富岡製糸場の製品はアメリカやフランスの市場にも歓迎されるようになった。

＊1　金銀など正貨と引き換えることができる紙幣。

25　新時代の神々（下）

廃藩置県は新政府が封建諸侯の地域的旧勢力をそいで、国家の統一を計る中央集権に必要な鍵だった。明治四年の六月、江戸城本丸の能舞台に椅子テーブルを並べ、この重大な「御議事《おぎじ》」が論議された。顔ぶれは西郷隆盛、木戸孝允《きどたかよし》、後藤象二郎、大久保利通、大隈重信、伊藤博文、江藤新平、井上馨などという政界のオール・スター・キャスト。そして栄一も「大内史《だいないし》」いう書記の資格で参列した。

まだ全員は揃わなかったが、能舞台の「議事《ぎじ》の間」では、まず、君主権と政府権の区別に関する論議が火花をちらした。木戸が、これは重大案件だから、太政大臣三条実美《さねとみ》、右大臣岩倉具視《ともみ》の両公にも御出席願おうと提案して、栄一にその呼出し状を書かせた。

何しろ憲法発布より十数年も前の話で、法制も整ってない時代だった。朝廷と政府の権限を定めて置かなければ、重大な国事を議する場合にこまることが多い。しかし皇室に関する事項なので、やかましい議論が続出する。いきおい書記の栄一は、それまでに草案を数回も書き直させられていた。そして前日の会議は西郷参議不参のため、その日に繰りのべられていたのである。しかも当の西郷はまだ顔を見せなかった。

そこへ大男の西郷がヌーッとはいってきた。木戸はさっそく両公呼出しの書状を見せて、その内容を説明した。すると西郷はチラリと書状を見てから、独特の大きな眼をむいて一座をねめまわすと、いきなり、

「まだ戦争な足り申さん」

といった。君主権と政府権を区別する問題で、太政大臣と右大臣を呼出そうという矢先に、「戦争が足りない」とはツジツマの合わなすぎる挨拶だ。とたんに栄一は「西郷は少しウツケだな」と思った。むろん一座の面々もアッケにとられた。

木戸は重ねて問題の要点を力説し、栄一も原案執筆者としてそれに補足を加えた。

「いや、話の筋はわかってい申すが、そぎゃんこと何の必要なごわすか？　まだ戦争な足り申さん。も少し戦争せななり申さん」

西郷の発言は戦争一点張りだった。そこで隣席の木戸がまた別の角度から説いた。しかし西郷は、

「おはんなもうひとイクサしてからでなくては、そぎゃん御相談はしたくなか」と全然受けつけない。結局、こんな押問答で二、三時すぎるうちに憤慨して席を立つ者も現われ、その日の「御議事」は流会になってしまった。

栄一は井上馨の馬車に同乗して大蔵省へ帰った。彼は国家の重大会議が子供の小田原評議みたいだったことに業《ごう》を煮《に》やして、井上に西郷のあのザマは何ですか？　と口

走った。すると井上は栄一をなだめるような調子で、

「西郷はまさかあんな馬鹿じゃないよ。何か底にあるんだよ」と答えた。

数日たつと井上は栄一に笑いながらいった。

「わかったよ、わかったよ、このあいだ西郷のトボケた意味が……」

西郷の真意はこうだ。君主権と政府権の問題はもっと国内が安定してから議すべきで、その前に政府は廃藩置県を断行しなければならない。しかし断行すれば旧藩主の恩誼を忘れない旧藩士が反抗する。それを押さえつければ彼等は武力に訴える。しぜん戦争はさけられまい。だから政府はまず戦争の覚悟と準備をした上で、即刻廃藩置県を実施すべきだ、という主張だった。これだけの内容を「まだ戦争な足り申さん」の一語に煎じ詰めたのである。まったく「風が吹くと桶屋《おけ》が繁昌する」以上の論理の飛躍だ。西郷隆盛とはこんな調子の人だった。

井上の話を聞いて栄一は愉快そうに笑った。彼も廃藩置県の促進論者だったのである。ちなみに廃藩置県の大詔《たいしょう》は明治四年七月十四日に布告された。その後二、三の旧藩地に不穏な空気もあったが、戦争というほどの戦争はおこらずにすんだ。

当時の大蔵卿が大久保利通で、大蔵大輔は井上馨だった。廃藩置県の後に大久保は腹心の部下安場保和《やすばやすかず》、谷鉄臣《たにてつおみ》等を省内に入れて、井上の勢力にブレーキをかけた。ところで、これらの大久保派に対して、栄一、陸奥宗光《むつむねみつ》、芳川顕正《よしかわあきまさ》らは井上派、そして

玉乃世履ら数人は中間派だった。
一体井上はよくカンシャクをおこす人だったから、後に世間からカミナリオヤジと呼ばれた。しかしそのカミナリも栄一だけには落ちなかったので、彼には「避雷針」という名がついた。これは栄一の仕事ぶりが行きとどいていたせいにもよるが、二人はウマが合っていたのである。

（思い出　私がまだ小学生のころだから、明治三十年台の後半だったと思う。ある晩父が雪の中を馬車で飛鳥山の家へ帰ってくると、その夜井上さんに招待されていたことを思い出し、これからすぐ出直すといいだした。すると母が、もう夜もおそいし、雪もふっていますから、電話でよくお断りになればよろしいじゃありませんか、と止めた。父は「そうはゆかない」と答えて母と押問答をしたが、結局思いとまった。どういう訳かそんな光景を覚えている。雪がふりしきっていて、妙にシーンとした夜だった）

一体、井上は腹立ちっぽいだけに人間は陽性だった。そして栄一も彼の財政上の卓見には敬服していた。それに反して大久保は陰性で、策略はあるが財政経済には暗かった。決して人に腹を見せない性格だから、栄一は大久保を嫌い、大久保も栄一を嫌っていた。
むろん井上も大久保とソリが合わなかった。ある晩大久保が大勢の客を呼んだとき、井上も栄一もその席にいたが、井上は珍しく酒に酔っぱらって、誰彼の差別なく突っかかりだした。そして主人の大久保に一番激しく当った。

「お前などは、妙に様子ぶっとるばかりで、何も仕事はできやせん。そのくせ威張るだけは威張っとる。そんなヤツがおるから、世の中がうまく治まらんのだ。ワッハハハ」

なおも口ぎたない罵倒《ばとう》がつづいた。ヘタに止めだてすれば、腕力をふるいかねないケンマクである。元来気の荒い人が大虎になったのだから始末におえない。しかし大久保が相手にならなかったので、何事もおこらずにすんだ。

後日井上は栄一にこういった。

「あの晩オレはそれほど酔ってはおらなかったが、あのくらいやって置かんと、いかん訳があった。だから酔ったフリをしたのだ」

井上は栄一より五つ上だから、そのとき三十七歳だった。

ある日大久保大蔵卿は役所で栄一、安場、谷の三人を呼んで、こんど政府は陸軍省の予算額を八百万円、海軍省のそれを二百五十万円に決定するというが、諸君はどう思うと聞いた。イエスマンの安場も谷も「やむを得ないでしょう」と答えた。

しかし栄一はつねづね国家の財政は、歳入の見込みが立ってから歳出を算定するのが健全だと信じている。いきなり陸海軍の経費を天引きするのは乱暴だと思った。だ

からそういう意味の返事をした。すると大久保の顔が見る見る不機嫌になって、

「では渋沢は陸海軍がどうなっても構わんというのか？」と意地悪くからんできた。

「軍事にうとい私でも、一国の軍備が大切なことぐらいは承知しています。しかし歳入の統計もできないうちから、巨額な軍費を先に決定することは、財政上危険至極です。御質問があったからお答えしたまでで、賛否はもとより大蔵卿のお考えによることです」栄一はこういって、サッサと部屋を出てしまった。

その晩栄一は辞表をフトコロにし、井上の屋敷へ出かけてこういった。

「私は大久保さんの御機嫌を取りながら勤めることはできません。あなたも私もあの人には嫌われています。あの人のお気に入りは安場や谷ですが、この二人は大久保さん同様、財政経済のことは何もわかりません。そのわからない連中が、わかっているわれわれの仕事を邪魔するのです。その他の同僚も、たいてい大蔵卿の鼻息ばかりうかがってる手合です。これではあなたがいくらよい政策を立てられても、またいくら私が働いても、役所の機能は向上しません。働く意義のない場所で、ムダ骨を折るのはごめんこうむります」

しかしカミナリは「マアそう短気なことをいってくれるな」と栄一をなだめた。カミナリと避雷針が逆になった形である。そして井上は栄一の辞職にこう反対した。

用務多端の現在、キミにやめられてはこまる。近く大久保は岩倉、木戸、伊藤たち

と外国へ旅立つ。彼の留守中はオレが大蔵省の全責任を負う訳だから、安場や谷の件はどうにでもなる。オレも現在はやむを得ず政界の俗流に泳いでいるが、本来は日本の農商工を発展させたい念願だ。ここで井上は将来の大経綸《けいりん》、大抱負を語った。そして、

「世の中のことはそう短気じゃいかぬ。マア我慢せい。やめる場合はオレもいっしょにやめよう。さしあたりキミを大阪へやるから、造幣局を見てくるがよい」

栄一は辞職を思いとまって大阪へ出張した。そしてその年の十二月に東京へ帰ると、神田小川町に家屋敷を買った。ちなみに大久保の外遊中、安場や谷はほかの役所へまわされて、大蔵省の実権は井上の手に移った。

翌明治五年のある一日、栄一は小川町の家に思いがけない客の訪問をうけた。カスリの羽織を着てゾウリをはいた結髪の西郷が、供を二人連れて玄関にあらわれ、「西郷吉之助と申す者でごわす」と案内をこうたのである。何しろ当時人気随一の参議だったから、栄一も鄭重《ていちょう》に迎えいれた。

そのころ栄一は「議事の間」でたびたび西郷と同席していた。しかし向こうは参議、こちらは一書記官にすぎない。個人的に対談するのは数年前京都の相国寺で、豚鍋を御馳走になったとき以来である。

西郷の用件はこうだった。旧相馬藩に二宮尊徳の残した「興国安民法」というよい

制度があるが、今度の廃藩置県で廃止されるのはいかにも残念だ。新しい県になっても、あの良法だけは存続させてほしいと相馬藩士に懇望されたので、それで頼みにきたというのである。

少し話してみると、頼みにきた西郷は興国安民法のことを何一つ知らない。そんなオオマカな態度も彼らしかった。そこで栄一はその大要を説明して、相馬藩では歳出に一定の予算を定めておき、収益が多くて剰余金の出た年は、その金で殖産を謀ったり、新規の土地を開拓したりするのだと述べた。すると西郷は素直に感心して聞いていた。そこで栄一はワザとこんな質問を口にした。

「失礼ながらあなたの御職分は何ですか？」

「参議でごわす」西郷はケゲンな顔で答えた。

「その参議ともあろうお方が御繁用中にワザワザ私風情の家へ駕《が》をまげられて、[*1]二宮翁の遺法存続に御尽力なさる。これはまことに美事です。しかし西郷さん。あなたが本当に興国安民法を良い制度と思われるなら、なぜ御自身がこの良法と反対な処置をお取りになるのですか？　大蔵省が一生懸命で組んだ国の予算を、ほどよく各省に割当てておくと、あそこからもここからも、これは緊急の仕事だから是非ともいくらいくらよこせ、何としても絞り出せ、あとは何とかなろうじゃないかと言った工合で、参議さんが先立ちでお攻めになさる。それをなりませんと断れば、井上はけしからん、渋沢はケチン坊だ……それじゃ、結局、興国安民法を小さく守って大きく破るものは西郷隆盛……」

「とんだ罪人にするね！」と西郷は大きな声で笑った。

「いや、二宮をして今日にあらしめば、もっとキツイことを申すかもしれません。どうぞあなたも参議として、一相馬藩の良法保存などより、日本全体の興国安民法の実施に御尽力願いたく思います」

栄一の弁舌で煙にまかれた西郷は、

「いや、ごもっともでごわす」と答えてから、やがて無邪気に首をかしげると、

「渋沢さん。オイドンは今日何しにき申したかな？　オハンに物を頼みにきたのか、それとも叱られにきたのか、こりゃいかん。マア帰るといたそう」

西郷は笑いながら帰っていった。彼は栄一より十三の年長だった。そのケタはずれな人物の大きさと、ユーモラスで天衣無縫な包容力が、茫洋とした後味で栄一の心をつつんだ。

西郷参議に苦言を呈しても、各省の予算争奪戦はあらたまらない。司法省と文部省が大蔵省に経費の増額を要求してきた。大蔵省は無論それを拒絶したが、政府はその拒絶を承認しない。そこで井上大蔵大輔はツムジを曲げ、病気と称して登庁しなくなった。そして大蔵大丞の栄一も辞表を出した。すると太政大臣三条実美が再三栄一の

家にきて、井上の登庁と栄一の翻意を懇請した。その結果、経費増額には弥縫策《びほう》がほどこされて、事件は一応小康を得た。

しかし翌六年になると、また各省からの増額要求がきびしくなった。そこで大蔵省は増額拒絶の具申書《ぐしんしょ》を政府に提出したが却下された。やむなく井上は政府に出頭して、くわしく拒絶の理由を説明したが、各参議とも聞きいれてくれない。井上は頼みのツナの大隈と懇談したが、それも徒労におわった。

カミナリオヤジはとうとう落雷した。こうまで自分が信任されていない以上、辞職のほかはないと決意したのである。そして五月上旬のある日、大蔵省で下僚に辞意を表明した。しかもそのとき栄一に「跡の始末はよろしく頼む」といった。栄一は「まるで話が逆だ」と思った。

栄一は二年も前に井上へ辞職を申しだしている。そのとき井上は栄一を諭して無理に留任させ、やめる時はいっしょにやめようといった。その井上がサッサと独りで先にやめ、置きざりにした栄一に「跡の始末はよろしく頼む」もないものだ。栄一は井上にいった。私はあなたの財政上の卓見に感じて一臂《いっぴ》の力を尽くしてきた次第です。そのあなたの意見が用いられない役所に、私が留任して何になります。辞意の表明は私のほうが先口ではありませんか……そして二人は連袂《れんべい》辞職をした。

辞職した二人は連名で、政府当ての建白書を新聞に発表した。それには歳入歳出の数字を掲げた上、国家の財政は入るを量《はか》って出《い》ずるを制すべきだと論じ、その逆をおこなっている政府に反省をうながしたのだ。

ところで明治六年八月の「新聞雑誌一三四号」にこんな記事が出ている。

「七月二十日臨時裁判所申渡シ
従四位　井上　馨
其方《ソノホウ》儀、大蔵大輔在職中、兼《カネ》テ御布告《ゴフコク》ノ旨《ムネ》ニ悖《モト》リ、其方及渋沢栄一両名ノ奏議書、各新聞エ掲載《ケイサイイタ》致ス段、右科雑犯律違令ノ重キニ擬シ、懲役四十日ノ閏刑禁錮《ジュンケイキンコ》四十日ノ処《トコロ》、特命ヲ以テ贖罪金《トクザイキン》三円申付《モウシツク》。」

文章はひどくモノモノしいが、贖罪金三円は大山鳴動してネズミ一匹である。井上と栄一の建白書に対して、政府はまもなく反対論を公表した。

このへんで栄一の身辺雑事にふれておこう。妻の千代は無論大蔵大丞夫人として小川町の家に住んでいた。夫婦の仲には長女歌子のほかに、明治三年に次女琴子《ことこ》、明治五年に長男篤二《とくじ》が生まれた。当時は一般に封建時代の感覚が強く残っていたから、後年の大蔵次官に当る大蔵大丞なども、今日の大臣以上に有りがたがられた。それに関連してこんな話がある。

郷里の父市郎右衛門がはじめて東京の栄一を訪れたのは、湯島に家のあったころだった。律気な父はわが子の家に宿泊しながら、栄一を「殿《との》」千代を「奥さま」と呼んだ。あまり他人行儀でおかしいから、倅《せがれ》夫婦は抗議したが、父は何といっても承知しない。

「たとえわが子にもせよ、当人の才覚で政府の高官になったからは、かるがるしく名前など呼べない」というのだった。

市郎右衛門は明治四年十一月二十二日に六十三歳で亡くなった。その直前栄一が見舞に帰郷すると、中の家の玄関先にうやうやしく「盛砂《もりずな》」がしてあった。これは貴人を迎える礼式である。栄一がくると聞いて、重態の病人が特に言いつけたものだったという。

（**思い出**　晩年の父はこんな話をするとき、微笑しながら、「お父さんはおかしなお人でね」とつけ加えたが、今にして思うと、父のその微笑や片言の中に、祖父をなつかしむ懐旧の情がこもっていた次第である）

明治四年の六月に栄一は太政官へ「礼服着用の場合を除く外、時宜により帯刀を廃しても苦しからずや」という伺いを出して廃刀を許された。これで大隈重信の栄一評「無論両刀を帯びて、家に居る時でも一刀だけは腰より離さない」でなくなった訳である。ちなみにその年の八月九日には「散髪制服略服脱刀共勝手たるべき事、但礼服の節は帯刀致すべき事」という政府の布達が出ている。なお明治九年三月二十八日には「廃刀令」の公布があった。

函館に走って榎本武揚の軍に投じた渋沢喜作は、明治四年四月特命をもって赦免《しゃめん》された。栄一はこの古い盟友を手厚く迎えて、後日、政府へ仕官させた。喜作は蚕糸取調のためヨーロッパへ出張したが、帰ったときには栄一はもう退官していた。

明治五年三月、丸ノ内から京橋へかけて大火災があった。栄一は井上と相談して大蔵省の役人から寄附金をつのり、煉瓦家屋の建設と罹災者救援の一助として、東京府へ贈った。そして栄一個人としても、別に百円の救援費を寄附した。栄一の社会事業家的素質の芽吹きの一つだったといえよう。

アッサリ大蔵省を辞職した栄一は宿願通り民間の産業を発達させる仕事に取りかかった。そしてその手はじめが「第一国立銀行」だった。この創立を見るまでには、栄一の在官中からいろいろの経緯もあったが略す。

ただ英語の bank（バンク）がどうして銀行と訳されたかについて、国立銀行条例を起草した栄一の話を引用してみよう。

「〝ナショナル〟というは国ということだ。〝バンク〟というのは金を取扱う場所だ。（中略）両替屋も余り下品の名なり、（中略）彼の学者此の先生と種々相談の上、行という字は支那抔《など》では洋行とか、商行とかいうて商店に用うる字だ。〝ナショナル〟は（中略）国の一字では熟語とならぬから、国立としよう、又金行というも妙でないから、銀行としようというので、終《つい》に国立銀行という名が生れて来たのであります。其前に福地源一郎《ふくちげんいちろう》氏が他の翻訳書《ほんやくしょ》に銀舗と訳したことがあったれど、寧ろ銀行の方が宜《よ》いということで、（中略）始めて定まったのであります。」

その国立銀行条例によって、第一国立銀行は明治六年六月十一日に創立された。場所は日本橋区海運橋の橋際で、当時はまだ珍しかった洋風五層楼の大建築が人目を引き、「錦絵」まで出た。

資本金は参百万円で内二百万円を発企人の三井、小野両組が引受け、百万円を公募した。そして両組の均衡《きんこう》を保つために、政府の許可を受けて二名ずつの頭取、副頭取、支配人を置いた。しかし双頭のワシでは経営上不都合なので、頭取の上に総監役というものを設けて、栄一がそれに就任した。事実上の「大頭取」だった訳である。

官員様万能時代の役所をやめて、民間事業へ飛びこむからには、栄一にも大きな理想や信念があったのである。大蔵省でもよく働いた彼は、それこそ水を得た魚のように、ハツラツたる意欲に燃えた。彼の一生を振りかえってみると、このときまでの彼は、いわば花道で踊っている役者だった。そしてその役者が、いよいよ本舞台へさしかかったのである。

＊1　貴人がわざわざ来訪する。

26 論語と算盤

まだ一般の国民が銀行とか株式会社とかいうものを知らなかった明治六年には、株主募集にも骨が折れた。その広告文は「夫《そ》れ銀行は猶《な》ほ洪河《こうか》の如し」という漢文調で銀行の功徳を説法している。現代の口語文に直せば大体次の通りである。

「そもそも銀行は大きな川のようなものだ。役に立つことは限りがない。しかしまだ銀行に集ってこないうちの金は、溝にたまっている水や、ポタポタ垂れているシズクと変りはない。時には巨商豪農の倉の中にかくれていたり、日雇い人夫やお婆さんの懐《ふところ》にひそんでいたりする。それでは折角人を利し国を富ませる能力があっても、その効果はあらわれない。万里を流れる勢いがあっても、土手や岡にさまたげられて進むことは出来ない。しかし銀行を立てて巧みに流れ道を開くと、倉や懐にあった金が寄り集まって、非常に多額の資金となるから、おかげで貿易も繁昌するし、産物もふえるし、工業も発達するし、学術も進歩するし、道路も便利になるし、すべて国の状態は趣きを変える（下略）」

まるで政党の公約みたいな文句である。

ところで栄一が官界を去って実業界（これもその後に出来た言葉だが）に入るとい

う一事は、彼の先輩や友人はもとより、世間へも意外な感じを与えた。いくら官界が薩長の天下だと言っても、現に派閥とは縁もユカリもない栄一が、大蔵少輔になったではないか。少し辛抱《しんぼう》すれば大臣は目先にころがっている。何を好んで商工業者の仲間入りをするのだ。彼はやはり名誉や地位より、金がもうけたいのか？　栄一をよく知っている先輩や友人は、まさかそうとも思わなかったろうが、栄一みたいに働ける人間が官を去るのは勿体《もったい》ない。そして私利私欲に走りがちな民業にたずさわるのは無謀だという理由で、二、三の友人は彼に忠告した。しかし栄一はこう答えている。

「御忠告はかたじけないが、いささか信じる所もありますから、思った通りにします。渋沢に働きがあると見て下さることは感謝にたえませんが、もし私に働きがあるとすれば、なおさら官界を去らなければならない。もし人材がみな官界に集まり、働きのない者ばかりが民業にたずさわるとしたら、どうして一国の健全な発達が望めましょう。

実をいうと、官吏は凡庸《ぼんよう》の者でも勤まるが、商工業者は相当才腕ある者でなくては勤まりません。しかし今日の商工業者には実力のある者が少ない。士農工商という階級思想の名残りで、政府の役人たることは光栄に感じるが、商工業者たることは恥辱に思う。この誤った考えを一掃することが急務です。何よりもまず商工業者の実力を養い、その地位と品位を向上させることが第一です。つまり商工業界を社会の上層に位させて、徳義を具現するものは商工業者だ、という域にまで持ってゆかなければならないと信じます。

この大目的のために精進するのは男子の本懐です。私は商工業に関する経験はありませんが〝論語〟一巻を処世の指針として、これによって商工業の発達を謀ってゆこうと思います。民間に品位ある知行合一の商工業者が輩出して、経営の任に当るようにならなければいけません。こんな意味で官を辞したのですから、どうぞ私の志を貫徹させて下さい」

先輩や友人は栄一の真意を了解した。しかし論語で商工業を発達させようという意図は、腑に落ちなかったろう。それは手足を縛って荒海を泳ぎわたるような話に聞こえたかもしれない。

封建時代の町人は、武士階級の威圧に金力で対抗してきた。表面的には平身低頭しながら、実質的には武士の首を金の真綿で絞めていった。金力は何物にも勝つ。町人に取ってはそれが絶対無二の拠りどころだった。金のためには卑屈な態度も取り、因業な真似もする。ローマの昔から、富の獲得は限界と節度に叛《そむ》いてきた。「呪うべき黄金への飢え」は、いつの時代、いかなる国にもある。一方貧しいものは、生きるために道徳の拘束から逃れる。「背に腹はかえられない」からである。また時には背に腹がかえられても、かえられないことにしてしまうのである。

栄一は、青年時代から、事の善悪、利害、適否、軽重などに関して、儒教的な方程式を頭の中に持っていた。そして時と場合と相手次第で、いろいろに組合わされる数値やxを、計算尺みたいに早く算出するのである。しかもその解答は、いつも「論語」という対数表によって検算されていた。明治末葉以後の、人間探求や個性解放や心理分析のように複雑微妙な神経は使わない。ごく常識的な実生活から、一番望ましい知情意の最大公約数を発見するのが彼の倫理だった。

栄一の心酔する孔子は「不義にして富みかつ貴きは、われにおいて浮雲のごとし」といっている。しかし社会に必要な事業をおこして合理的に利益を得ることは、決して「浮雲」のようなものではない。これなくしては、国家の富強も国民生活の向上も望めない。といって金もうけのために手段を選ばないのは沙汰の限りだ。中間に真理の大道がある。道徳と経済は合一すべきだ。ひらたく言えば論語で算盤《そろばん》を弾く。これが栄一の理想であり、信念であり、事業観であった。

まだ栄一が大蔵省にいた明治五年の十月に、役所は横浜東洋銀行のイギリス人書記アラン・シャンドを、紙幣頭附属の書記官に任命した。そして日本の銀行業務や貨幣制度は、シャンドに教えられるところが多かった。そのシャンドの書いた『簿記精法』という書物の中に、イングランド銀行の重役ギルバートの言葉が引用してあった。銀行業者の心得である。当り前のことではあるが、急所をつかんでいる。人間はなかなか当り前のことが出来ないものだ。

「一、銀行業者は叮嚀《ていねい》にして、しかも遅滞なく事務をとることに注意すべし。

二、銀行業者は政治の有様を詳細に知って、しかも政治に立入るべからず。

三、銀行業者はその貸付たる資金の使途を知る明識あるべし。

四、銀行業者は貸付を謝絶して、しかも相手方をして憤激せしめざる親切と雅量とを持つべし。」

栄一はこの心得を身につけていった。彼は権利を主張する前に、義務の履行に喜びを見出し、義務の範囲が拡大されてゆくことに生き甲斐を感じた。それは社会が、役に立つ彼を信頼した証拠にほかならないからである。

ところが明治七年（一八七四）に豪商小野組が破産して、三井組も怪しいとか、第一国立銀行も危いとかいう風評が世間を騒がせた。同年十一月二十五日の東京日日新聞はこう報じている。

「(前略）我輩が探索《たんさく》し得たる報知の通り、三井組の身上は更に気遣《きづかう》べき所もなく、世間にても安心して之に依頼すれども、兎角に諸人の案じ暮して苦労にするは、海運橋の〝バンク〟と唱へたる第一国立銀行の事なり。(中略)

世間の評判にては銀行より抵当品もなく、小野組へ百万以上の金を貸し渡したるに付き、銀行も瓦解いたすべき由《よし》を云い触らせども、是れ全く虚説にて信ず可からず。

我輩が問糺したる処に拠れば、銀行より小野組へ凡そ百万円余も貸し付けたけれども、皆夫々相応の抵当品を取り置《おき》たれば縦令《たとえ》小野組が瓦解するとも、銀行は更に損得なき姿なりと聞けり。然れば此度の騒動は諺に云う雨降りて地固まるの類にて、是まで学問の無き商人達が七面倒だの、小六箇敷《こむずかしい》のと誹《そし》りたる銀行条例、規則成規等の、万一の時に益ある実証を顕《あら》はし、銀行の為には却《かえっ》て世間の信用を増《ます》べき幸なりと云ふべし。

（下略）」

新日本の揺籃期が感じられる、新聞記事の内容であり文章である。

当時第一国立銀行は小野組へ百三十八万円（現在の数十億円か？）を貸しつけていたが、総監役の栄一は小野組の倒産を事前に察知して、百方手を尽くした結果、十分の担保を取ったために危機を切抜けることが出来た。そして翌明治八年には銀行の機構を改革して総監役を廃し、栄一が頭取に就任した。それから大正五年（一九一六）まで四十年間も頭取を勤続した彼は、この銀行を飛行基地として経済界に雄飛した次第である。

こう書いてくると事件は簡単に済んだように見えるが、小野組の破綻が唐突だっただけに、第一国立銀行の受けた心理的打撃も大きかった。そしてそれを見事に処理した栄一は銀行家として、最初の試練に堪えた訳である。そのとき小野組糸店を主管していた古河市兵衛《ふるかわいちべえ》（現古河鉱業の始祖）が小野組の負債償却のため、また第一銀行に迷惑をかけないため、古河個人の給料はもとより、多年節約してたくわえた貯金まで投げ出して、文字通り着のままで小野組を去った誠実さには、栄一もひどく敬服した。漢文調で形容すれば、栄一は歳寒くして松柏の凋《しぼ》むにおくるる[*1]実例を、古河に見出したのである。

＊1　困難に遭遇したときに人の真価が現れる。

27　東京市養育院

現在「渋沢栄一伝記資料刊行会」なる会が、Ｂ５版二段組で約七百ページの書物をすでに二十数巻も発刊しているが、全部で六十巻にのぼるだろうという。この会の調査によれば、栄一が一生の間に関係した営利事業の数は約五百件で、社会事業、教育事業、宗教問題、国際関係、労働問題等の非営利的な件数は約六百に達している。しかもそのほとんど全部に渡って、栄一は単なる関係者ではなく、生みの親、育ての親たる役目を尽くしてきたという。つまり彼の一生は、新興日本が国際的水準の「文明」という高山によじ登る民間の一先達《いちせんだつ》として「論語と算盤」なる金剛杖をつきながら、「お山は晴天六根清浄《しょうじょう》」を唱えつづけた記録とも見られる。

しかしそういう記録に読みものとしての興味は少ない。だからそれらの中から、いかにも栄一らしい事例だけを拾ってゆこう。その意味で、第一銀行の次に東京市養育院[*1]をあげなければならない。これは論語で商売の算盤を弾いた実業家が、論語で社会事業の算盤を弾いた一例とも見られる。

養育院は江戸時代の社会事業をその起源としている。徳川十一代将軍家斉《いえなり》時代の老中筆頭に就任した松平定信《まつだいらさだのぶ》（一七五八―一八二九）の創設した「共有金」が、明治になって養育院を生んだのである。共有金は松平定信（後の白河楽翁）が江戸の町政を改革して町費を節約させ、その結果得た剰余金に官金を下付《かふ》して積立てた資金を、もっぱら窮民の救済などに使っていたが、維新の社会変革で、それらの施設も有名無実になっていた。しかし明治早々東京市はその資金を各種の公益事業に充当しだした。そして養育院もその一つだったのである。

当時の社会には「児童福祉法」とか「社会保障」とかいう制度はもちろん、そういう観念も稀薄だった。慈善事業などやるから、依頼心の強い怠けものがふえるのだという暴論を吐く人さえあった。しかし新東京の町では大勢の乞食がシッコク通行人に物乞いする。そこへ明治三年にロシア皇族が来遊した。市の当局も国の体面上黙ってはいられない。共有金で乞食を収容して一時を糊塗《こと》したが、その後明治六年に上野護国院に本格的な養育院を建設した。そして翌七年に栄一は東京市の依頼でそこの院長を引受けると、昭和六年に死ぬまで五十七年間も勤めつづけた。

ここで思い出されるのは、栄一が徳川昭武の随員としてパリにいたころの懐旧談で、彼は明治三十二年の「竜門雑誌」に、こんな談話筆記をのせている。

「この事（慈善事業）については外国人は驚くべきほど多くの力を用いており、中には死後の財産を残らず慈善事業に寄附するなどと遺言する者も多いくらいで、貴婦人たちは、慈善会のために力を尽すことが唯一の仕事のようになっておる。丁度私が維新の前に徳川民部公子に随行して仏国におりました時の冬でございました。一日パリ居住の陸軍中将ぐらいの貴顕の夫人の名で書面が参りまして、今年の冬は余程寒いようであるから、パリの市街の貧民を煖《あたた》かにして遣わしたい。よって来る何日に何所へ来て何か買ってくれ、という依頼である。私などはその時分にはまだ慈善会（註　バザーのこと）というものを知りませんから、不思議に思って他の人に聞きますと、それは篤志の紳士方に頼んで、義捐《ぎえん》金を出してもらって、それを何町かにある貧民院に寄附するので、物を買いに来てくれというのは、そこに何か品物が備えつけてあるのを、慈善のために高く買ってくれと云うのである。かならずしも行かなくても何程か金さえ出してやればよいのだと云うことであるから、然らば民部公子などの態面として、何程出せばよかろうかと聞くに、多きは四五百フランから、少きは五十フランも百フランもあるというので、たしか百フランばかり出してやりましたが、その時何か品物を送ってよこして、これを買って下すったことにしたと云うて来た。それではじめて慈善会というものの性質がわかり、なるほどこれは博愛済衆の趣意に適う良い事であると感心しました」

栄一の儒教的な惻隠《そくいん》の情は、このとき西洋式な新しい社会的演出を覚えた次第である。そしてそのときの感銘が養育院へ尾を引いていったようにも受取れる。

さて現在板橋にある養育院は大規模なものになっているが、養老事業が本体で児童は精薄児以外は収容していない。しかし創立当時の養育院は親のない哀れな子供たちを大勢育てていた。そして院長の栄一はしばしば院内を視察して、こんな結論を得た。

当時の主任は神保に飯田という男だったが、栄一の目には二人とも収容児童に対し厳格すぎるように見えた。時には院児の取扱いが苛酷でさえある。栄一は子供たちが可哀想になった。元来ここの子供たちは、幼時から父母の慈愛の手を離れた不幸な連中ばかりで、親に甘えることさえ知らない。それが厳格にシツケられるのだから、みなオドオドしてイジケ切っている。これでは素直な性質は伸びっこない。院児のために決してよくないことだ。そう思った栄一は神保と飯田にもっと優しく扱うように注意した。しかし二人とも、児童は厳格にシツケなければ惰弱になると言って反対した。

そこで栄一はなおも考えつづけた。一体子供が母親の懐ろに抱かれて泣くのは、大人の悲しみとは意味が違う。むしろ泣くことそれ自体が一つの慰めなのである。だからどうしても親に代って院児を温かい愛情で包んでくれる人が心要だ。そこで栄一は木下という男を任用して神保と飯田に代えた。おかげで児童の性質は素直になり、表情も明るくなっていった。

むろんジャン・ジャック・ルッソーの「エミール」など読んでいなかったはずの栄一が、そのいわゆる「最も賢明な人達でも、（中略）常に子供のうちに大人を求めていて、大人になる前に子供がどんなものであったかを考えない」という言葉と反対に、児童心理を追求した点は面白い。

（思い出　私は大正八年ごろから田園都市株式会社という土地会社に勤めた。同社の創立発企人だった父に頼んで、入れてもらったのである。そしてこの会社は現在の目蒲《めかま》線[*2]に洗足《せんぞく》地区、また東横線に田園調布地区の住宅地分譲をやったのである。

　大正十三年ごろ私は田園調布地区のはずれに児童遊園地「多摩川園」を建てた。すると昭和のはじめごろロータリー倶楽部の会員が、ある日東京市養育院の児童全部をこの遊園地へ招待して、不幸な子供たちを慰安した。そのとき養育院の院長だった父も多摩川園へきて、あそこの小さな劇場で挨拶をした。ロータリー会員に対する礼と、院児に対する訓話だった。どういうわけか私は院児にいった父の言葉を断片的に覚えている。

「人間はうれしかったこと、苦しかったことをあとまでよく覚えていて、自分をはげます材料にしてゆかなければなりません。苦しかったこともすぐ忘れて、ふんぱつ心を出さなかったり、今日のようなうれしさもその場かぎりで深くかみしめないようでは、すべてのことが心の栄養にはなりません」

　そして最後に、

「みなさんは親がない、などという淋しい考えをおこして下さるな。どうかこの私を本当の父親だと思って、なんでも甘えて下さい。私も出来るだけのことはしてあげるつもりです」

この言葉を聞きながら、私はあんなにハッキリいって、こまるようなダダをこねてくる子はいないのかしら、と思ったことを記憶している。

それにつづいて、晩年の父が、毎月十四日という松平楽翁公の命日には、かならず菓子折を持って、院児の喜ぶ顔を見にゆくのを楽しみにしていたことも思い出される。しかし、たまたま家の近所を散歩する場合など、道で乞食に物を乞われても、一向取合わずに通りすぎた父を見た記憶もある。「危険思想」の項に紹介した祖母おえいの感傷的慈悲心も、父には社会組織という合理的なコロモを着て遺伝されたのかもしれない）

それはともかく、九十二まで働きつづけた男性が三十五歳という若さで、社会事業に本腰を入れた一事は、いわゆる「年寄りのホトケいじり」とは違う。やはり栄一の人間的な特質の一つだったと見てよかろう。

（**思い出**　昭和六年十一月十一日に父が亡くなったとき、邸内は毎日毎晩弔問客で雑沓《ざっとう》した。するとある晩、家の者が庭の植込みに見馴れない中年男を発見した。その人は紋付袴で、暗がりの落葉の上に端座していた。

その語るところによると、彼は以前不幸な境遇から院児として養育院に収容されていたが、現在は小さいながらもある工場の持主となって、相当に暮らしている。それにつけても、むかし院長から受けた恩情が忘れられないので弔問にきたものの、名乗って出るほどの身柄でもないため「こうして余所ながらお通夜をさせていただいております」というのだった。

この話を聞いた家の者は、有りがたい志に深く打たれ、さっそく座敷へ招じ入れて父の柩《ひつぎ》の前に案内した。むろんその人は心ゆくまで通夜をしていってくれた。もし家の者が発見しなかったなら、彼は人知れずきて人知れず去ったに違いない。こうして、自分の気がすまないから、というだけの理由でなされる、奥ゆかしい孤独な善行は闇《やみ》を縫《ぬ》う蛍火のように哀れで美しい。

東京市公会堂で催された父の追悼会の席上、当時の東京市長永田青嵐《ながたせいらん》先生の話された思い出話の一節も私の記憶にまだ残っている。

「飛鳥山《あすかやま》のおじいさん（永田さんは父をこう呼ばれた）は、東京市のやるべき養育院の仕事を、東京市に代って、東京市などには出来っこない、ゆきとどいた親切さで、半世紀以上も面倒を見て下さいました。今さら東京市からお礼をいうのも可笑《おか》しいぐらい、養育院はおじいさんが手塩にかけてきた次第です。

なんでもおじいさんは最後のお正月に、養育院で院児にこんな挨拶をしましたが、さすが実業界の大家だけあって、数字入りの面白い訓話でした。

『新年お目出とうございます。みなさんも私もまた新しく年を一つ取りました。しかし、みなさんの取った年と、私の取った年とでは、同じ一年でも大変に値打ちがちがいます。

　みなさんはやっと十二、三ぐらいでしょう。しかし私はもう九十以上です。だから同じ一年でも、私には九十分の一の値打ちしかないのに、みなさんには十二、三分の一の値打ちがある訳です。だからみなさんは私よりも、それだけ一年を大事に使わなければなりません』」)

　栄一の社会事業は、結局、陽の当る場所から陽の当らない場所へ、光を送る光源の世話をしたに過ぎない。その点「蟻の街のマリア」と呼ばれる北原怜子《きたはらさとこ》*3のような、献身的純粋性はなかった。しかし光源の世話も、社会制度としては大事な役割である。そして栄一は養育院以外の社会事業にも数多く力をそそいだ。彼はそれを生活に余裕ある人間の義務の一つと心得ていたのである。

*1　現東京都健康長寿医療センター。
*2　現在の東急目黒線。
*3　昭和戦後期の社会奉仕家。

28　独占か　共栄か

新興日本が彼に要求した能力は、主として実業界の向上発展にあった。彼は毎日多方面の事業に忙殺されていた。すると明治十一年の八月に岩崎弥太郎《いわさきやたろう》から招待を受けた。岩崎は後の三菱財閥の創始者である。

そしてその招待は、栄一が柳橋の花柳界で遊んでいるところへきた。そのころの栄一には「水を得た魚（下）」の項で、用人黒川の提供してくれた芸妓をキッパリことわったような殊勝《しゅしょう》さはなくなっていたらしい。実業界の有力なフロンティアーの一人として、明治の初期らしく「酔うては枕す美人の膝、醒めては握る天下の権」式な折《せっ》花攀柳《かはんりゅう》に興味を持っていたものと見える。だから岩崎に呼ばれても気はすすまなかった。気心の知れない人の御馳走酒より、自前の遊びのほうが面白いにきまっている。

しかし岩崎からは矢の催促だ。向島の柏屋に舟遊びの用意をしてお待ち申していますから、ぜひお出で下さいという口上である。そこで栄一も重い腰をあげた。明治十一年ごろの隅田川は水も澄んでいたし、あたりの風物にも田園情趣が横溢していたろう。そして川風も涼しかったにちがいない。

岩崎は栄一を喜び迎えた。主客は岩崎と栄一の二人だけなのに、芸者が十四、五人も呼んであった。大がかりな歓待である。一座はすぐ屋根舟で川へ出た。手だれの漁師が網を打つたびに、銀鱗が舟の胴の間をハネまわる。それに驚喜する芸者たちの大業な嬌声が、船中の宴をなまめかしくした。

「月もおぼろに白魚の、かがりも霞む春の空……」

二世河竹新七（黙阿弥）が「三人吉三」にこの名台詞《めいせりふ》を書いた安政七年から、まだ十八年しかたっていない当時の隅田川では、白魚も取れたという。しかし季節はずれの八月だから、白魚はいなかったかわりに、白魚みたいな美しい指がお酌をし、三味線をひき、踊りをおどったことだろう。

さて柏屋に引上げてから、岩崎は栄一に用談を切りだした。栄一の三十九歳に対して六つ年上だった岩崎は、すでに海運業の先駆者として巨富を擁していた。台湾征討や西南戦争が事業に幸したのである。彼はまず栄一にさりげなくたずねた。

「これからの実業はどうして経営してゆくのがよいだろう？」

むろん栄一は持論の「合本法」を持ちだした。事業は国利民福を目標とすべきものだから、大衆の資金を集めてうまく運営し、利益を衆に帰さなければならないという説だ。すると岩崎はこの四角四面な理屈に反対した。合本法などは、いわゆる船頭多くして舟山へ登るの類だ。事業は才腕ある人物が専制的に経営しない限り、うまくゆくものではない、というのである。そこで栄一は、才腕ある人物に経営を委託するのは当然だが、その経営者がいつまでも事業や利益を独占するのは間違っていると反対した。しかし岩崎はそれを理想論に過ぎないといって、飽くまでも専制主義的な独占論を主張したあげく、栄一にこう呼びかけてきた。

「キミとボクが堅く手を握り合って仕事をすれば、日本の実業界は二人の思う通りになる。そこを見こんで今日はキミに来てもらったのだ。堅苦しい理屈は抜きにして、これから何事も二人協力してやろうじゃないか」

栄一は岩崎の真意が自分の所信と対蹠《たいしょてき》的なのを知って、一層激しく反対した。同時に岩崎も栄一の説をネジ伏せようと力説する。とうとう二人は猛烈な論争を始めたので、一座もシラケわたった。と、栄一は突然席を立って、そこに居合せた馴染の芸者に目くばせすると、そのままいっしょに柏屋を出てしまった。あとでそれと知った岩崎が、栄一の失礼な「ドロン」に腹を立てたことは言うまでもない。

これがもとで岩崎と栄一の間には長い反目がつづいた。ただし岩崎のほうが立腹の度は強かった。なぜなら彼は意中の栄一を口説いて、ものの見事にヒジテツを食ったからである。

ところでそれから二年後の明治十三年に、栄一は三井系の益田孝《ますだたかし》や桑名の豪商諸戸《もろと》清六《せいろく》らと相談した結果「風帆船《ふうはんせん》会社」を設立して翌十四年から営業を開始した。資本金は三十万円で社長は休職海軍大佐の遠武秀行《とおたけひでゆき》だった。栄一は表面に名を出さなかったが、陰で力を入れた。当時の近海航路は岩崎弥太郎の主宰する三菱汽船会社が独占していたので運賃はムヤミに高く、減額を申込んでも全然受けつけなかった。岩崎は柏屋で言明した通り、事業の独占を実行していたのである。それに対して栄一も海運界で「合本法」の共栄を例示しようと試みたのである。つまり柏屋の論争が具体的な実験材料を得たわけである。

岩崎はアクラツなあの手この手で栄一や風帆船会社を攻めた。しかし栄一のほうはそんな真似の出来ない性格だった。古い記録を見るとその間の事情がうかがえる。

『岩崎弥太郎』（民友社刊行明治三十二年三月）

「於是《ここにおいて》、他の資本家は三菱会社の専制を憎み、如何にもして之を挫かんとの志ありと雖も、其根底牢固として抜くべからず、到底独力の得て敵しがたきを知り敢て手を出す者なく、偶々之が抵抗を試むる者あらば、鶏卵を岩に投ずるが如く忽ちにして破砕す。

今卯と為りて砕けたる者は、筑前の人佐野某なるもの明治十三年其汽船高雄丸を以て回漕業を開始せし時の如き、三菱社は直ちに和歌浦丸を以って附船と為し、（註　附船とは、積荷がなくても競争船のゆく港港へついてまわり、法外な低賃金で荷主を横取りしてしまう船のことだ。三菱会社は平素から附船費を積立てておいて、競争船の営業を妨げた）、高雄丸の航行先を逐ふて之に至らしめ非常低下の運賃、或は賃銭なくして競争せしかば、佐野は之が為め遂に廃業したり、（下略）」

そのころ世間にはこんなデマがとんだ。いや、岩崎が噂をデッチあげて飛ばしたのである。栄一が米相場と洋銀売買に失敗して数十万円損をしたとか、第一国立銀行が破産しかけて、頭取渋沢栄一が自殺を企てたとかいう類である。そして岩崎は華族の組合が第一銀行に預金している事実を探知すると、その華族たちを説いて一時に預金を引出させたりもした。

『団々珍聞《まるまるちんぶん》』第一七三号（明治十三年八月十四日）

「○　渋紙大穴の繕《つくろ》ひ

八木《はちぼく》（註　米のこと）の相場で損をした五十万円の金の重みで突破った渋紙の穴を、此度新《あらた》に婦迂繁《ふうはん》会社を取立、その紙で埋《うめ》やうと思ふのだが、前に明けたのが大穴だから、内の機関《からくり》が見えすくかして、子供の鬼ごッこぢゃァないが、株券を見せびらかし、向うの伯母さん一寸おいでと招いても、乗《のり》が怖《こは》くて往《いか》れませんと抜《ぬか》しァがるからァ、『大阪でも神戸でも請風《うけかぜ》が無いから、函館へ廻って見たが矢張往《いか》ぬ、して見ると婦迂繁会社は下手な投書でシ《さんずい》。（註　没のこと）イヤ独身物の股の様に早く柱を押立《おったて》たいぞ』」

ずいぶん幼稚で下品なシャレである。

次に物語風に書かれた興味本位の記事を抄録しよう。渡井新之介編の『近事奇談内幕話』である。

「第一銀行と三菱会社不和の原因並風帆船会社創立の事附《つけたり》第一銀行閉店の事に付
五代友厚中裁の事

明治の初めに三菱会社となん呼《よび》ける蒸汽船会社ありけり其の社長なる岩崎弥太郎と言つるは土佐人にて、させる富有《ふゆう》の者にもあらざりしが、此男才覚あるものにて殊に忍耐の気つよく決断に富みたりとか、されば明治四年の頃より早くも海運の業に眼をそそぎ、私立をもて汽船会社を創立し大に勉強なしける程に、世の信用少からず、政府よりも非常の保護を蒙《こうむ》り、明治十一年より十二三年の頃にいたりては比《たぐ》ひなき繁栄を極め、航海の権を独有し、貨物運輸の事ども已《おの》がまにまに計《はか》ひけるこそ天晴れなる事なりける。（中略）

さても三菱会社は何事も心の侭《まま》ならざるはなき勢いなりければ、航海の業のみなし居るも未だ足りずとや思ひけん、貿易商会など言へるものを起し、密《ひそか》に之が株主となりて商業上の権利をも併せんと欲し、又は東海経済新報などいへる冊子《さっし》をも発行して、陰《いん》に東京経済雑誌を押倒さんと試み、郵便報知新聞へは言ふがまにまに資金を投じて己《おの》れの意の如くならしめ、其他世上に信用ある新聞雑誌は多く味方となしけれど、猶《なを》足りずやありけん、三田の福沢諭吉氏をも頼み入れて陰に後ろ楯《だて》となし、其門下及び兼《かね》て己れが社の為《ため》に立働く書生に地所を貸して、地租十円以上納めしめ、其所《そこ》こと取拵《とりこしら》へて府会議員となす。然る上に第一銀行の株券をも許多《あまた》買取りて将になす所あらむとなせしが、此に一ツの紛議こそ生じける。

其事の起りを尋《たず》ぬるに、第一国立銀行の頭取なりける渋沢栄一と言《い》える者の弟に喜作となん呼ぶものあり。（註　渋沢喜作は栄一の従兄）此の男さるものなりければ、初め七等出仕程の官にありし頃、一たび官命をもて洋行し、帰るや否や辞職して商人となり、多く生糸を商《あきな》い、傍ら空米を営みけるが、才物なりける程に忽ち巨万の富を得、兄の栄一よりは資金を借りつつ広く商いける。

栄枯盛衰は商人の常態、怪む可きにあらねど、かかる才物も見込事違や有《あり》けん、第一銀行より数十万の金を操《あやつ》り出し、密々栄一と謀りて米を買いたるに、忽ちにして非常なる下落をなし、数十万円の損毛を来《き》しけるぞうたてき。

もとより多くの実産もあらぬ身の、莫大の損毛に痛く困苦し、兄弟額を集めて打《うち》しほれつつ何かな挽回の策もがなと考えけるが、喜作は忽ちに膝をハタと打、声をひそめて言けるは、兼て心にくく思いたる三菱会社の鼻《はな》をひねり、其上吾々《われわれ》の急場をしのぐ策こそあれ。其訳は个様《かよう》个様斯《かく》々になし玉はば、一は以て日頃運輸の権を独有して吾々に難儀をかけし意趣を晴し、二ツには五十万なり百万なり一時のやり繰り魂胆には至極妙に候はずやと、忽ち目鼻立ちければ、日頃心を同うする三井物産会社の益田孝を初とし、密に其計策を運《めぐ》らしける。是ぞ風帆船会社創立の起源とこそは知られけ

る。（中略）

閑話休題、渋沢栄一は或日大隈参議の邸に参候して申けるは、お聞及びも候はん乎、愚弟にて候喜作初め有志の者にて今度風帆船会社と申すを創立し、広く風帆船を以て全国の運輸をたすけ、二ツには物産の繁殖をも計り候はんと企て候。かかる事は御国の為には上なき幸福にて候なり。此の会社成就の後は、運賃も下落仕り、商人の幸福運送の便利二ツながら宜《よろし》きを得申す事疑ひなく候。

希《ねがわ》くは賛成あらまほしう存ずると述《のべ》ければ、重信卿喜び賜い、そは一段の事なるぞ。かねがね運輸の事行《ゆき》わたらずして商估《しょうこ》どもの困難なる事は聞及びたり、一日も早く開業いたす様、余も添心《こころぞへ》いたすで有ろうとのおん答に、栄一も喜び勇んで帰りける。

入替《いれかえ》って参上せしは日頃一方ならぬ御寵愛を蒙むる三菱会社長岩崎弥太郎なり。重信卿宣《のたまひ》けるは、只今栄一が参って申すには、喜作等初め有志の者ども風帆会社を設け、運賃の下落を促し運輸の便を計らむと致す由、甚だよろしき思い立なれば賛成致したるが、汝も同業の増加いたす事故、定めて満足にありつらんと、仰せらるるを聞て、弥太郎大に驚き、サテは栄一・喜作の奴原《やつばら》、吾が業を妨げんとなすに疑いなし。彼輩《かのやから》近頃の大損毛に落胆せしと思いの外、かかる事ども目論見するこそ安からね。

よしよし一計略を運《めぐ》らして反撃してくれんと、左あらぬ体にて、そは結構なる事にて候と答へ、何気なく立帰りしが、心の中には如何《どう》して此の企てを打破らむかと千々《ちぢ》に心は砕けども、差当り明策も出ざれば、股肱《ここう》腹心の番頭ども打招きて日夜工夫を凝《こら》しける。

人の智力は限りあるものにあらねば、工夫の上にも工夫を加へ、智に対するに智を以てす、何とて策のなからんや。弥太郎は忽ちにして一策を案じ出し密に雉子橋《きじばし》の御館（大隈邸）に参上なし、さて申けるは、此程伺い奉りし風帆船会社のことは実に意外の内幕にて候。かかる事は他を讒《ぎん》する様に聞え候えども、全国の利害にも関し、且つ政府経済上にも差響《さしひび》き候えば、偏にお為筋《ためすじ》を存じ内々具状仕り候わん。

其の訳は栄一・喜作の輩第一銀行の金を以て投機商に従事仕り候処、莫大の損失にて両人とも進退谷《きは》まり、諸銀行の信用をも大に破り、最早《もはや》いかんともす可き術なく、苦しまぎれに風帆船会社などと申す者を案じ出し、世上を籠絡《ろうらく》して五十万円なり八十万円なり募集仕り、みな己れが懐ろの埋合せと仕る仕組に有之《これあり》候。万一此の策に乗ぜられ候ときは、実に言う可《べか》らざるの困難に陥り候もの許多候う可く、殊更《ことさら》栄一・喜作等は運輸の便など申やうな公益に心を注ぎ候人物には無之《これなく》、私利一ぺんの者に御座候間、必ずかならず御信用なき様奉希候。其の証拠には、第一国立銀行の株金中第一の株高なる三井銀行より出金の、八十万円を一時に御引揚相成り候わば、栄一は必ず狼《ろう》狽《ばい》仕る可く、ただに狼狽のみならず、第一国立銀行は即日に閉店の外之れなく候。

必ずかならず栄一の巧弁に乗せられ玉はざらん事と、弥太郎はここを大事と演述せしかば、重信卿クワト怒り玉い、左様なる内幕なるか。栄一め詞《ことば》を巧《たく》みして余を欺き、公益を表として私利を営むなど、不埒千万なる事と申す可し。ヨシヨシ左様なる奴は以後の懲《こら》しめ且《かつ》は財政上のおん為なれば、第一銀行の財産を検査し、其上三井の三野《みの》村《むら》をして八十万を引上げさせん。憎き栄一め思いしれと怒り玉へば、弥太郎は仕済《しすま》したりと心に喜び、尚もかにかくと言拵え己が家へぞ帰りける。

（中略）重信卿は幾《いくばく》もあらず三井銀行の三野村氏を召れけるにぞ、三野村は何事やらむと急ぎ御館へ推参すれば、卿之を閑室に誘い玉い仰せらるる様（中略　ここで弥太郎の栄一に対する中傷をくりかえした上）時機によりて一層栄一めを困難させ、再び商業上に権力を逞《たくまし》うする事、能《あた》わざる様致さん乎とも存ずるなり。如何致さばよからんと宣《のたま》えば、三野村は心中大に驚き、果して只事には非らざりけり。これ必ず渋沢と此の君の間を離間するものの策に出しならむ。さても気の毒の事なりと、俄《にわ》かに答うべきを知らざりしが、吃《キッ》ト思案し答うる様、思いも寄らぬ御諚《ごじょう》を承り候。

さりながら渋沢喜作損毛の事は兼て承はり及び候えども、栄一が此の事に関係致し候事は只今初て承知仕り、実に驚き入り候。不肖《ふしょう》の某《それがし》何とも仕るべき策も無之、何に致せ容易ならぬ御事に候と申上れば、イヤ其の事なれ、打捨置《うちすておい》ては実に容易ならぬ事とも成りなん。

ついては栄一めに思入り困難さするが彼輩《かのやから》の良楽なるぞ。（中略ここで大隈は三井の持株八十万円を至急第一銀行から引上げろと命じ、三野村は思案の末）兎も角も面会（註　栄一に）して事情を語るに如《し》く事あらじと、急ぎ栄一に面談した」のであるが、こんな読物が盛んに出たところを見ると、いかに当時の社会がこの事件を面白がって、野次馬的高見の見物をしていたかが想像される。

　さて三野村は、

「重信卿の仰《おおせ》られし事ども包まず打語り、さて言けるは、今日の事必ず偶然に発したるにあらず、必ず讒誣《ざんぶ》*1するものの口に出たるに疑ひなし。然し貴殿の御考もある可れど、失敬ながら第一銀行の存亡にも関し候へば、宜しく御考へありて、怪我《けが》なき様御手配あるこそ然る可らん。吾々に於ても如何様にか尽力仕る可しと言ければ、流石《さすが》渋沢は自若《じじゃく》として驚かず、かくある可しとは予《かね》て存じ居り候ひき。然し御察しの如く目下の有様八十万はおろか三十万も調達思ひもよらず。就ては最早致方なけれど、栄一も亦男児なり。第一銀行の組織を解き、貴行の八十万円は勿論総株の百五十万円其他積立金に至るまで悉皆《しっかい》分配致す可し。然し此の事一朝一夕のよく弁《べん》ずる所にあらねば、三ケ年間の猶予《ゆうよ》ある様御取なし頼み入候と断言すれば、三野村は気の毒に思い、いかにも御尤《ごもっとも》なる事ながら、暫く御まちあるべし、尚一工夫致し申す可しとて相別れけるが、早くも其事世上に漏れければ、華族其他より第一銀行へ定期預け等をなしたる金は俄《にわか》に受取り方を申込み、また是迄《これまで》百六十円前後の株券は忽ちに下落して百円の上を僅《わずか》に出るに至る。斯る勢ひなりければ、第一銀行の困難、渋沢の心痛一方ならず、アワや此の銀行の存亡なりしかと、掌《て》に汗《あせ》を握るものも少なからざりけり。

三野村は株の外に心配したりけれど、己れが力を以て此事処致し得可きにもあらず、誰かある此の仲裁に立入るものをと考へしが、漸くにして思ひあり、大阪へ向て左の電報を掛けたりけり。

カイウンバシ（註　第一銀行所在地）ト、キジバシ（註　大隈邸所在地）トノアイダニ、イチダイカツタウウヲセフゼリ、キミニアラザレバ、チウサイトトノハズ、シキウジヨウケフ、タノミマイラスル

此電報を見て莞爾《かんじ》と打笑ひ、また何か初めたるか、困った事なりとつぶやきつつ、汽船に搭じ来るものは誰《たれ》ぞ。是れ商業間の奇計に通じ、能く官民の間に遊びて商権を左右する所の人、姓は五代、名は友厚是なり。五代氏上京して重信卿と栄一との間を調和せんと頗《すこぶ》る尽力せられけるが、後ろに三菱の煽動者《せんどうしや》ありて、事の成らむとすれば之を破る。終に調和成らずして帰阪せられけるにぞ、三野村某は愈々痛心し今一応五代氏の上京を請はんと再び電報もて上京を促し、再び来りて一層力尽せらる。此《ここ》に於て事漸く調和し、第一銀行も閉店に至らず、八十万円引上げの事も終に消滅したりけり。是より風帆船会社創立の有様、此の会社の内幕及び風帆船会社を変じて共同運輸会社となさんとしたる転末は不日次編に記しつつ可し」

むかしの新聞や雑誌には無責任なものが多く、面白ずくで見てきたようなウソを書くばかりか、中には金次第で虚偽の中傷記事を掲げる悪質なものさえあった。

（**思い出**　これはこの事件から三、四十年もたってからの話だが、近親の会合で何かの拍子に積々と阪谷の姉がこの時代の昔話をはじめて、

「あんなくやしい、腹の立ったことはありませんでした。ウソばかり書く人間を面詰《めんきつ》してやりたくって……」といったことがある。私はいまこれらの記事を読んで、そのときの姉の気持がよくわかるような気がする）

以上の事件に関して、一番真実に近いと思われる物語は昭和四年に出た白柳秀湖《しらやなぎしゅうこ》著『財界太平記』である。著者は三井・三菱がそれぞれ発達してきた歴史を述べた上で、この「両巨頭の資本主義的尖鋭は、日本の財界に於いて初めて正面衝突することとなった」と説き、

「其処で三井物産の益田孝氏（註　栄一より七つ年下）はその親友にして当時既に第一銀行の頭取であり、東京株式所の首脳であった渋沢栄一氏と謀り平素三菱の横暴に苦しめられて居る地方の富豪荷主問屋若しくは船舶業者を糾合して一大海運会社を起し、之を以て三菱会社の独占権を覆《くつが》へし、自他の便益を計らうとするに至った。之が明治十三年のことで越中伏木《ふしき》の藤井能三《ふじいのうぞう》、新潟の鍵富三作《かぎみさんさく》、伊勢の諸戸清六、下里貞吉などいう人々が此の挙に加はり、資本金を三十万円とし、海軍大佐遠武秀行を社長

に聘《へい》して、間もなく東京風帆船会社の創立を了へた。

然るに、三菱では之を聞くと社長の岩崎弥太郎を始め、川田小一郎《かわだこいちろう》、石川七財《いしかわしちざい》等の幕僚が大に驚き額をあつめて、東京風帆船会社の成立を妨害し、之を暗に葬ろうと取かかった。弥太郎は先づ其社員や会社の用達業者を四方に派し、有らゆる方法を以て東京風帆船会社を中傷させた。又、会社と関係の深い大隈系の新聞紙を利用して、盛に東京風帆船会社に対する不利益な記事を掲載させた。例へば第一銀行の渋沢が最近船舶業に手を伸《の》ばし、三井物産の益田と結託して、東京風帆船会社を経営しようとして居るのは、彼が頃来《けいらい》米相場に手を出し、又、洋銀の売買に失敗して第一銀行に七十万円の大穴をあけたのを塡《う》めようとして焦っているのである。と報道した如きがそれである。

かようにして三菱は、一方に間諜を放ち新聞紙に捏造《ねつぞう》記事を掲げて東京風帆船会社の成立を妨害すると同時に、寺田成器というものを越中の伏木に派遣し、同地の藤井能三に説き、別に越中風帆船会社を創立させて先づ敵の勢力を割いた。又新潟へは川田小一郎、小野義真《おのぎしん》等を派遣して同地の商人を説き、漫《みだ》りに人の為に乗ぜられて経営の困難な海運事業などに投資するよりも、寧ろ物産会社でも起して三菱と提携し、三菱の船舶を利用して利益を収めた方が得策であろう。若し諸君にして物産会社を起そうとするに意があるならば、三菱は低利を以て資本を融通することを辞するものでない、と説かせ、到頭新潟物産会社というものを設立して、慶応義塾と深い関係のある西脇悌次郎《にしわきていじろう》を社長とした。かやうにして、三菱は巧に東京風帆船会社の成立を妨害すると同時に、新潟地方の荷主、問屋商人及び資産家を結束して三井物産に反逆を企てさせる一石二鳥主義の作戦に成功した」

先刻抄録した『内幕話』の末尾に共同運輸会社という名が出てきたが、後年この船会社は三菱汽船とすさまじい競争をしたのである。そして栄一もその渦中に巻きこまれている。しかし論語で算盤を弾く主義の彼はいつも分が悪かった。フェヤプレイを心がける選手と、ルールを無視する選手との競技は、アンパイヤーのいない実社会では、後者のほうが有利である。しかし社会は結局選手の人物に信不信の勤務評定をつける。その実業試合のテンマツはあとにまわして、ここでは風帆船会社創立の一年前にさかのぼろう。

＊1　事実ではないことを言いたてて他人をそしること。

29　グラント将軍

　明治初期の日本は国際関係で種々のヒケ目を持っていた。その最大なものはいわゆる先進国との不平等条約だった。歴代の政府は条約改正に努めたが、一向ラチはあかない。また日本の税権も十分に認められてはいなかった。これに対して外務卿寺島宗則《てらしまむねのり》が接渉《せっしょう》した結果、明治十一年にアメリカ政府からは関税改正の同意を得たが、イギリス公使のパークスは強く反対した。

「あなた方は税率の高下を論じる。それはあなた方の意見に違いないが、日本国民の意思とは思われない。なぜなら、日本には失礼ながら広く民意を聞くべき機関がないからです。いや、世論を代表する機関がないばかりか、一国の経済問題に関して商工業者の意見をまとめる機関さえないではありませんか」

　政府はこの言葉を取上げて、参議兼大蔵卿大隈重信や参議兼工部卿伊藤博文が栄一に相談を持ちかけてきた。そこで栄一は先進国の商業会議所にならって一つの団体を組織した。すなわち明治十一年三月に東京府知事の許可を得て、「商法会議所」なるものを創立したのである。そして選挙の結果、会頭には栄一、副会頭には福地源一郎と益田孝が就任した。後に『財界ロマンス』という書物が「一夜漬《いちやづけ》の輿論《よろん》製造所」と評したのがこれだ。しかしこの一夜漬けもその後「商工会議所」と改称して現在に及んでいる。そして出来立ての商法会議所が真っ先に手がけたのは、およそ経済問題とは縁遠い、グラント将軍の歓迎会だった。これも輿論製造の一つだったのである。

ユリセス・シンプソン・グラント（一八二二—八五）はアメリカの南北戦争に、北軍の総指揮を取って南軍を下した勇将であるが、後に第十八代の大統領になった政治家でもある。彼は大統領をやめてから、ヨーロッパや支那をまわって日本へきた。それが明治十二年（一八七九）だったのである。

一日も早く先進国と対等の交際をして、対等の条約や税権を得たい。こう焦慮していた日本の識者が、アメリカの前大統領を、国家的に歓待しようとした心持はよくうなずける。むろん商法会議所も音頭をとって、東京府民の大歓迎会を計画した。しかし会頭の栄一や副会頭の福地が、「東京府民を代表して」といったために、報知新聞が非難した。東京府民は渋沢や福地に代表を依頼した覚えはないのに、彼等が勝手にそう名のるのはケシカランというのだった。もっともな議論ではあるが、この横槍は、一つには福地主宰の東京日日に対して、報知が商売ガタキ意識を働かしたせいだったともいう。とにかく栄一らは素直に代表という言葉を引っこめた。

歓迎準備に取りかかった栄一は、以前徳川昭武の随員としてヨーロッパへいった時のことを思い出した。昭武一行がフランスからイギリスへ海峡をこえた際、ドーヴァの港では二十一発の礼砲を撃ち、多数出迎えた文武官の代表者が街頭で歓迎の辞を述べた。そしてあなたには町を全部開放しますという意味なのだろう、代表者は昭武にドーヴァ市の鍵を手わたした。もちろん鍵をかたどった一種の記念メダルである。そういう風変りな歓迎方法が、栄一に強い印象を残していた。彼は福地や益田の同意を得て、グラント将軍が新橋駅に着いたとき、駅頭で歓迎文を朗読した。明治十二年としては、思切ってモダーンな演出だった訳である、しかしさすがに鍵は手渡さなかったらしい。現在と違って、当時の東京にそんな鍵の記念章などはなかったのである。

歓迎会のメイン・イベントとして、明治天皇の上野公園臨幸が発表された。これこそグラント将軍に対する最高の歓迎である。ところが折あたらしく東京にコレラが流行しだしたので、臨幸は恐れ多い、と反対する人が現われ、メイン・イベントは中止になりかけた。もし中止になれば国賓に対して申訳ない。商法会議所の面目も丸潰れである。のみならず、国交上二度となさそうな好機を逃がしてしまう。といって恐ろしい病気がはやっている以上、反対説を無視する訳にもゆかない。どんな困難にもシヨゲた様子を見せたことのない栄一も、このときは御臨幸ノイローゼに取りつかれたらしい。自分より二つ年上の東京府知事楠本正隆《くすもとまさたか》へ卒直に苦衷を訴えた。すると知事は親身になって激励してくれた。

「国民として国交に心を用いる点は実に感心です。それでこそ日本国民は頼もしい。

上野公園にご臨幸をあおぐだけのことだから、コレラの心配はないはずです。私は東京府の立場から、たとえ一身を賭しても、ご臨幸の実現を政府に働きかけます。あなたも気を大きく持って、もっと勇気をお出しなさい」

この言葉は栄一のノイローゼに、何よりの特効薬だったろう。そして結局、臨幸は予定通り実行された。商法会議所主催の歓迎会は、昼間上野公園で流鏑馬《やぶさめ》、犬追物《いぬおうもの》その他日本古武術の競技を観覧に供し、夜は工部大学で西洋式の夜会をもよおした。また新築されたばかりの新富座《しんとみ》で、歓迎の観劇会を開いた。その夜、国賓グラント将軍にちなむ芝居を上場したそうだが、この観劇会は桜痴《おうち》と号して「鏡獅子」や「春雨傘」や「大森彦七」を書いた福地の発案だったという。ことによると、当夜の脚本も桜痴居士作だったかもしれない。

それはともかく、国際社会に顔を出したばかりの日本は、ちょうど片田舎の旧家が古風な自邸へ東京の成功者を招待して、見よう見真似の都《みやこ》ぶりと、国自慢の鄙《ひな》ぶりをナイマゼにしながら、一生懸命にもてなしたような騒ぎだったろう。そして栄一も公式歓迎会がすむと、彼個人として飛鳥山の別荘へ将軍を招待した。後年の栄一は外国からくる著名な実業家、政治家、宗教家、学者、芸術家、運動選手などをよく自邸へ招いて交歓につとめたが、その第一回は恐らくこの将軍歓迎に始まったものと思われる。

上野公園の歓迎会で、将軍は扁柏《ひのき》、夫人は玉蘭（しろもくれん）を竹の台に植えていった。過去の遺跡の残りすくない東京ではあるが、この木は二つながら無事息災で、今でもその成長ぶりに時の流れを物語っている。

昭和五年五月末日、この木の側にグラント将軍の記念碑ができた。そして九十一歳の栄一や八十四歳の益田孝が除幕式に参列した。この二人が主唱者だったからである（福地は明治三十九年に他界した）そのとき除幕の綱はアメリカ大使館付武官マキルロイ中佐の令嬢の手で引かれた。中佐の祖父はグラント将軍の部下として、共に南北戦争を戦ったという因縁によるものだった。

人はその日に追われて毎日の生活を嚙みしめもせず、ただガツガツとかっこみがちである。東京に内堀や桜田門や赤門のような、生きた歴史の面影が沢山残っていたなら、人はおのずと過去をふりかえる機会に恵まれよう。そんな意味で、耐火建造物のふえてきた現在の東京は遠い将来の人たちに対して、歴史をささやく生きた博物館的機能を示すようにもなるだろう。

30 海坊主

明治十五年七月に農商務大輔品川弥二郎《しながわやじろう》の勧告で、東京風帆船会社、北海道運輸会社、越中風帆船会社は合併し、あらたに共同運輸会社という汽船会社を作った。そして栄一もその創立発企人の一人となった。新会社の資本金は六百万円で、うち二百六十万円は政府が引受け、年二分の配当を保証する。海運業は国家にとって戦時はもとより平時も重要だから、三菱会社に独占させておけないという主意だった。

それに対して三菱も無論黙ってはいなかった。新聞に反対論を掲げて、三菱は海運を独占してはいない。他社の汽船が何十艘もある。仮りに三菱が横暴で運賃が高いとしても、それを押さえるだけの法律は備わっている。なんの必要があって政府は新汽船会社の設立を援助するのだという抗議だった。

これより先明治十四年の政変で、参議大隈重信は野に下った。すると従来大隈と特に密接だった三菱会社に対する政府の態度が一変した。そこへ品川が農商務大輔に就任して、政府の三菱圧迫は露骨になった。外務卿井上馨、農商務卿西郷従道《つぐみち》（隆盛の実弟）の意を受けた品川は、大隈が下野後改進党を組織して猛然薩長閥政府を攻撃しだしたのに対し、弾圧を加えたのである。まず敵の糧道《りょうどう》を断つに限るという理由から、大隈の金穴たる三菱を攻撃した。

そこで三菱も、改進党も、党の機関新聞で共同運輸を非難し出した。しかし一般に反三菱感情が高まっていたため、世論は共同運輸の創立を歓迎した。そして改進党の政敵である自由党は「自由新聞」で激しく三菱をたたきつづけた。岩崎の「独占主義」と栄一の「共栄論」は二大汽船会社という実験材料を得て、政争にまで発展した次第である。

明治十五年十一月二十四日に、井上馨から伊藤博文に出した手紙がある。

「老台ニハ兼テ御承知ノ、夫《カ》ノ『アービン』ガ曾テ建言セシ所ノ趣意ニ拠《ヨ》リ、遂ニ規則ヲ製シ、風帆船会社及ビ北海道運輸会社等ヲ合併シテ、一ノ共同運輸会社ヲ設立スルコトトナリ、其設立方法ハ、有事ノ日ニ於テ大ニ海軍ノ用ヲモ為スベキモノナレバ、政府モ之ヲ保護スルコトニ相成、（中略）

然ルニ劣弟ハ最初小室信夫《こむろしのぶ》等ヲ勧メ右株主トナシタルヨリ、小室ハ発起人ノ一員ト相成、三菱トハ業務上ノ対敵トナリタル処、古沢滋《ふるさわしげる》ハ兼テ同人ノ親友ニ有之《コレアリ》、而シテ古沢ハ此際自由党中ノ紛紜《フンヌン》ヨリ東京ニ喚バレ自由党新聞社ヲ担当致居候ニ付、小室ハ頻リニ古沢ヲ教唆《キヨウサ》シ、三菱ヲ攻撃セシムル意向ヲ生ゼシム、折柄今度板垣洋行一件紛紜ニ付、地方ヨリ出京シタル党員ノ中ニテ土州ノ谷平次、越前ノ杉田定一《すぎたていいち》他二三者ヨリ、『吾々自由党ノ本旨ハ独リ政府ヲ攻撃スルノミニ在ラズ、彼ノ三菱会社ノ如キ、社会ニ対シ専横ノ所為アル者ハ、亦飽迄之ヲ攻撃シ、其専横ヲ制セザルベカラズ』トノ論議ヲ提出シ、強ク之ヲ論ジタル趣ニ付、自由新聞ハ遂ニ鋒《ホコ》ヲ三菱ニ向ケ、其紙上ニ於テ攻撃ヲ始ムルニ至リシニ因リ、岩崎ハ大ニ憂ヒ、後藤ニ泣付《ナキツキ》、同人ヨリ古沢ヲ説諭セシメタリ、然ルニ古沢ハ之ヲ肯ゼズ、一旦既ニ公衆ニ対シ三菱ヲ攻撃スルノ主義方嚮《ホウキョウ》ヲ提示シタルニ、今更之ヲ変転スルコトハ、第一回目ニ関シ、信用ヲ失スルコトナレバ承諾シ難シト答ヘタリ、（中略）

又改進党ノ方モ、自由党ヲ怒ラセ、大隈等ノ悪事ヲ書立テラレ候ハ甚迷惑ニ付、朝《あさ》吹英二《ぶきえいじ》ヲ以テ古沢ニ和解ヲ入レタレドモ、古沢ハ断然之ヲ拒絶シタリ（後略）」

栄一の知らないうちに、「共栄論」そっちのけで、改進、自由両党の争いは苛烈をきわめていった。同時に両汽船会社が採算を度外視して、無茶な競争をしたことも当然のなりゆきだった。

ところで一代の怪傑星亨《ほしとおる》が自由党へはいるに及んで、改進党との闘争はひとしお尖鋭化した。星は傍如無人型の政治家だったので、東京市会議員のとき、明治三十四年に市庁内で暗殺されたくらいだ。その星がまだ三十そこその若さだったから、攻撃の舌鋒は鋭かった。彼は岩崎を「海坊主」と呼び、海坊主と結託して私利を営む改進党は「偽党」だと罵《ののし》った。そして国家のために断じて「海坊主」は退治しなければならない。「国賊偽党」は撲滅しなければならない、と主張した。

しかも星は全国到るところへ自由党員を派遣して、「海坊主退治」と「偽党撲滅」の大演説会を開き、その会場で紙製の船を焼き、海坊主に象ったワラ人形をこわし、「海坊主ほろぶ」と絶叫して痛快がった。悪童じみた自己満足である。そういえば現在のデモ隊が後ろ鉢巻やジグザグ行進に気勢をあげるのは、この流れを汲む演出かもしれない。

そんな非難攻撃の中で、岩崎弥太郎は健康を害した。さすが剛腹《ごうふく》な彼も重なる欠損と悪評に世をはかなみ、ある日一室にとじこもってアワヤ短刀で自害という寸前、部下の川田小一郎に発見されて事なきを得たと噂された。しかし打撃を受けたのは共同も同様で、わずか六カ月間に六十八万円、つまり資本金の一割強が吹っとんでしまったのである。

健康の回復した岩崎はまた新手を打った。彼はまず「三菱も利益薄の海運業に厭気《いやき》がさしてその資本力を陸上の事業にふり向けるらしい」という風説を立てさせた。そして相手方の油断を見すまし、岩崎はひそかに共同株の約半数を買いしめた。そして政府部内に手をまわすと、三菱、共同の合併運動をおこしたのである。むろん共同はあわてふためいた。そして政府とも意見の衝突をおこし、経営もシドロモドロになり、株価は額面の三分の二に暴落した。識者は政府の無方針と品川の無策を責めた。

「政府は三菱の独占を押さえるために共同を設立させた。しかし共同が競争に勝てば第二の三菱になるだろう。また勝てない場合は両社共倒れになるだろう。結局、日本の海運界を空白へ導くだけの話だ」

三菱にしてやられた共同側は憤慨の極、栄一に敵の悪辣《あくらつ》手段を逐一報告した上、どうかこれを政府の大官に訴えて、三菱へ灸《きゅう》をすえさせて下さいと懇望した。共同とは風帆船会社以来の縁だから、栄一はある日、懇意な伊藤博文をその役所へたずねた。

栄一は共同運輸で聞いた通りに、三菱の悪質な謀略を並べたてた。すると一言も口を利かずに聞きおわった伊藤はこう答えた。

「どうも渋沢君も妙なことを言われる。自分の正しい点を力説するのはマアよいとして、それを証拠立てるために相手方の悪い事を列挙するのは、士君子のくみしないところだ。卑怯なやり方である。そんなことはお互いに慎まなければならん。ましてキミは事業界で立派な人物だと言われ、恐らくキミ自身もそう思っているに違いない。そのキミがそんなことを言っては困るじゃないか。お互いに慎まなくてはならん」

栄一は穴があったらはいりたいような恥ずかしさに、一時は顔もあげられなかったという。そしてこの忠言を一生の戒めとしたそうである。せっかく共同運輸に依頼された栄一も、三菱の代りに自分が灸をすえられてしまった形である。

伊藤は栄一より僅か一年の年長だったが、明治十八年には総理大臣を務めている。そしてこの話はその少し前だから、伊藤と栄一では社会的地位も人間の貫禄も違っていたと見える。それにしても当時四十四、五歳の、いわば世間智の甲羅を経た実業家が、素直な少年みたいに恥入った一事は、教室の道徳が嶮《けわ》しい実社会に延長されたという点で興味深い。

栄一のこの素直さは、彼が孔子のいわゆる「天」を畏《おそ》れる心から出たものと解釈してよさそうだ。彼は自分に都合の悪い言葉でも、正しいと思えばよく聞きいれた。その代り自分が正しいと信じる場合は、彼の素直さはエンジンブレーキみたいに逆回転して、飽くまでも自説を堅持させた。後年彼はある問題で、同じ伊藤に反対し通した話もあるが、それは別項にゆずるとしよう。

さて三菱と共同運輸は苦闘をつづけて損失を重ねた結果、両社ともヘトヘトになった。政府も何とかしなくてはならない。そこで農商務卿の西郷従道が両社に合併を勧告した。三菱汽船は社長の岩崎弥之助《やのすけ》（弥太郎の弟）がすぐ承諾したが、共同運輸は重役全部が反対した。彼等は利害の打算を超越して、感情的に三菱を憎んでいたのである。そして栄一も合併反対の一人だった。つまり共同側はそれだけ三菱に煮え湯を呑まされつづけていた訳である。

明治十八年七月二十七日、外務卿井上馨は共同運輸側の主脳部全員を官邸に招集し、西郷農商務卿立会の上で強く合併を勧告した。その日は二卿の前に一人ずつ呼びだして、

「諸君が不承知を唱えるから、森岡《もりおか》（昌純《まさずみ》、両社に合併を説いて歩いた人）が身を引くという。反対するならキミは跡を引受けるか？」と非論理的論理で追いつめた。その結果、共同側も次第に冷静さを取りもどし、合併より他に方法のないことを覚った。そして両社は明治十八年十月一日に合併し、日本郵船会社という名で、文字通り新しい船出をしたのである。

この辺で栄一の家庭にふれておこう。彼は明治六年ごろ日本橋兜町《かぶとちょう》（現在の兜神社と日証館の位置）に地所を借りて家を建て、神田裏神保町から越してきた。栄一の母おえいは、明治七年にその家で手厚い看護を受けながら他界した。のち栄一は明治十年に深川福住町《ふかがわふくずみ》へ邸宅を構えて移り住んだ。そして明治十五年には長女歌子が穂積陳重と結婚した。

その新婚当時、東京にまたコレラがはやって、栄一の妻千代はひどくそれを恐れた。そこで穂積新夫婦は母を連れて閑静な飛鳥山の別荘へいったが、千代はそこでコレラの症状をおこし、心のこもった手当ての甲斐もなく、わずか四十二歳の生涯を終った。栄一としてはずいぶん苦労をかけた妻である。嘆きも感慨も深かったにちがいない。また幼時を母の手一つに育てられた歌子の悲しみも大きかった。

明治十六年に栄一は再婚した。後妻兼子《かねこ》の父伊藤八兵衛《いとうはちべえ》は一時豪商と謳われたほどの人だったが、商売の手違いで没落したまま世を去った。八兵衛の実弟淡島椿岳《あわしまちんがく》は風変りな画人で、内田魯庵《うちだろあん》が『想ひ出す人々』の中にその画業と奇行を紹介している。そして栄一と兼子の仲には明治十九年に武之助《たけのすけ》、同二十一年に正雄が生れた。

その明治二十一年には、栄一の二女琴子が阪谷芳郎《さかたによしろう》と結婚した。芳郎は「歩兵取立御用」に出てくる阪谷朗廬の四男だった。なおこの年に栄一は兜町の借地へ洋館を新築して引越した。そしてその家で明治二十三年に愛子、同二十五年に秀雄《ひでお》が生れた。

兜町の洋館は工学博士辰野金吾《たつのきんご》の設計で、内部の装飾や家具調度は「鹿鳴館《ろくめいかん》」趣味だった。家の両面が川に囲まれていたため、設計者は建築様式をヴェネチアン・ゴチックにした。ただし屋根は普通の日本瓦だったし、アーチ型をした窓の上部は、ステインド・グラスの代りに赤、黄、緑、紫などの色ガラスがはめこんであった。そして日本に一つしかなかったこのヴェニス風な白亜の洋館は、川水にユラユラと異国情緒の夢を投影していたが、大正十二年（一九二三）の大震火災で、破損した上焼けてしまった。

〈思い出〉　上述した窓から、色ガラス越しにさしこむ日光が私の小さい手を、気味の悪いほど鮮やかな赤や緑に染めわけたことを覚えている。またこの邸宅の周囲は唐草模様の鉄柵で、一面にハトヤバラが絡んでいた。それが夏のはじめに真っ白な一重の花を開き、秋がくると硬い毛の生えた丸い実を結ぶ。そしてたそがれどきの町へ、小さなキャタツを携えた点灯夫がきて、馴れた手つきでそのキャタツを街灯の下に立て、敏捷に二、三段駆け登っては石油ランプに火を入れてゆくころ、玄関前の暮れなずんだ空を、蝙蝠《こおもり》の群が高く低く目まぐるしいギゴチなさで飛び違っていた光景は、明治三十二、三年時代の懐かしいノスタルジアである。

ところで私がはじめて父親を認識したのもこの家であった。おぼろげな記憶をたどると、私がまだ五つか六つ、父が五十七、八のころだったと思う。御影石をしきつめた車まわしに、いつもレキロクとして二頭立ての馬車がつくと、やがて元気と迫力にハチきれそうな様子で、父は訪問客か秘書と用談をつづけながら玄関へ出てきたのだろう。そしておそらく緊張した表情を慈顔へほころばせながら、父を見送りに出てきた私を両手にかかえて目よりも高くさしあげると、「そうりゃ、そりゃ。重くなったぞよ」などといってから、下におろして頭をなでてくれたことを微かに覚えている。そして、そうされるのが若干のこわさと気はずかしさと、微量のうれしさだったこともボンヤリ思いだすことができる。その父の第一印象は、人々に取りかこまれながら馬車に乗って出かける。威厳にみちた姿だった。

玄関の奥には大きな階段があって、夜は天井のガス灯がシューシュー音を立てながら、あたりに文明の光を投げていた。まだ十歳にもならない私は、大階段の手すりに胸をもたせかけて、階段を一段ずつおりながら、手にした分厚い板のチョコレートを齧《かじ》ってゆく……。そのニガ甘い異国的な味の記憶は、六十年後まで懐かしい尾を引いている。

そのころ家に父の客があって西洋料理が出ると、私たちはよくアイスクリームのお余りをもらった。いい匂いと、何ともいえない甘味と、舌の千切れそうな冷たさと、トロリと溶けてゆく舌ざわりを、この世にこんなうまいものがあるのか、とワクランしながら食べた記憶も残っている。すべてはヴェネチアン・ゴチックの醸しだした、遠い世の夢である)

31 壮士

栄一は指導的な実業人として各方面から引張り凧《だこ》にされた。彼の実績とネームヴァリューの連鎖反応が、栄一ブームを巻きおこしたのである。明治大正時代の史論家山路愛山《やまじあいざん》は「一にも渋沢さん、二にも渋沢さん」という表題で、こんな栄一評を書いている。（白石喜太郎《しらいしきたろう》著『渋沢栄一翁』より）

「（前略）此時に方りて銀行業に執着したる二人の豪傑あり。翁（註　栄一のこと）と安田、（註　善次郎）是れなり。しかも其行方は全く種類を殊にす。安田は唯だ金貸両替の本業を後生大事に守り、塵《ちり》を積んで山と為すの商人道を確守し、段々と一家を興し、而も天性商才ありて時運に後れず、遂いに日本大金持の幕の内に進み入り、其富を以て三井、岩崎の塁を摩するに至れり。

翁は之に反し、第一銀行に根城を構へながら、独り其業に専らならず、日本国の産業に就て色々の世話を焼き、日本国は之が為に益を受けたること多かりしかど、翁の一身は必ずしも富まず、富の道中双六に於ては、翁は大に安田に後れたり。さりながら翁に依りて小資本家は善き案内者を得たり。翁に依りて日本の政治家は小資本家と声息を通ずべき好個の総代人を得たり。（中略）其頃にては日本は猶ほ小資本家の国なり。大金が入用ならば是非共彼等の財嚢《ざいのう》を開かしめざるを得ず。さる場合に翁のようなる世界の大勢を知り、公共心に富み、而も実業界の各方面に渉りて世話役、総代人たる位置にあるものが音頭を取りて金を集むるは最も好都合の事なり。小資本家に於ても翁の如き親切なる先達に導かれて商売の山に登るは危険少なし。翁は是に依て世間より重宝がられたり。

井上馨は或時代に日本町人の総元締なりき。政府の大蔵大臣、国債を募らんとする時（中略）少々の無理は資本家に聞いて貰ひたしと思うときは、必ず井上大明神を拝み、其託宣を請ひ奉れば、大抵の資本家は大明神の威に恐れて金の用も勤めたり。井上の政界の大隠居にして、日本国の財政に大功罪ありしは実に此総元締たりし隠然の力に依れり。翁も亦《また》此の点に於て井上に似たり。其殊《こと》なる所は、井上の町人を押へ付けたるは一種の強持《こわもて》にて、苟《いやし》くも身を実業界に置く程のものが、井上大明神の御機嫌に逆らひては恐ろしきこともありし故、大抵は其号令に従ひたるものなれども、翁は何処までも親切の世話人にて、畢竟頼母《ひっきょうたのも》しづくにて資本家の間に奔走したるものなり。されば井上が日本の町人の総取締たる威は夏の日の畏《おそ》るべきが如く、翁の日本町人に世話役たり総代人たる恩は、冬日の愛すべきが如くなりしと謂うべき歟《か》。翁の人望高くして長く実業界に感謝せらるること誠に当然なり。さりながら斯様に政府にも金持仲間にも重宝がられ、一にも渋沢さん、二にも渋沢さん、三にも渋沢さんと頼まれては、翁は勢ひ繁忙に苦しまざるを得ず。（後略）」

これは大正時代に書かれた評論らしいが、この傾向は明治二十年代から栄一に現われて、彼は、金融、交通、保険、教育、社会事業、国際親善、電信電話、商工業のあらゆる分野に、絶大な迫力をもって事業をおこした。それを晩年の栄一は家庭の雑談などで、こんな風に述懐していた。

「明治のはじめは日本の草分け時代だったから、丁度新開地の荒物屋（雑貨店のこと）が必要上、何でもかんでも売らなければならないように、ワシも一人でいろいろな仕事を引受けさせられたが、社会組織の整った現在では一人一業が本当だよ。一つの仕事を首尾よくやりとげるのだって、なかなか容易な業《わざ》ではない」

さて、明治二十五年の十二月、栄一は伊達宗城の病気を見舞うため、二頭立《だて》の馬車に乗って日本橋兜町の家を出た。まだ西洋にも自動車のなかった時代である。馬車が兜橋を渡りきると、饅頭笠《まんじゅうがさ》をかぶった人力車夫体の男が二人、一斉に刀を抜きつれて左右からおどりかかった。

その一人は一頭の馬の脚を目がけて切りつけた。馬は一瞬棒立《ぼうだち》になって、あたりへ血しぶきを散らした。そのスキに他の一人は馬車の中へ突きを入れた。ために窓ガラスは破れて、破片が栄一のユビを傷けた。

御者《ぎょしゃ》は「ふてえやつめ」と怒鳴りながらムチで暴漢を叩きはらう一方、傷ついた馬を打ってその場を駆けぬけた。そして栄一はひとまず懇意な越後屋呉服店（三越百貨店の前身）へ立寄り取りあえず傷に手当をしてもらった。彼は遭難の一件を話さなかったが、噂を聞きつたえた知人たちがぞくぞく店へ見舞に来たので、事件は越後屋にも知れてしまった。

その日は栄一も伊達の病気見舞を見合せて帰宅することにした。すると周囲の人たちは帰途を心配しだした。さっきは栄一の馬車の後ろを私服警官が人力車に乗って護衛していたが、その警官も暴漢を捕えて警察にいっている。護衛なしで帰るのは危険だというのである。

しかし栄一は考えた。もし暴漢に本当の殺意があれば、あんな手ぬるい襲い方はしない。それに抜刀した二人が無抵抗で一警官につかまるはずもない。これは彼等が何人かに扇動されて金をもらった手前、オドシに刀を振りまわしただけの話に違いない。……栄一は知人たちの親切には感謝しながらも、大丈夫ですといって護衛なしで帰宅した。はたして帰路は何事もなかった。

当時、栄一は東京の市参事会員になっていた。市制の規約でそれに選ばれたものは辞退できなかったからである。ところがそのころ東京市に水道敷設の話が持ちあがった。栄一は公衆衛生の必要上、市がやらなければ会社を設立しようとさえ思ったほどだから、むろん賛成した。すると水道の鉄管を舶来品にするか、国産品にするかで議論が対立した。

何しろ日清戦争の二年前だから、日本の国家意識も相当盛りあがっていた。そこへ維新以来の外国崇拝に対する反動もおこっていた。国産品を主張する論者の一部は、新規に鋳鉄会社を創立して、東京市の需要に応じようという計画を立てると、栄一の参加を懇請してきた。栄一ブームの利用をねらったのである。

しかし栄一は以前ガス会社の鉄管で、国産品の粗悪なことをよく知っていた。たとえ標本的に少数のものはうまく出来ても、数が沢山になれば外国品と違って実用に堪えない。のみならず栄一は市参事会員である。鉄管を買う東京市の役員が、売る立場の会社に関与する訳にはゆかない。だから彼は新会社への加入を断り、国産品の使用にも反対した。

そこで会社設立派は栄一を敵視した。東京市が外国品を買えば彼等は儲けそこなう。彼等は演説会や新聞紙上で栄一を非難した。輸入超過に苦しむ日本が、十分役に立つ国産の鉄管を使うべきことは国民として当然の常識ではないか。しかるに渋沢はあえて外国品を使用せよと主張する。これは彼が外国会社からコンミッションをもらっている売国奴《ばいこくど》だからだ。売国奴は社会から葬らなければならない！

しかし一点のやましいところのない栄一は、自説をひるがえさなかった。ために彼等は前述したように「壮士」と称する暴漢を雇って、栄一をおどした。それでも栄一は主張をまげなかった。そこで、彼等は無理に鋳鉄会社を設立し、強引に製品を東京市へ売りつけた。その結果数年後には到るところで水道鉄管の水がもれ出して、国産品は舶来品に埋めかえられた。東京市は無駄な損失を蒙《こうむ》ったのである。

ところで壮士という言葉は、明治育ちの人間には懐かしい。川上音二郎《かわかみおとじろう》の「壮士芝居」などの連想もあるからだ。しかしここに出てきた壮士は、金で雇われた暴力団のチンピラに過ぎない。もともと壮士の語源は荊軻《けいか》が秦の始皇帝を暗殺しにゆく途中で、河北省の川を渡る悲壮な決意を歌った「風蕭々《しょうしょう》として易水《えきすい》寒し、壮士ひとたび去ってまた還らず」あたりかもしれないが、明治の日本へきてひどく下落したのである。

（**思い出**　父を襲った壮士の一人を私は小学二、三年時分に、兜町の家で見た覚えがある。女中に壮士と聞かされて、私がこわごわ内玄関をのぞくと、外からの逆光に小黒く立った一人の男がお愛相笑い——子供心にも不自然な笑いという印象があった——をしながら、女中にお辞儀したことを思いだす。

後年私の知ったところによると、警察から釈放されたその男は、一度父に面会して謝罪の言葉を述べたそうだが、その際「実はあのとき私に頼んだ人は何某で……」と言いかけたのを、父が「今さらそんな名前を聞く必要はない」とさえぎって、彼の窮状を聞いた上で何がしかの更生資金を与えたため、彼はひたすら恐縮したということだった。とにかく私の遠い記憶に残っている壮士は、コワらし

い名称とはうらはらの態度表情だった）

明治二十七年には日清戦争がはじまった。栄一は広島の大本営へいわゆる「天機奉《てんきほう》伺《し》*1」にまかり出たが、帰りの汽車でひどい発熱に悩まされた。そこで帰京後主治医の高木兼寛に見てもらうと、右の頰に癌《がん》が出来たためだという。そして橋本綱常《はしもとつなつね》や帝大のスクリッパ教授も同じ診断だったので、栄一は三医立会の上手術を受けた。世間では渋沢もよく働いているが、今度という今度はもう駄目だと噂したそうだ。

手術の結果は非常に良好で、栄一の右頰へ大きなエクボみたいな傷跡を残しただけに終った。しかし癌ならば十中八九再発する。しかも栄一は何年たっても元気一杯だ、橋本綱常は科学者の研究癖から、その後、栄一に会うたびごとに「まだ再発しませんか？」と不思議そうに念を押したので、しまいには栄一も、先生はそんなに再発をお待ちかねですかといって笑い話になったという。そしてこの病気の縁故で、栄一は明治四十二年に癌研究会の副総裁を引受けさせられた。

（**思い出**　いま日清戦争の話が出たから、それにちなんで、慶応義塾の創始者福沢諭吉先生と父の関係にふれておこう。先生は父より六つ年上だった。

あの戦争当時、福沢先生は出征兵士の家族を後援する「報国会」という会を作って百万円の寄附金を集め、それを政府に託して兵士の家族のために活用してもらおうと提唱された。そして有志のものが会合したとき、先生は父に「私は金持ではないが一万円出しますから、あなたもそのくらいは出しなさい」とすすめた。するとこの計画を聞き伝えた伊藤博文侯が父を官邸に呼んで、「百万円の寄附金は容易に集るまいし、もし集まっても政府が唯もらうのはこまる。それより政府に公債募集の計画があるから、報国会もそれを引受けてくれないか」ということになり、父も公債募集に尽力した結果、全国で五千万円集まったそうである。

こうした公共的な問題で父は福沢先生と数回接渉《せっしょう》したことがあったらしいが、それぞれの立場は違っていても、互いに尊敬の念は持ちつづけた。ところで豊前中津《なかつ》藩士の家に生れた福沢先生が、後年「町人諭吉」と呼ばれ、いつも和服の着流しでおられたのに反し、関東平野の農家に生れた父が、フロックコートを着通していたのも面白い対照である。

先覚者福沢先生は西洋の新知識や民主思想を、やさしく嚙みくだいて日本国民の日常生活に溶けこませた。その所説には一脈和服の着流しに通じるような自由さが感じられる。一方、父は西洋の制度文物を輸入して、産業その他の諸事業をおこしたが、根本思想は「論語」である。その堅苦しさと洋風の結合を、フロックコートが象徴していたのかもしれない）

＊1　天皇のご機嫌を伺いに参上すること。

32　濛々《もうもう》たる煙

飛鳥山にある栄一の別荘には「曖依村荘《あいいそんそう》」という名がついていた。陶淵明《とうえんめい》の詩「田園ノ居ニ帰ル」の中の「曖曖タリ遠人ノ村、依依タリ墟里ノ烟《けむり》」から取ったものである。ボンヤリ薄れて見える遠い村里から、ナヨナヨと立ちのぼる煙を歌った言葉だ。そしてこの別荘から豊島川（隅田川上流）流域の平野を見晴らす眺めには、確かにこの詩趣が横溢していた。

村荘の地所は九千坪近くもあって、崖《がけ》には細いながらも自然の湧水が滝を落としていた。栄一はそこに広大な家を建造して、明治三十四年に兜町から引移った。そしてヴェニス風の洋館は事務所に使い、かたわら縁故ある学生数人の寄宿舎にも当てた。後年海外各界の名士を招待したり、関係諸団体の園遊会を開いたりしたのはこの曖依村荘だった。そしてここは栄一の遺言で、歿《ぼっ》後「竜門社」という財団法人に寄附された。

〈**思い出**〉　飛鳥山へ引越したのは私が十《とお》のときだった。庭から見おろすと一面の田で、遠い森の散在する彼方に、豊島川の白帆が玩具みたいに小さく光ったりした。そのうち王子駅のあたりには、恐ろしく巨大な煙突が立ち、庭の崖下に煙を

撒いて走る汽車の回数もふえた）

王子駅を中心として発展しだした工場地帯は、村荘からの眺めを煙突の林と化していった。依依たり墟里の烟どころか、濛々たる煙突の烟となって、庭の松や梅を枯らし、足袋の裏を一日で真っ黒にした。家の者がそんな不平をこぼすと、栄一はよくこういって笑った。

「どうもワシが骨折って建てた会社ばかりだから、いくら烟を出されても文句はいえんね」

そしてその一つに王子製紙株式会社があった。しかも栄一がその創立に力を入れた関係上、工場に近い飛鳥山の地つづきを買うようになったという因縁さえあった。

栄一は大蔵省にいたころから製紙事業の将来性を認めていた。紙幣、新聞、雑誌などと、新時代は洋紙を要求するに違いない。結局、栄一の肝煎りで王子に抄紙会社が出来たのは明治六年、そして官を辞した栄一がその社務一切を委任されたのは明治七年、これが王子製紙会社のおこりだった。

当時、会社は印刷業を兼営して洋紙需要の促進を謀った。機械技師はイギリス人、製紙技師はアメリカ人で、支配人は谷敬三だった。

そのころ栄一の家には数人の書生がいた。大川平三郎《おおかわへいざぶろう》もその一人で、来訪してくる大官や名士を玄関に取りつぐたびに若い胸を踊らせていたが、彼の頭には工部卿が一番偉い人として写った。そこで大川は自分も一つよい学校へ入学し、大奮発をして工部卿になりたいと思い出した。しかし運命はこの少年の夢を冷たくさましてしまった。

大川少年の母みつは栄一の妻千代の姉だったが、当時大川一家は貧乏のドン底にあった。だから平三郎も栄一の玄関番をしていた訳である。ところがみつは家計の苦しさから、よく妹千代をたずねて十円、二十円と金を借りていった。それが余り度重なるので、千代もそうそういい顔ばかりはしていられない。時には断りもし、あとで大川少年に父親の腑甲斐《ふがい》なさをののしることもあった。負けん気の大川は憤慨した。そしてこれは学校どころではない。工部卿の夢より、目前の生活が肝腎《かんじん》だ。自分も働いて母に厭な無心などさせないようにしなければ、……こう決心した彼は丁度抄紙会社が設立されたので、栄一に頼んで入社させてもらった。

入社後の大川は目ざましい働きをつづけた。彼は製紙技術を体得して数回アメリカへ渡り、実地の研究に独自の創意を加えて社業を向上させた。そして明治二十六年の王子製紙は社長が栄一、専務が谷、技師長が大川という陣容だったが、社内に大波瀾《はらん》が巻きおこった。

結論を先にいうと、三井が資本力で王子製紙を乗取ったため、明治三十一年九月十八日には取締役会長の栄一も、専務の大川も辞職させられたのである。ここで昭和二年――十四年刊行の『中上川彦次郎《なかがみがわひこじろう》君伝記資料』に栄一の立場や態度を観察してみよう。

中上川は三井の重鎮で王子製紙を乗取った張本人である。そして面白いことには、栄一と海運業で激烈な競争をした「独占論者」三菱が、代の変るにつれてオットリしてきたのに反し、最初、栄一とよく事業を共にした三井のほうは、年ごとにビジネス一本槍の冷酷な切れ味を示すようになっていった。

さて中上川彦次郎の伝記資料を抄録しよう。

「中上川氏の主張する処は、既に周知の如く工業立国論であった。氏は王子製紙をも三井の支配下に置かんとしていた折柄、同社は木材でパルプを作り、新聞の巻取紙を製する計画を新たに起し、二百万円の増資をして四百万円の資本となすに就いて、社長渋沢氏は大株主たる三井即ち中上川氏に相談した。当時同社の専務は谷氏、技師長に大川平三郎等全然渋沢系を以て成立して居た。中上川氏は此の相談を受けるや、増資計画には大に賛成するが、それには専務を三井から出したいという事であった。当時、財界に於いては素破らしい勢力を有していた渋沢氏も、中上川氏の此一言には止むなく同意し、然らば誰を専務として三井よりくださるべきかと尋ねた。然るに中上川氏は、現在三井も人の少ない時ではあるが外ならぬ王子の事であるから割愛するが、岩下清周《いわしたきよちか》、藤山雷太《ふじやまらいた》の両人の内何れにても宜しき方を取らるべしと答えられた。岩下氏は米国に在る時から大川平三郎氏とは懇親であったが、如何なる所以か何の因縁関係もなき私（註　藤山）が迎えられて王子の専務に任ぜられた。

其時中上川氏は、渋沢氏が君にと言うのだから、是非やって欲しいが、その代り君に命ずる事がある、と言うのは外でもないが、君が専務になるのは王子を奪りに行くことであるから、必ず彼等に懐柔《かいじゅう》されるが如きことなく、三井の製紙会社たらしむるのだと言う事を念頭から離してはならぬと言う命を受けた。私も何分年壮気鋭の折柄とて会社を奪りに行くと云うこと丈でも頗《すこぶ》る愉快に感ぜられ、全然他人許りの中へ飛込んで孤立大に奮闘努力したものであった。(後略)」

「(前略)この拡張計画に応ずる最新の機械を購入するために大川氏は明治二十九年八月米国に赴き、同年十二月その使命を果して帰朝したが、その頃から先生(註　中上川)によって王子製紙の社中に投ぜられた争闘の種子は漸くにしてその枝を張り、葉を拡げ、明治三十一年には遂に藤山氏との火の出るような正面衝突となり、大川氏危しと見た会社の技術者は職工を扇動してストライキを起し、工事中の土工までがこれに加わって大川氏に声援するなど、その騒動は一通りでなく、渋沢子(註　栄一は大正九年に子爵を授けられた)も大に居中調停に努めたが、元々先生の方針が渋沢栄一子等一派を追出して、王子製紙を三井のものとしようというにあったので納まろう筈がなく、結局は予定の筋書き通り渋沢子も社長(註　会長の誤りか)の任を辞し、大川氏と共に同社を去ることとなって一段落を告げた。」

「王子製紙の歴史を見る度に、われわれの何時でも感じるのは渋沢子の怨讐というものを絶対に超越した洋洋大海の如き器である。（中略）渋沢子は王子製紙を棄て去ると共に、藤山氏対大川氏の喧嘩は全く他人のことのように忘れて、藤山氏を日糖に推薦し、（註　明治四十二年）藤山一家をして今日あらしむる上に、何程か力をなして居る。藤山氏の外、先生（註　中上川）の息のかかった王子の経営者でどの途、渋沢子の世話になった人は他にもある筈である。渋沢子には怨讐という心の動きが全く欠けて居るかにも見えることとさえある。」

栄一は人から受けた恩に対しては、人一倍報恩の誠を尽くしている。しかし自分が人に与えた恩や、人の悪意に対する怨みは、全く忘れてしまうかに見えた。

もし覚えていたとしても、まるで忘れたのと同じ結果だった。藤山は栄一に王子製紙から手を引いてくれとハッキリ要求した。栄一が中上川の策謀を察知していなかった筈はない。そして王子製紙の生みの親、育ての親は栄一だった。資本力で追い出されるのは心外だったろう。しかし彼は争わないで、素直に辞職した。他人の資本で事業を経営している以上、その人が経営を委せたくないと言えば身を引くより仕方がないと思ったのであろう。栄一にとって、より重要な関心事は、事業それ自体の発展だったに相違ない。株主から委任された事業経営に、誰が主宰しなければならないという因縁的制約はない筈だ。最良の経営者が最適の責任者たるべきである。王子製紙に大資本を投下した三井が自らの手で最良の経営を望んできた。これは当然の帰結だ。

誰の勢力下に置かれようと、製紙事業が発展すれば会社設立の本旨は達成される。負け惜しみでなしに、栄一は心からそう考えたものと想像される。

しかしこういう考え方は、栄一の部下には頼りなく感じられたのであろう。栄一のスケールは彼等にとって、大きすぎたし公平すぎた。といって不満を叩きつけても、その説得力に揉みほごされるだけだった。そして栄一はあとあとの面倒もよく見てくれる。事件の興奮からさめると、敵も味方も栄一の懐ろの広さに心を引かれるのだった。

（**思い出**　栄一は自分の勢力を培うための子分は持たなかった。いわゆる親分にはならなかった人である。家庭の雑談に秀吉や家康などという英雄評が出ると、父はよくそれぞれの偉さを認めた上で、古来の英傑には「天下を家とする」共通の欠点があると評した。天下をわが家のごとく見なして勝手気侭《まま》に振舞う公私の混同を指したのである。そして大小の相違はあっても、父は事業や会社を家としないように心がけて、それを堅く守り通した。例えば一生の事業とした第一銀行の株さえ、総資本金の一割ぐらいしか持たなかった。この意味で父は民主国家以前の民主主義者だったといえるだろう）

33 政治と栄一

「明治三十一年六月十八日渋沢栄一手記」という文書が残っている。これは伊藤博文が政党組織の決心をしたとき、栄一と意見を交換した結果生れたものである。

「方今国家多難ノ際ニ当リ、済時ノ方策（方策中ニハ経済財政及外交等ノ事ヲ凡《すべ》テ含蓄スルモノナリ）一ツニシテ足ラズ。（中略）故ニ今日ノ急務ハ、目前已ニ現出スル所ノ国家維持ノ方策ヲ主唱スル者ノ各種ニ就テ其一ヲ選定スルノ必要ヲ感ジ、左ノ結論ニ帰着セリ。

乃《すなわ》チ渋沢ト伊藤ト所見ヲ闘ハシタル結果、渋沢ハ伊藤所執ノ政策ヲ以テ是ナリトス。然レドモ自己ノ境遇、自ラ主動ト為リ或ハ之ガ為ニ身ヲ犠牲ニ供スル事ヲ得ズ。唯《ただ》之ヲ是認スル以上ハ、内外ニ対シ之ヲ公言スル事ヲ憚《はばか》ラザルノミナラズ、他人ニ向テ之ヲ賛セヨト言フ事ヲ躊躇セズ。」

ところが伊藤は明治三十三年に政友会を組織したとき、栄一に入党を勧告した。しかし栄一がことわったので伊藤は腹を立てた。

「キミは幾度となく我輩に政党の組織を勧めた上、以前覚書にまで署名しておきながら、今更党員になれぬとは不親切きわまる。我輩を売る様なものだ」

「それは違います。覚書にもチャンと書いてある通り、賛成するのと政治家になるのとはおのずから別問題です。私は舞台に立つ役者にはならぬが、喝采する見物にはなるという意味です」

「では単なる党員になるのは差支えないだろう？」

「そうはゆきません。私だって党員になるからには馬の脚はいやです。といって何か役でもつけば現在の境遇と両立しません。これだけは御免蒙《こうむ》ります」

「三十年も親交をつづけてきた仲なのに、キミみたいな薄情な男はない」

伊藤はカンカンになって怒った。しかし栄一は飽くまでもことわりつづけた。彼はギルバートの言葉、銀行業者は政治の有様を詳細に知って、しかも政治に立入るべからずが実際上の鉄則であることを知っていたからであろう。

明治三十三年の五月、栄一は男爵を授けられた。その翌年、伊藤博文と山県有朋《やまがたありとも》は井上馨に総理大臣として内閣を組織するよう勧めた。すると井上は、もし渋沢が大蔵大臣を引受けるならやってみようと答えた。その結果芳川顕正《よしかわあきまさ》等二、三の人が伊藤、山県、井上の意を体して栄一を口説きにきた。栄一はむろん断った。しかし彼等は熱心で、そうスゲなく断るものではないと食いさがった。そこで栄一も最後にこう答えた。

「正直なところ私は政界にはいりたくありません。井上さんに対する情誼の上から相済まぬと思いますが、初一念の民業振興に終始したいのです。私は第一銀行を始めたとき、基礎が安定して、これならもう心配ないという所までは、決して銀行をやめない覚悟でした。そして今でもその積りでいます。したがってもし銀行の主脳部が、渋沢はいなくても大丈夫、安心して大蔵省へお出でなさいと言ったら、私は大臣を引受けましょう。」

五月二十一日の朝、栄一は椿山荘《ちんざんそう》に山県を訪問している。そこで山県と西郷従道から入閣を勧められた。また日本銀行で山本総裁から、芝山内で伊藤から同じ勧告を受けた。しかし栄一は午後第一銀行で臨時重役会を開くと、佐々木勇之助《ささきゆうのすけ》始め全重役が強く入閣に反対した。また兜町の家で長男篤二、女婿穂積、阪谷と相談したがこれもみな反対だった。そこで栄一は翌朝山県と伊藤へ断りの使いを出し、同時に山県、伊藤、井上に断りの手紙を送った。

そのため井上内閣は流産して、桂内閣が生れた。すると後日井上は栄一にもし総理を引受けて失敗でもしたら末路に傷がつく。キミが断ってくれてよかったよと、一夕流産祝いの宴を設けてくれたそうである。なかなかイキなカミナリオヤジだったと見える。

〈**思い出**〉それから数年後の話だと思う。父は飛鳥山の家に一夕伊藤侯を招いた。初夏だったような気がする。戸障子をあけはなした父の居間で、伊藤さんが畳を這うような姿勢で、絹《きぬ》だか絖《ぬめ》[*1]だかへ七言絶句を達筆に書いているのを、遠くのほうから眺めた記憶がある。

その晩宴が終って広間から玄関へ向かう伊藤さんは、可なりもう千鳥足で大変な上機嫌だった。今しがた芸者が余興に踊りを踊った、座敷より一段高い桧《ひのき》の舞台にフラフラあがると、私の母に「サア奥さん。一つダンスしましょう」といいながら両手をさしのべた。「鹿鳴館」時代の思い出が伊藤さんの頭によみがえったのかもしれない。母はこまったような顔を、つつましやかな笑いにまぎらしていた。すると侯のお気に入りだった新喜楽の女将が、いかにも大年増の江戸っ子らしい歯切れのよさで、巧みに侯をイナシて玄関のほうへ送りだしてしまった。

玄関は河内山宗俊《こうちやまそうしゅん》の出てきそうな構えだった。伊藤さんは片手でダラシなく女将の肩にもたれかかり、片手で玄関の板戸につかまったまま、書生にクツをはかせてもらう。そしてときどきヨロケながら女将に「英雄は由来色を好む、だぞ」と怒鳴った。すると女将はオオム返しに「ああ、そうだとも、英雄は由来色を好むだ、とも」とゾンザイに答えてから、老巧な姥《おうな》がダダッ子を扱うように大政治家を敷台へおろし、つづいて馬車へ乗せてしまった。

車上に納まった伊藤さんへドアがバタンと鎖《とざ》される寸前に、玄関の灯の届かない反対側のドアがあいて、夜目にも匂うばかりに美しい芸者が一人、影のようにッと忍び入った。そして大政治家と美妓を乗せた馬車は玄関先の小砂利を嚙みながら、闇の中へ消えていった。
　玄関脇の木蔭でそれを盗み見た私は善良な明治時代の中学生らしく、実にケシカランと憤慨した。もっともこの憤慨はその後十年足らずで羨望に変ったような気がする）
　上述の通りで、栄一は終生政治の外に立っていた。しかし後年の彼は青年層に向かって、政治に関心を持ちなさいと呼びかけた。栄一の道徳経済合一説を旗じるしとする団体「竜門社」の総会でも、栄一は自分が政治に関与しなかったのは特殊な時代と特殊な立場のためで、若い諸君がそれを見習っては困る。国民が政治に無関心でどうして一国が発展しようという意味を力説した。まだ婦人参政権（昭和二十年十二月から）はもちろん普通選挙（大正十四年から）もなかった時代だったと思う。当時は一度政治にかかりあえば身ぐるみ剝がれてしまうと、国民者が政治運動を山賊視していた。選挙は現在もますます大山賊である。
　明治三十五年五月に栄一は妻兼子を連れてアメリカとヨーロッパへ出かけた。随行者数人の中に前々年帝大電気工科を卒業した渋沢元治《しぶさわもとじ》もいた。栄一の生家「中の家」では、栄一の妹貞に婿養子市郎《いちろう》を迎えて跡をつがせていたが、元治はこの夫婦の長男だった。また英語の達者な第一銀行横浜支店長市原盛宏《いちはらもりひろ》が栄一の通訳に当った。

栄一は初めてアメリカを見て、国土の広さと商、工、農業の進取的な活力におどろいた。多種多様な人種の寄り集まった国でありながら、例えばモルガン[*2]の主宰する工業同盟が、全国的に統一されている点にも感服した。日本は一つの民族で国も狭いくせに、こう足並が揃わない、と思ったからである。

栄一は六月十六日にホワイト・ハウスで第二十六代大統領のセオドル・ルーズヴェルトに会見した。数え年だと大統領は四十五、栄一は六十三だった。そのとき大統領は日本の美術と陸軍をホメて、特に北清事変（明治三十三年に清国《しんこく》で義和団の変がおこり、居留外人の生命財産が危険になったため、各国の連合軍が北京へ入城して暴動をしずめた事件）における日本軍の厳正な行動に対しては各国が敬服したと述べ、アメリカもそれを手本にしたいくらいだといった。すると栄一はユーモラスな調子でこう答えた。

「閣下から日本の美術と軍隊をおホメいただいたことは、心からうれしく思います。しかし実業家の私としては、失礼ながら、いささか物足りない感がないでもありません。日本の商工業が美術や軍隊より劣っているように受取れるからです。今後は一層努力して、こんどお目にかかる場合は、商工業でもホメていただけるようにしましょう」

大統領は笑いながら同意を表した。そして彼はニューヨーク商業会議所会頭宛の紹介状に自署して栄一へ手渡した。当時栄一は東京商業会議所の会頭だった。

それから十三年たった大正四年に、栄一は三度目のアメリカ訪問をしている。そのときかっての大統領ルーズヴェルトはニューヨーク郊外のオイスター・ベイの私邸に栄一を招待して、主客八人ほどの午餐《ごさん》会を開いてくれた。席上の談話は主としてカリフォルニアの日本移民問題だったが、あとで栄一が十三年前の昔話を持ちだしたところ、ルーズヴェルトもよく覚えていて、笑いながら、

「イヤ、今日は私も日本の商工業を大いにホメますよ」とお世辞をいったそうである。

同じ大正四年の話であるが、栄一はある日ニューヨークのマゼスチック・ホテルにナショナル・シチー・バンクの頭取スチルマンと副頭取ヴァンダリップの訪問を受けた。当時『アメリカ商工業のヨーロッパ侵略史』という著書を出版して話題をまいていたヴァンダリップは、後年その初対面の印象をこう記している。

「……自分が渋沢子爵に初めて会ったのは約二十五年前である。（中略）子爵は私室（註　ホテル内）の安楽椅子に倚《よ》って、日本人がよく用いるエンドレス・シート（註巻紙）に書かれた日本文の原稿を読んでいた。子爵が自分の名を知ったとき、自分の小著〝アメリカ商工業のヨーロッパ侵略史〟の翻訳を耽読《たんどく》していたことを説明した。

子爵が自分の書いたものを翻訳する価値十分ありと考えたことを知り、自分は大いに自惚《うぬぼ》れを感じたので、自分に関する限り、この会見は幸先《さいさき》のよい近づきの始まりで

あった。このときの第一の相識《そうしき》は真の理解の実を結んだと考えている。じらい子爵を真の偉人と見るようになって、この会見は自分にとって、明確にそうであったと思う。」（白石喜太郎著『渋沢栄一翁』より）

このとき以来栄一はヴァンダリップと親交をつづけた。そして大正九年三月にヴァンダリップ・パーティーが東京へきたときも、栄一は嫡孫渋沢敬三《けいぞう》の家へ一行数人を長いあいだ泊めて、心からもてなした。

話を明治三十五年にもどそう。イギリスへ渡った栄一は、この曾遊《そうゆう》の地[*3]が諸事古風で、今見てきたアメリカとは対照的な国柄であることを痛感した。それからベルギーを経てドイツへゆき、盛んな工業力に驚嘆した。そして一旦ロンドンへ引きかえしてからフランスへ渡った。

パリは栄一に篤太夫の昔をしのばせる懐かしい都だった。ナポレオン三世時代に建造中だったグランド・オペラも、豪壮華麗な世界の名所になっていた。また昔は無かったエッフェル塔が美しい鉄の骨格をパリの空高く象眼させていた。

栄一は懐旧の情たえがたく、七言絶句の漢詩を二つ作った。そしてイタリーにまわって、ポートサイドからインド洋航路の神奈川丸に乗り、五カ月目で日本へ帰った。

結果的に見ると、この旅行は国民外交という新分野へ、栄一の足を一歩踏み入れさせたようなわけだった。

（思い出　両親はこのときの洋行土産として、私たちきょうだいに、珍しい立派なオモチャを沢山くれた。兄たちとよくいっしょに楽しんだのは輪になった丸いレールの上を走るアルコール焚きの汽車、またアルコール焚きの汽船、そしてピンポンの器具など。そのうれしさは、五十七年という遠い彼方でサンゼンと光っている。当時小学生だった私はもとより、中学生の兄二人もピンポンなるものを知らなかった。そして箱に書いてあるPing Pongという英語を、兄が中学生の学力相応に「ピング・ポング」と発音したので、私もその通りに覚えた。

そのピング・ポングのバットは昨今のような木やキルクの板ではなしに、表も裏も二枚の薄い獣皮で張ってあった。厚さは一・五センチもあったろうか。つまりハイカラな二重張りのウチワダイコと思えばいい。そしてこの二つのバットに玉が当ると、それぞれ音程の違う音を出した。一つは高く、もう一つは低い。いわば音程の三度ぐらい違うティンパニーである。

大工に頼んで張り板を二枚寄せたようなピンポン台を作ってもらうと、その中央にネットを張り、兄弟三人はハイカラ、ウチワダイコで玉を打ちあった。音の高いほうのバットに当って「ピン」と鳴った玉が板に落ちてグといってから、今度は音の低いほうのバットで「ポン」と鳴り、すぐ板に落ちてまた「グ」という。なるほどこれはピング・ポングに相違いないと感心したことを覚えている。

このとき私はアメリカの汽車の絵本ももらった。表紙に印刷されていた蒸気機関車の大きかったこと、中に出てくる食堂車の立派で楽しそうだったことなどは、いまもって忘れられない。

姉はそのとき寝かすと眼をつぶる、可愛らしい西洋人形をもらった。背の高さは四十センチもあったような気がする。当時としては珍貴で異国的な青い眼のお人形に、まだ十三歳の姉は西洋人らしい名前などつけて、こよなく可愛がった。

ある日、姉はその人形を板の間に立たせて、その前で私とママゴトをしていた。すると部屋に風が吹きこんで、人形はアッというまに後ろへ倒れた。そして愛くるしい顔がまっぷたつに割れてしまった。人形の顔は陶製だったのである。一瞬、姉と私は息を呑んだまま顔を見合せたが、次の瞬間、姉はこわれた人形をだきあげると、世にも悲しそうに泣き出してしまった)

ふだん壮健な栄一も明治三十七年の五月に肺炎をわずらい、中耳炎まで併発した。六十五のときで、一時は生命も気づかわれた。日清戦争には癌、そして日露戦争には肺炎。栄一は不思議なまわり合せで、大戦争というと大病に見舞われている。

肺炎の全快するまでには半年もかかった。栄一はそれをシオに数多い関係会社から身を引くつもりだったが、会社側の都合もあって、なかなか実現できなかった。しかしこの大病を転機として、栄一の生涯に秋の立ちそめたことは否めない。

日露の講和条約は明治三十八年十月に締結された。

だがその直前、連戦連勝に酔っていた国民は、国力の消耗や国際状勢の不利を知らないため、新聞の報道した条約の内容を不満として、政府や全権小村寿太郎《こむらじゅたろう》を非難攻撃した。そして東京では同年九月のはじめに電車の焼打や交番の襲撃さえおこった。そのとき栄一はある会合で、今次の条約は現状から見てこれ以上は望めまいという主意を述べ、小村全権を弁護した。そこで激し易い一部の群衆は栄一の飛鳥山邸を焼払うと息まいたが、さいわい赤羽工兵隊の出動で事なきを得た。

（**思い出**　中学一年で数え年十四だった私は、姉愛子と二人で阪谷の家へ避難した。そのとき家の女中に、携帯品はごく大切なものだけになさいと言われ、雑誌「少年世界」を二十数冊風呂敷に包んで、大事そうに持っていったため、阪谷の姉に笑われたことを覚えている）

＊1　光沢のある上質な絹。
＊2　アメリカの銀行家・実業家。
＊3　以前に訪れたことのある場所。

34　伏魔殿《ふくまでん》

明治二十九年に鈴木《すずき》藤三郎《とうざぶろう》が東京近郊に始めた資本金三十万円の日本製糖株式会社も、同三十八年には資本金四百万円にまで成長した。すると同社支配人磯村某、参事秋山某等は鈴木社長に無断で、競争会社たる日本精糖や大里製糖との合同を画策し、内地市場の独占を夢みはじめた。そしてこの一味の暗躍が、やがて社会的な大騒動を巻きおこしたのである。

磯村、秋山一派はまず同意見の株主を糾合して有志団体を組織し、合同反対の鈴木社長に臨時株主総会を開かせた上、多数株の威力で合同案を可決したため、少数派の社長は辞表を叩きつけて憤然退場するに至った。

結局、その総会では、大阪にある日本精糖と合併して資本金を千二百万円に増額すること。社名を大日本製糖と改めること。磯村支配人を専務に、秋山参事を常務に選任すること。栄一を相談役に依頼することなどが決定された。明治三十九年の七月だった。

相談役を引受けた栄一は、会社から社長の推薦を懇望されたので、当時大蔵大臣だった阪谷芳郎と相談して、農商務省農商局長の酒匂《さこう》常明《つねあき》を推挙した。新社長酒匂は温厚な人格者だったが、あとになって見ると、大会社の社長というウツワではなかった。

大日本製糖は盛んに同業会社を買収して手を拡げたので、資金が固定して巨額の借入金が出来た。おりから政府は砂糖の消費税を大幅に引上げる意向を示した。日露戦争後に膨張した財政対策として、この増税を財源の一つに当てようとしたのである。むろん会社は反対運動に繰りだす一方、増税を見越して外国の砂糖を多量に輸入した。しかし増税案は明治四十一年二月の議会を通過して即日施行となり、台湾の製糖業が発達してきたために、見越輸入の砂糖も一向値売りが出来なかった。苦しまぎれの磯村一派は代議士買収に手をつけた。砂糖戻税《もどしぜい》の継続や、砂糖官営運動を画策しはじめたのである。

当時栄一は会社の計理を心配して、瓜生監査役に調査を依頼した。その結果瓜生は、前期の決算で利益金に計上された八十五万円は、実は損失と見なすべきものである旨を発表した。すでに日糖は怪しいという風評の立っていた際だから、各新聞は競って内情を摘発し、株主や債権者も騒ぎ立てた。そのため百七十円（五十円払込済）もした株が俄然十三円台を割る始末で、この大会社は「伏魔殿」という、いかにも明治時代らしい悪名を世間からもらった。

四十一年の末、酒匂は栄一の意に反して社長を辞職した。そこで栄一は約五十日間昼夜の別なく善後策に奔走したが、翌年の四月早々磯村や秋山は拘引され、司直の手が関係代議士へも伸びていった。

四月二十七日には日糖の臨時株主総会が開かれた。この日会場は殺気立って「質問、質問」の声が渦を巻き、相談役の栄一に食ってかかる株主もいた。しかし栄一は熱誠をこめて在来の真相や今後の対策を理路整然と述べたので、さしも蜂の巣を突いたような会場も静粛を取りもどし、結局、満場一致で栄一に新重役の指命を一任した。そこで栄一は取締役に藤山雷太外二名、監査役に指田義雄《さしだよしお》外一名を推して総会は終了し、藤山が社長に就任した。むろん栄一は前もって藤山に日糖の経営を懇請していたが、承諾したのは、総会開会前一時間という瀬戸際だったという。ここで藤山愛一郎《あいいちろう》著『社長ぐらし三十年』の一節を引用してみよう。

「当時父は四十七歳の働き盛り、私は十三歳の少年であった。或る晩、寝ているところを〝お父さまがお呼びです〟といって起された。父の居間にいくとお前そこに坐れという。そして（中略）渋沢男爵の御推薦で、自分が身を挺《てい》して大日本製糖という会社の整理をやらなければならぬことになった。実は果してうまく整理できるかどうか、自分でも大いに疑いをもっている。また自分の友人たちもこぞって反対している。しかし永年恩顧を蒙った渋沢男爵の御推薦であり、それによって日本の経済界がいかに動揺するかを考えるならば、自分はいま一身の利害を顧る暇もなく、この仕事に従事しなければならない。それであるから、俺《おれ》はきょうその決心をしてきた。そうして会社の総会で社長になった。跡取りのお前に、俺はこのことを話しておかねばならぬと考えた。この会社に身を投じる以上は、藤山一家のすべてが自分の力とすべてのものを提供してやっていかねばならぬ。お前は跡取りとして、あるいは自分がこの仕事に失敗すれば、路頭に迷うようなことがあるかも知れん。それだけの覚悟をもってもらいたい。」

その覚悟が目に見えるようだ。また池田成彬《いけだしげあき》著『故人今人』には次のような一節もある。

「藤山もこれという仕事の無くなって居た時に、大日本製糖の整理問題が起ってきて、渋沢に拾われた。渋沢という人はそういう所は偉いね。私はいつもあの人に感心するのは、中上川の命令とは言いながら、〝あなたがいては駄目だから引っ込みなさい〟と使いに立ったのは藤山で、（中略）その藤山を渋沢さんが、大日本製糖の整理に引っ張り出したのですから、一寸普通人には出来ないことですよ。」（「濛々たる煙」参照）

日糖はともかく整理の軌道に乗ったが、厭な置土産は尾を引く。磯村、秋山一派が国会議員に金をまいた「日糖疑獄」もいよいよ表面化してきたのである。そして四十二年五月二十日の日記に栄一はこう書いている。

「午前六時起床、直ニ入浴シ卒《ヲエ》テ日記ヲ編成ス。又演説筆記ヲ修正ス。八時朝餐《チョウサン》ヲ食シ九時地方裁判所ニ抵リ、大日本製糖会社ノ証人トシテ川島予審判事ヨリ数件ノ審問アリ。依テ記憶スル所ヲ答フ。（下略）」

以下、当時の雑誌に掲載された、栄一の談話を抄録してみよう。

「苟《いやしく》も株主から選ばれて会社経営の局に当る者は、名誉も資産も悉《ことごと》く多数から自分に嘱托《しょくたく》せられたものと言ふ覚悟が無くてはならぬ。そうして之に自分の財産以上の注意を払はなければならない事は勿論であるけれども、又一方に於て重役は常に会社の財産は他人の物であるといふ事を念頭に置かなくてはならぬ。一朝自分が株主から信用を失った場合には、何時でも其会社を去らなければならないといふ覚悟が必要である。（中略）

然るに世間には監査役とか取締役とかいふ虚名を買わんが為の手段として、顔を出して居る所謂《いわゆる》殿様重役なる者がある。其浅薄なる考えは寧ろ憫笑《びんしゃう》に堪えたるものであるけれども、希望の小さい代りには罪も無い。次に自分は左程《さほど》悪心も無いけれども、其事業を経営して行くだけの器量が無い。則ち自分の使用して居る人物の善悪を識別する能力が無い。帳簿を監査する眼識が無い。それが為に知らず知らず誤られて、竟《つい》に救う可かざる窮地に陥れられる者がある。所謂《いわゆる》デモ重役というので、前のに比べると聊《いささ》か罪は重いけれども何れも自動的悪意に出たものでは無い。然るに（中略）其会社を利用して自分の栄達を計る踏台にしやうとか、私利私慾を計る機関にしやうとかいふ事になって来ると、実に許す可からざる罪悪と云はなければならぬ。成るべく株を高くして置かぬと都合が悪いなどといふ意念から、無い利益を有るやうに偽って配当する。又事実払込まぬ金を払込んだ様に装うて其株主までも瞞着《まんちゃく》しやうとする。此等は明かに詐欺の行為である。甚しきに至っては会社の金を流用して投機をやる、之は明かに窃盗の行為である。(中略)

それから日糖問題に就て私の立場を明かにするならば、酒匂といふ人はもと阪谷の紹介で会社に入れた人である。(中略)磯村とか、秋山とかいふ人達にばかり任せて置いたのでは危い、誰か適任の社長はあるまいかと私から阪谷に相談した。処が阪谷が、(中略)紹介してくれた。其処で私も(中略)酒匂君を信じて居たのであるが、それが抑《そもそ》も私の不明であった。酒匂君は案外計算の事に疎《うと》い人であった。即ち計算上の事に関しては極く軽く云へば呑気な人、悪く言へばボンヤリした人であった。(中略)此点に於ては私は飽く迄も不明の罪を免れ得ないものである。

磯村、秋山などといふ人は、(中略)初から非常に善い人であるとは信じ得なかった。酒匂君の話によると、磯村は一種義侠心のある男で、道理至極な事ばかりして居る人では無いけれども、悪事はしそうも無い人であるといふ観察であった。此辺の人は何れも故意に悪事をするのでは無い、けれども利益配当を好くしやうといふ目的から、(中略)無理に計算を誤魔化したので、之は詐欺の行為と言はれても仕方が無い

のである。（中略）

其後に至って磯村と秋山とが国会議員の運動をする（註　自ら国会議員になって砂糖官営運動をやろうとした）といふに際しても、私は其不心得を訓して、トウトウ磯村だけを止めさせた。

それから去年の十一月、瓜生君が監査役として計算を審《つまびら》かにした結果、八十五万円の大欠陥を発見すると、酒匂君は辞表を出すと言い出した。私は大に酒匂君を責めて、君の今の境遇は飽くまで会社の為に整理を計って行かねばならぬ。二年間社長として平気な顔で勤続して来たものが今此危急に際して辞職しようと云ふのは、船長が船を暗礁に乗せて置いて、自分だけボートで遁《のが》れやうといふのと同じ事である。（中略）

といふて、酒匂君一人を責めるのは無理である。酒匂君の外に、取締役として馬越《まこし》恭平《きょうへい》、渡辺福三郎《わたなべふくざぶろう》などといふ人も居る。此等の諸君は計算上の知識ある人として世間に信用されて居る。（中略）然るに昨年になって馬越君と酒匂君とは頻りに計算の事を心配して、最早会社を棄て去らうと云ふ意を仄《ほのめ》かした。其処で私は二人を二度ばかり喚んで、（中略）今出るといふのは余り卑怯であると厳しく責めた。其処で酒匂君は思い止ったけれども（註　結局辞職した）馬越君はどうしても私のいふ事を聞かなかった。

世間では、私が世間の信用を濫用《らんよう》して妄《みだ》りに多くの営利事業に顔を出すといふて攻撃する者もあるやうであるけれども、それは実に酷薄な仕打である。何となれば渋沢が経営し、渋沢が相談役になって居るから、仮令《たとえ》、不正な事があっても渋沢がどうかして呉れるだろうといふ依頼心を持つのは其人の心得違《こころえちがい》である。其心得違を責めずに唯渋沢が関係して居るのが悪いといふて攻撃するのは実に残忍な仕打と云はなければならぬ。私は（中略）相談役になれと云へば承諾する。社長を推薦せよと云へば推薦もする。然しながら相談役位のものに、そんな些細な点まで分ると思ふのが篦棒《べらぼう》だ。自分の都合の好い時ばかり引張出して置いて間違が起ると、渋沢それ見ろといふて詰問する。大きなお世話だ、馬鹿を云ふなと云ひ度くなる。或は私がやったればこそ未だ其害が少いのかも知れない。（中略）

又、世間に日糖事件に対する責を引いて実業界を退けといふ勧告をするものもあるけれども、私は此の際断じて隠退しない。（中略）不肖と雖《いえども》自分の責任を自覚して居る。私は決して徒らに隠退するもので無い。」

栄一の談話としては珍らしく語気が激しい。よほど世間の非難がカンにさわったものと見える。

この年栄一は七十になっていた。日糖事件の後始末をつけると、彼は六月に多数の関係事業から身を引いた。五年前の思い立ちを実行したのである。参考までにそれらを列記しよう。

東京瓦斯《ガス》。東京石川島造船所―現石川島重工業。東京人造肥料―現日産化学。帝国ホテル。東京製綱。東京帽子。日本煉瓦製造。磐城《いわき》炭鉱。三重紡績―現東洋紡績。日韓瓦斯。（以上十社の取締役会長）。大日本麦酒―現日本麦酒と朝日麦酒。日本郵船。東京海上火災保険。高等演芸場。日清汽船。東明火災保険。（以上六社の取締役）。日本興業銀行。十勝開墾。浅野セメント―現日本セメント。沖商会。汽車製造。（以上五社の監査役）。北越鉄道。大阪紡績―現東洋紡績。浦賀船渠。京都織物。広島水力電気。函館船渠。日本醋酸《さくさん》製造。小樽木材。中央製紙。東亜製粉。日英銀行。万歳生命保険―現日本団体生命保険。名古屋瓦斯。営口水道電気。明治製糖。京都電気。東海倉庫。東京毛織。大日本塩業。日清生命保険―現日産生命保険。品川白煉瓦。韓国倉庫。日本皮革。木曾興業。帝国ヘット。二十銀行。大日本遠洋漁業。帝国商業銀行。七十七銀行。（以上二十九社の相談役）。日本醤油。石狩石炭。東洋硝子。（以上三社の顧問）。ほかに解散清算中と設立準備中の六会社の役員を合せて総計五十九社。

また実業畑以外で役員を辞した数は高千穂学校、大倉商業学校、専修学校、大日本海事協会、愛国婦人会などの十三団体だった。しかしどうしても辞任出来なかった実業関係は、第一銀行、東京貯蓄銀行、帝国劇場、東京銀行集会所、銀行倶楽部などの七つ。公共関係では東京市養育院、東京慈恵会、東京高等商業学校―現一橋大学（これは全く栄一の努力で文部省に大学昇格を認めさせたもの）、日本女子教育奨励会、日本女子大学、早稲田大学（これも大隈との関係で栄一の尽力は大きかった）、孔子祭典会などの十七団体だった。そして栄一は七十七歳のとき実業界から完全に隠退した。

日糖事件の置土産はまだつづく。明治四十二年七月十日に東京地方裁判所の第一審判決があって磯村、秋山等はもとより、二十三名の国会議員までが有罪の宣告を受けた。すると翌十一日には、前社長酒匂常明が自宅でピストル自殺をとげた。そしてその書斎には長文の遺書が残されていた。

「余は明治三十九年十一月迄は、内聖恩に浴して賜る所の俸禄を以て妻児と共に幸福なる家庭を結び、外は要職を奉じて聊か国利民福の為め尽す事十数年なりしに、此日突如糖業統一発展に従事すべき勧誘を受く」という書き出しで、社長就任以来の不明を悔い、重大事件をおこした責任の免れ難いことを痛感して処決する旨を記した上、末尾を次のように感動的な言葉で結んでいる。

「最後に余の一族に幸福の時期の到来することを祈らしめ給え。最愛の児よ、児等の眼前に貧窮と云う大敵は逼迫《ひっぱく》せり。さりながら恐るる勿れ、健康と正直と勤勉忍耐と勇気とは、無限の資本なり。（中略）長幼相率ゐ相携へ、能く母に慰安と幸福とを供することの為めに、勉励せよ。万歳、万歳、万歳。（下略）」

むろん各新聞社は筆をそろえてセンセーショナルに自殺の模様、現場の情景、遺書の全文などを報道した。

そして世間の同情は酒匂に集った。

その日は丁度日曜だったので栄一は終日家にいたが、彼の日記は平素の通り、淡々と事務的に書きつづられている。

「午前七時起床、入浴シ卒朝餐《ちょうさん》ヲ食ス。後庭園を散歩ス。又来人に接ス。午餐後演説筆記ヲ修正ス。新聞紙記者数人来リテ酒匂氏死去ノコトニ関シテ談話アリタリ。(下略)」

この談話で栄一は、酒匂氏の死に対しては哀悼の念を禁じ得ないが、その行為は賛成しかねる。申訳がないからといって自殺するのは責任の回避で、真に申訳を立てるゆえんではないと述べた。

その後藤山は力強い経営で、さしもの伏魔殿を立派な会社に建てなおした。

(**思い出**　私は父から次のような中国の古い寓話を聞いた記憶がある。甲の家のカマドが破損していて危険だから、隣人乙がたびたび注意した。すると甲は人の家庭に余計な口を出すといって怒り、一向カマドを直さなかったため、とうとう火事を出して家を焼いた。そのとき友人丙が駈けつけて消火や家財持出しに協力してくれたので、甲は大変丙の親切を感謝した。しかし甲が一番感謝しなければならなかったのは、火災を未然に注意してくれた乙の親切であるべきなのに、世間の人情は得てこうしたものだというたとえ話だった。

父は日糖事件という火災で、不適任な社長を推薦した責任上、カマドにも注意し、消火や家財持出しにも協力し、家の再建にも骨を折ったわけである）

35　海をこえて（上）

日露の講和条約はアメリカの大統領セオドル・ルーズヴェルトの大変な尽力でまとまった。しかし前述した通り、日本国民にはその条件が不満だったので、アメリカに反感を抱く人も少なくなかった。しかもその反感は、世界屈指の強大国ロシアを負かしたという思いあがりに拍車をかけられて、露骨になっていった。そしてこの現象はカリフォルニアの日本移民に顕著だった。いきおいアメリカ人も彼等を嫌いはじめた。

もともと日本人は勤勉の上低賃銀で農耕は上手だ。アメリカ人には目の上のコブみたいな競争者だった。それが急に威張りだしたのである。そのため日本移民の排斥《はいせき》運動がおこり、労働条件は改悪され、学童までが差別待遇を受けるようになった。そこで明治四十一年に外務大臣小村寿太郎はアメリカと「紳士条約」を結んで応急対策とした。しかし前途の見通しは暗い。小村はあるとき栄一にこんな意見を述べた。

「アメリカは世論の国です。政府の外交交渉だけでは効果があがりません。国民外交が必要です。商業会議所あたりで骨折って下さい」

栄一はなるほどと共鳴した。

そのころ日本各地の商業会議所が、アメリカの太平洋沿岸にある八つの商業会議所代表者一行五十数人を招待するという計画があった。すでに栄一は東京商業会議所の会頭を辞していたが、二代目の会頭中野武営《なかのぶえい》から相談を受けて、その歓迎に尽力した結果、首尾よく成果をあげた。するとその答礼に、今度はアメリカ五十三都市の商業会議所が合同して、日本各地の商業会議所の代表者一行を招待することになった。そこでいわゆる「渡米実業団」が結成された。一行五十三名、団長に栄一が選ばれた。明治四十二年（一九〇九）八月十七日づけ栄一の日記にはこうある。

「（前略）十二時芝離宮ニ抵リ渡米実業団ニ午餐ノ下賜アリ。宮内次官、桂、小村、大浦三大臣来会ス。食卓上桂大臣ヨリ演説アリ。余ハ之に答ヘテ一場ノ謝詞ヲ述ブ。卒テ桂、松方、井上ノ三侯爵ヲ訪ヒ、又亜米利加大使館ヲ訪問シ、代理大使ゼー氏ニ面会ス。（後略）」

政府がこの国民外交をいかに重く見たかがよくわかる。そして一行は八月十九日に横浜を出港した。ゆくさきがレディー・ファーストのアメリカなので、一行中にも夫人数名が加わった。団長の栄一も妻兼子を伴った。そして兼子の姪高梨孝子《たかなしたかこ》（後の田中孝子）もアメリカの大学へ留学するために随行した。

一行は九月一日にシヤトル着、そして同月五日から汽車に乗ってアメリカ国内巡遊の途にのぼった。旅程は満三カ月。その間一行全員に汽車の寝台つきコンパートメントが宿舎として割当てられたのである。いわば輪上のホテルが五十三人の実業団一行を、アメリカ五十余の都市へ運んでくれるのだった。栄一には妻、秘書役その他の随員もあったので、三つの部屋が割当てられた。

汽車が町へつく。車中の朝食が終ると、駅に出迎えている三、四十台の自動車に分乗してすぐ出発だ。市役所へゆく。それから町によっていろいろな場所へ案内される。学校、公園、百貨店、製造工場、電気会社、ガス会社、時には銅の精錬所や鉄山の坑道、それに農場、カントリー・クラブ、上下水道設備、火災予防施設などの見学また見学で、昼食は大概午後三時ごろになってしまう。

それから一旦輪上ホテルへ戻り、燕尾服に勲章などつけて晩餐会や観劇会へ……だから帰りは午前一時ごろになる。そして走り出した車輪のひびきが眠りに溶けこんだと思う間もなく、もう翌日の新しい都市だ。それが毎日判で押したようにつづいた。

スピーチ好きのアメリカ人はどこの会合でも盛んに歓迎の辞をあびせる。そのつど団長の栄一も当意即妙な答辞を述べる。そして一行は九月十七日にミネアポリス市で第二十七代大統領タフトのレセプション（接見）と午餐会に呼ばれた。

レセプションはミネトンカ湖に面したラファエット・クラブの階下ホールでおこなわれた。

「ミネトンカの湖畔にて」というアメリカン・インディアンのラブソングとはおよそ縁遠い会合ではあったが、あの民謡を生んだ蒼く美しいみずうみは千古《せんこ》[*1]の夢をたたえて、主客全員の心を和やかな気分に包んだことだったろう。接見後に別室で午餐会が開かれた。その席上での挨拶に、栄一はこんな言葉をつけくわえた。

「……今回の実業団は民間人ばかりの平和使節とも言うべき一団で、何等官職を帯びてはおりませんが、日本の天皇陛下はそれを特に重要視されて、異例な壮行の宴まで催けられたほどであります」

これに対してタフト大統領は歓迎の辞の中で、カリフォルニアの移民問題も過去の事実になるであろうと述べ、最後に盃をあげて、英明の君主日本国皇帝の「バンザイ」を、日本式に三唱した。そして唱和の声は力強くミネトンカ湖上にこだました。沿岸の原生林を背景として、初秋の陽光にかがやく軽快なヨットや瀟洒《しょうしゃ》な艇庫は、明るい投影を緑の水に揺曳《ようえい》させていたであろう。そんな雰囲気の中でアメリカ大統領が音頭を取った「バンザイ」は、日本人には特に感銘の深い外交演出だったにちがいない。

三カ月間の旅行で、栄一の受けたアメリカ人の印象を、彼の感想談から抄録してみよう。

「……客に対する待遇も、えらい鄭重《ていちょう》なことをするかと思うと、至って簡略な場合もある。（主催者次第で客扱いが大変違う実例を挙げ）日本などとはまるで反対のことが多いのです。おたがいに日本人は自ら卑下するのを一つの礼儀としておる。反対にアメリカ人は己のことを誇るのを、礼儀ともしますまいけれども、習慣として居る。甚だしきは自分の妻君をアメリカ一の婦人だと云う。戯《たわむ》れに云うかと思うと、決して戯れではない。笑いもせずに、『貴下の見たこともない美人をお目にかける』そこで『これです』と云うのが自分の妻君だったりする。

そう云う様な有様で、真率《しんそつ》と申せば真率、乱暴と申せば乱暴で、とかく自国のことを自慢に思うて居る。ですからアメリカを旅行して居ると、毎日アメリカ一に出会《でっくわ》す。これがアメリカ一だ。中には世界一もあります。こちらが笑いますと向うも笑って、是はアメリカ人の癖ですなど云うて、とんと構はぬ。

そこに至ると東洋主義、殊に日本の国などから行って見ると、人に対する遠慮が極く少い。そうして我が意思を人前で表白することが極く無作法である。しかし何に致せ一体に国力は実に盛んなものであって、前に申す通り鉱物であれ、森林であれ、総ての天産物が甚だ豊富であります。これに人工を加へ、機械を応用し、盛んにその富源を開発する。しかも国民の気風が至って敢為《かんい》で、又大胆です。敢為、大胆でありながら、頗《すこぶ》る学問を重んじます。この学問を重んずると云うことからして、総ての設備が唯乱暴に流れない。まず経済界に於ては、あれ位急激に進歩した国は稀であるということは、ヨーロッパ人も申して居りますし、私共が見ても、何れの方面も僅かの歳月に非常なる進歩を為したというのは、真に驚き入るようでございます」

慶応三年に栄一がパリで感じた文明開化とは全然別種の文明開化が、彼の眼前に躍動していた次第である。この旅行で彼の作った「舟車二万一千里」という詩の転句に「到処只聞く邦土の富」とあるのは、日本実業界の先達として肝に銘じた羨ましさの実感だったと想像される。そのむかしパリから尾高新五郎へ送った手紙に、「何もかもただ歎息することばかり」と書いた栄一は、広大無辺なアメリカの国富にも歎息するばかりだったと見える。

十月二十六日の朝、実業団一行はウースター駅で、伊藤博文ハルピン駅頭に暗殺さるの凶報を耳にした。そしてスプリングフィールド市で、日本の外務省から発表された公電を知った。栄一は同市の「デイリー・リパブリカン」紙の記者から談話を求められたときその感慨をこんな言葉で結んだ。

「……君国のためにその生命をなげうつことは、公爵の本懐とする所であろうとお察しします。かくは考えますものの、四十年の知己を俄かに失うて、真に感慨無量でございます。私は全日本国民と共に深く公爵の死を御追悼申上げます。……」

実業団一行は十二月十七日に無事横浜へ帰りついた。すでに実業界から引退した七十翁の栄一ではあったが、九十日間の多忙きわまる旅程は、彼がまだ壮者をしのぐ体力や精神力に恵まれていることを立証した。彼はこの旅行で、アメリカ人や在米日本人に多くの知己を得た。

栄一はこのときチャルマーというアメリカ製自動車を一台買ってきた。彼は明治四十年ごろから馬車をやめて自動車を常用していたが、それはイギリスのハンバーという車で日本での車両番号は23だった。そして新しいチャルマーは77だった。当時はそれほど日本に自動車が少なかったのである。

〈思い出〉 渡米実業団員の堀越善重郎《ほりこしぜんじゅうろう》さんにお願いしておいたので、私はこのときのお土産に、憧れていた泰西名画の原色版複製を手に入れることができた。主としてイタリーのルネッサンス時代の画をお願いしておいたのである。貿易会社堀越商会の社長さんは、それらの画を私に手わたされるとき笑いながら「どうも商売ちがいのご注文なので、どこに売ってるかわからなくて弱りましたよ。」といわれた。世間知らずの中学生が、見当ちがいのお手数をおかけした次第である。そのとき頂戴したキドレニーのオーロラの画を、私は熱心に模写した記憶がある。

帰りたての渡米実業団一行が、ある日父の家で午さん会をもよおした。そのときどういうわけか私もその席へ出席させられた。二《ふ》タ間つづきの大広間一杯に、いくつも小さなテーブルが並べられ、団員は何人かずつに分れてそこに坐った。そして団長の父をはじめ、大勢の人がかわりがわりにスピーチをした。おまけにとび入り中学生の私までが何かしゃべらされた。いまにして思うと、会全体の空気がアメリカ式だったようである。何となく窮屈で堅苦しい日本から、自由でノビノビしたアメリカへいってきたおかげで、分別くさい日本の実業家や学者たちも若がえったのであろう。どのテーブルにもいきいきした雑談や笑い声が賑かだったことを覚えている）

大正三年（一九一四）の五月に栄一は支那大陸へ旅行した。この計画が日本の新聞に発表されると、中国で発刊されている英字新聞や漢字新聞はもとより、イギリス本国のロンドン・タイムスまでが、渋沢の旅行は利権獲得にありと書き立てた。その結果、中国人の一部には反対運動を試みる人さえ現われた。栄一の経歴が、外国人に疑心暗鬼の曲解をさせたのである。

しかし栄一の心境はおよそ利権獲得とは縁がなかった。当時よく紛争をおこしていた中国人と日本人の間に、出来れば経済上の共存共栄を通じて、隣人愛のカスガイを打ちこみたいという意欲。また、幼時から書物でばかり親しんできた中国の風物を、実際に見ておきたいという一念。この二つが七十五歳の老軀を支那大陸へ運ばせたのである。随行者は馬越恭平以下数人のほかに、栄一の次男渋沢武之助や三女愛子の夫明石照男《あかしてるお》もいた。

栄一が日本へ帰ってから話した旅行談は、以上の心境を端的に表明している。

「私が支那漫遊の希望を抱いて居ったのは、一朝一夕のことではない。機会があったら、彼地の古蹟文物を探って見たいと思って居た。殊に浅薄ながらも、幼少の時より漢字を好み、詩を作るような事もあり、四書、五経、八大家文、古文真宝《こぶんしんぽう》等の或部分は暗《そら》んじて居るので、彼《か》の洞庭《どうてい》湖、西湖、赤壁なども、詩文の上で、斯《こ》うでもあろうかと想像して見ることもあり、一度は其《その》実地を見たいと思って居った。また少年の時分から論語を父に教はり、先輩も指導誘掖《ゆうえき》してくれたから、遂《つい》に習い性《せい》をなして、孔孟の書は一身の金科玉条と心得て居た。（中略）左様な訳であるから、是非一度は曲阜《きょく ふ》にある聖廟《せいびょう》（註　孔子廟）に参拝したいと思って居たけれども、世事多忙、日も亦《また》足らずというような次第で、日一日と延び、遂に今日に至ったのである。

ところが昨年の春、偶然中国興業会社を組織することとなった。これは私が昨年の春来遊した孫逸仙《そんいっせん》氏（註　孫文一八六六―一九二五。三民主義を唱えた中国の革命家で、革命なかばに病死したが現に中国革命の象徴として民衆から敬愛されている）と相談して設立したのであるが、其後彼が第二革命を起すに及んで、此の会社は支那政府より多少の疑惑を受け、或は水泡に帰するの恐れなき能はざる情況であった。しかしこれは非常の誤解であって、私が中国興業会社を創立したのは、単に日支間の実業の連絡と其発展を期したまでで、もとより経済に国境のあるべき筈なく、いはんや南北（註　当時の中国は南北に分れて争っていた）などは問う所でなかった。ついては是等の疑は何とかして解きたいものであると思うて居た。

其後支那政府の大官中にも、両国合弁会社の設立について、私の北京旅行を望まれた人もあったので、自分はいよいよ渡支の念切なるを覚えた。然るに当時は折悪しく病気にかかり、医師の注意に従って見合すことにしたが、ようやく時を得て本年五月二日に出発し、多年の望を果すことを得た。

旅行の順序は、上海へ着後、長江をさかのぼって漢口までゆき、（中略）漢江から北京に出で天津、済南、曲阜、膠州湾を経て、満洲に入り、朝鮮を経過して帰京する予定であった。ところが、天津に着いてから、たまたま発熱があって、少しく疲労を覚え、私自身は、さまでに思はなかったけれども、馬越君及び一行中の人々が大層心配され、殊に其際《そのさい》、山座《やまざ》、水野《みずの》の両氏逝去の報があって、風声鶴唳《ふうせいかくれい》と云うような有様で、一行から大層な病人扱いにされた」

当時、日中両国間には外交上の難問題が山積していた。山座円次郎《えんじろう》は北京駐箚《ちゅうさつ》の特命全権公使で、腹芸の出来る東洋豪傑風な酒豪だった。また、水野幸吉《こうきち》は有能な公使館参事官。ところがこの水野が病死して四日後の五月二十八日に、山座公使も突如急死した。場合が場合だけに、中国人が毒殺したという噂さえ飛んだ。いきおい栄一の随行者も彼の病気に一層おびえた次第である。

「いかにも残念であったが、親友同行者の忠告でもあり、他郷に於て発病した事でもあり、殊に馬越君の如きは、必ず将来共に曲阜に再遊するから、今回は帰国せよと懇切に勧告してくれたので、自分も思い止ることにした。支那政庁では、私が曲阜の聖廟に参拝し泰山に登ると云うことを聞いて、特に鉄道の便を設け、テントなどをも用意してくれたのであるから、（中略）丁寧に諸方に電報をして申訳をなし、三十日に天津を発し、（中略）満洲その他をまわって日本へ帰ったのである」

記憶力のよかった栄一は論語の章句を半分以上も暗記していたらしく、何かというとそれらを引用して処世の訓言としたため、世間から「またか」と煩《うる》さがられたほどだったが、文明批評家の三宅雪嶺《みやけせつれい》（一八六〇―一九四五）は栄一をこう評している。

「渋沢子はながらく論語を読み、文字を愛誦し、意義を消化した。実に論語を体験せば、子の如きものになるであろう。孔子が知ったら、よく教を守り、これを生かしたと賞めたろう」

だからこのときの栄一の心残りはさこそと思われる。そしてついに再遊の機はこなかった。ちなみに栄一は「孔子祭典会」「斯文《しぶん》会」「二松学舎《にしょうがくしゃ》」「陽明学会」などの創設や振興にも力を尽くした。

＊1　大昔から変わらない。

36　海をこえて（下）

大正四年（一九一五）十月二十三日に栄一は横浜を出港した。三度目のアメリカゆきである。随行者の中に二男武之助、三男正雄、その学友永野護《ながのまもる》などもいた。また栄一の孫穂積重遠もアメリカでこの一行に参加している。

当時サンフランシスコではパナマ運河開通記念の大博覧会が開かれていた。しかし第一次世界大戦のはじまった翌年なので、各国からの出品も振わず、入場者も少ない。そこで日米親善に熱心な栄一は、博覧会の景気づけに出かけたのである。同時に有力なアメリカ人や在留邦人に会って、日米間の諸問題を検討したり、その対策を講じたりすることも主要な目的の一つだった。特にカリフォルニアの日本移民に対する差別待遇は、栄一にとって忍びがたい不当な措置だったのである。

栄一は青年時代に漢籍で「弱肉強食」という文字を読んだ。またパリでは「最も強いものの申分は常に最高である」という諺を習った。イギリスには「力は権利なり」という言葉のあることも聞いた。また西南戦争のときには「勝てば官軍」の俗諺が人の心に復活した。そして現にヨーロッパでは戦争がはじまっている。いつまでたっても、倫理を度外視した「強いもの勝ち」の野望が世界を支配している。老境に達した栄一の心へ、これほど悲しく映る人類の姿はなかった。

栄一の読んだアメリカ人の書物でも、S・H・チッヤの『米国民の欧州戦争観』やエール大学教授ラッド博士の『倫理上の中立問題』などは、「強いもの勝ち」の思想を否定して、正義人道を力説している。東洋流の倫理に生きる栄一と全然同意見だ。強大な国力を持つアメリカにも、こういう思想の人たちは少なくない。栄一は微力な我身を「蒼海の一粟《いちぞく》」と感じながらもアメリカの有力者に欧州戦争の終結を呼びかけずにはいられなかったのである。

栄一の親友たるアメリカ人シドニー・ギューリック博士はその著に「私は日米問題の解決を無声の声によって神から命じられた」と書いた。そして栄一もその言葉に倣って、大正四年のアメリカゆきを、「孔夫子の教示に従い、天の使命を受けたのである」と人に語った。もしメーテルリンクの寓話《ぐうわ》を引用するなら、彼は世界平和の「青い鳥」をアメリカまで追いかけてゆく七十六歳のチルチルだった。

しかしカリフォルニアの日本移民問題は栄一のたゆまぬ努力にもかかわらず、不公平な移民法が彼の生前には改訂されずじまいだった。また欧州戦争も一九一七年四月にはアメリカの参戦で、あの悲惨な世界大戦へ発展した。世界平和の悲願は賽《さい》の河原に石を積む小児のように哀れだ。現在としては、国際連合の逞《たく》ましい成長を祈念するほかはない。

サンフランシスコで博覧会を見物してから、栄一は有力なアメリカ人十九名と、「日米関係委員会」設立の下相談をした。その席上で栄一は移民の差別待遇に対する不満を率直に述べた。するとそれに共鳴するアメリカの有力者も現われて、隔意のない意見が活発に交換された。その結果、やがて日米関係委員会は生れた。

折柄サンフランシスコに、アメリカ労働組合の大会が開かれた。ギューリック博士などの気づきで、日本の労働団体「友愛会」からも、会長の鈴木文治《すずきぶんじ》と幹事の吉松貞弥がその労働大会へ出席することになった。当時日本の実業家は概して労働運動を白眼視していたが、栄一は逆によき理解を持っていたので、鈴木と吉松の大会出席にも尽力した。

そんな関係から栄一の親友たる在米邦人の農場経営者で、ポテト・キングと呼ばれた牛島謹爾《うしじまきんじ》は、栄一にアメリカ労働党主領兼労働組合総長のゴンパースを引き合せた。丁度ゴンパースが大会のためにサンフランシスコへ来ていたからである。

当夜の出席者はゴンパースのほかにサンフランシスコ方面の組合幹事シャーレンベルグ、日本人側は栄一、通訳者小畑久五郎《おばたきゅうごろう》、鈴木、吉松、それに主人の牛島という顔ぶれだった。

ゴンパースは七十近い老人で、若い時から労働者として終始してきた実際人なのだが、労資関係に対する意見は学問的で、学者や政治家なみの知識を持っているように見えた。栄一はそれに対して、日本の学問はアメリカと仕組が違うせいか、学者と実際人の見解に距離がありがちなのは、一体どうした訳だろうという疑義を感じたりした。

最初ゴンパースは栄一に会うのが厭だったらしく、八時半に先約があるから長い話はこまると言っていたが、いざ同席したら、九時になっても十時になっても帰らないばかりか、しまいには愉快そうに卓上演説まではじめた。

これはアメリカの新聞が栄一を大富豪と間違えて、日本のモルガンなどと報道したため、ゴンパースもどうせ金持は身勝手に違いなかろうと毛嫌いしていたのが、会って見るとウマが合ったので、日本のモルガンに興味を感じたものと思われる。ちなみに鈴木と吉松は、その後労働大会へ正会員として出席することが出来た。

それから栄一はアメリカ内部の忙しい旅に立った。彼の日程に余裕がないため、ポートランドの友人クラークは午前七時に歓迎朝食会を開いてくれたほどだった。

次に栄一はシアトルの友人たちと旧交を温めてから、シカゴへ向かった。その三昼夜の汽車旅行で、栄一は四、五カ所の駅に在留邦人の訪問を受けた。

アメリカ大陸にはプラットフォームも上屋《うわや》もない駅がある。平原の真唯中《まっただなか》に汽車が止まるだけだ。そんなわびしい駅にも未知の在留邦人が数名、栄一の通過時刻を調べて、十一月の夜寒《よさむ》にわざわざ旅情を慰めにきてくれたのである。中には幼児の手を引いた実直そうな中年夫婦もいた。

子供の手からは美しい菊の花が、そして大人の手からは見事な林檎などが栄一に渡される。老いを忘れて日米親善に尽くす七十六翁へ、一言礼が言いたいという人たちの熱意だ。その真心がジーンと栄一の胸に泌みて、彼の目頭は熱くなった。

ピッツバーグでは缶詰工場主のハインツ、フィラデルフィアでは百貨店主のワナメーカーに会った。二人とも有名で多忙な実業家でありながら、特に日曜学校（キリスト教の教会で日曜日に開く宗教教育の学校）に力を入れているクリスチャンだった。そして栄一も将来東京で開かれる日曜学校世界大会の後援者だったので、この二人とその打合せをしたのである。しかし当時の東京にはホテルも少なかった。

そこで栄一は二人にこんな念を押した。

「あまり多数の会員がくると、船に宿泊してもらわなければならないかもしれません。それからアメリカの婦人たちは随分我侭《わがまま》のようですが、それはアメリカ側でうまく慰撫していただきたい。また設備その他に不行届の点があっても大目に見て、不平や苦情を言わないようにして下さい」

すると二人は、「それしきの事なら何とでもしますが、一体あなたはどうして日曜学校の世界大会にそう熱心なのです？」と質問した。日本の実業界で指導的な立場にいる栄一がクリスチャンでもないのに、畑違いの宗教教育を援助する。二人は期せずして同じ疑問を抱いたのである。無理のないことだ。

　そこで栄一は答えた。

「私はキリスト教も仏教も信仰していませんが、人は自己のためにのみ生くべきものではないという信念を、東洋哲学で深く感じています。この点キリスト教精神と同一であろうと思います」

　このとき以来、三老人は終生、深い交わりをつづけた。

　栄一はボストンでエリオット博士と旧交を温め、十一月三十日にニューヨークへ着いた。タカジャスターゼの高峰《たかみね》譲吉《じょうきち》博士、正金銀行*1の一宮鈴太郎、そして日本協会などが栄一のために、それぞれ盛大な歓迎会を開いてくれた。そういう会にはアメリカの政治家や学者や実業家が多数出席した。

　そして「政治と栄一」に書いたセオドル・ルーズヴェルトとの再会も、この時のニューヨーク滞在中だった。また栄一は同じ項に出ているヴァンダリップにも会って、中国における日米商工業者の衝突回避策などを話合った。

　ワシントンでは珍《ちん》田《だ》捨《すて》巳《み》大使の配慮で、第二十八代の大統領ウィルソンに会見することができた。大統領は栄一が日米親善のために、たびたびアメリカへ来たことを謝して、「旅人の足跡は国境を踏みならす」という諺を引いた。

　それに対して栄一は「自分の足跡で国境を踏み消したく思います」と答えた。

翌大正五年一月四日に、栄一は日本へ帰りついた。

しかしそれから五年後に、彼はまたアメリカへ旅立った。一体何が八十二歳の老体を引きつけたのであろうか。

大正十年（一九二一）の十一月にはアメリカ二十九代の大統領ハーディングが、ワシントンで国際的な軍縮会議を開いた。いわゆる「ワシントン会議」である。参加国は海軍競争にうき身をやつすアメリカ、イギリス、日本をはじめ、極東および太平洋に利害関係を持つフランス、イタリー、中国、ベルギー、オランダ、ポルトガルの諸国だった。まだ飛行機は幼稚な時代で、軍縮の対象は主として軍艦だったのである。

その年の十一月十七日に、世界最新最大の軍艦「加賀」が神戸の川崎造船所で進水された。この皮肉な現象を一つの示威運動として、軍部と右翼団体は国民を扇動したあげく、十二月には東京の芝公園で軍縮反対の国民大会を開かせるに至った。ワシントン会議は日本の国防を危くする一方、労働者の失業問題を引き起こすという主張だった。

しかし日本政府はワシントンに主席全権加藤友三郎《かとうともさぶろう》、全権徳川家達《いえさと》、幣原喜重郎《しではらきじゅうろう》その他を派遣して、アメリカ海軍の「十」に対して日本海軍の「七」を比率の限度とするよう指令していた。軍部や右翼にはそれが真向から気に入らなかったのである。

栄一は軍縮会議が決裂しては日本のためにならないと思った。それが心配でじっとしていられない。彼はアメリカに有力な知己友人を持っていたため、個人の資格で蔭ながら会議の成功に尽力しようと考えた。そしてこの念願が八十二という老齢を忘れさせたのである。

栄一は十月十三日に東京駅を立った。一行は日米関係委員会の同行者や秘書などの数人。見送りにきた総理大臣の原敬《はらたかし》が「お身体をご大切に……」と手をさしのべたのに対して、栄一も「ありがとう……」と握手をかわした。その原敬が一ト月足らずのうちに、同じ東京駅で刺客の凶刃《きょうじん》にたおれた。栄一は十一月四日にそれをシカゴで知った。彼は渡米実業団の折、伊藤博文暗殺さるの報に接したことを暗い気持で思いおこした。

ワシントンで栄一は加藤、徳川、幣原に会って政府の方針を聞き、自分も日米関係委員会を代表して意見を述べた。そしてその日ハーディング大統領とも会見した。また翌十一月九日には再び加藤主席全権をたずねて、軍縮のため一部の業者や労働者に苦情もあろうが、事の大小軽重を考慮して適宜の処置を願いたいと申し入れた。

（**思い出**　大正十三年九月に連合艦隊の陸奥《むつ》、長門《ながと》、伊勢、日向《ひゅうが》の超弩艦四隻をはじめ、航空母艦鳳翔《ほうしょう》や多数の巡洋艦、駆逐艦などが一ト晩中演習をつづけながら、横浜港から伊勢湾へ航海したことがある。そのとき私はある関係で数名の友人と共に海軍の招待を受け、爽快な一夜を伊勢艦上にすごした上、翌日の正午、司令長官加藤寛治《かとうひろはる》大将から旗艦陸奥で昼食の御馳走にあずかった。加藤大将はワシントン会議へ出席した人である。そして私が初対面の挨拶を申しのべたとたん、大将は笑いながらこういわれた。

「ワシントン会議のときは、君のオヤジさんがアメリカ人といろいろ工作するので、ジャマで仕方がなかったよ」

いつも初対面の人から、「ご尊父様には一方ならぬお世話になりまして」などという挨拶を聞きなれていた私は、この卒直な言葉を新鮮な気持で聞いた）

栄一はそれからニューヨークに三週間滞在した。そのあいだにピッツバーグへ往復してハインツに会っている。そしてニューヨークを立ってフィラデルフィアへゆき、そこに五日間泊まってワナメーカーと旧交をあたためた。その最後の日、栄一はワナメーカー百貨店の特別室で、店主ワナメーカーから金時計を贈られた。しかしあいにく店主が病気になったため、友人のブラオン博士が代理として本人の意向を栄一に伝えた。

「ワナメーカーはかねてウィルソン前大統領に進呈するつもりで一つの時計を作らせていた。多くの仕事をするには正確な時を知る必要があるからである。ところが最近ウィルソン氏の行動にはあきたらぬ節が多いので、彼は時計を贈るのが厭になった。そこでそのかわりと言っては失礼だが、日本の渋沢子へ進呈することにした。渋沢子は世界をよりよくするために絶えず努力している人だ。彼はこの人こそと思って進呈する次第だという」

いかにもアメリカ人らしい卒直な口上である。

栄一はその時計を終生愛用した。それから栄一はもう一度ワシントンへ戻り、忙しい毎日を送った。そのときの模様を聖ロカ病院長のトイスラーがこんな風に書き残している。

「子爵の最も優れた特長の一つは、一旦なした約束への忠実さである。（中略）この事実は一九二一年彼がアメリカ合衆国訪問の際に遺憾なく発揮されたのである。当時子爵が八十二歳であった事を忘れてはならない。

（中略）大西洋岸の海は氷雪を以て閉されていた。ニューヨーク市の有力な人たち数名が、日米親善、国際友情のために尽される子爵に報いるために、彼を午餐会に招待することになり、日を十二月七日水曜日と定めて、私が子爵に招待状を持ってゆくことになり、（中略）プレーザ・ホテルへ訪問したのである。ところが子爵には火曜日、水曜日の夜はワシントンで退引《のっぴき》ならぬ約束があることが判ったのである。

そこで私は子爵の面前で、小畑、増田（註　栄一の秘書）両氏と色々と相談してみたが、結局あの御老体を以てしては、ニューヨーク市における水曜日の午餐会に出席することは、到底不可能という事に一致したのである。ところが私たちの議論の最中に、子爵は例の気軽さを以て、汽車の時間表を求められ、そしてワシントンを午前七時に出発すれば、午後一時にニューヨークへ到着、折返し三時にニューヨークを出発すれば、夕方八時にワシントンへ到着し、汽車から直ちにゆけば晩餐に間に合うことを発見され、即座に招待に応ずる旨を述べられ、最後にこの問題については、もう議論を続ける必要がないとつけ加へられたのである。

今だから白状するが、私はニューヨークでの招待を子爵に受けていただきたい事は勿論であったが、それは厳寒の最中であること、子爵は市から市へと約束で埋められていること、ワシントン、ニューヨーク間往復十二時間の旅行を強い、同日に二大宴会に出席することなどは、お体のためにも、無理であることを、私は熱心に説いたが、子爵は私の反対も小畑、増田両氏の忠言も聞き入れず、静かに卒直に、自分はすでに決心がつき、この計画を実行し得る健康を持っていると答え、私にニューヨークの幹事たちに喜んで招待を受ける旨を伝えてくれるよう命ぜられたのである。（下略）」

（白石喜太郎著『渋沢栄一翁』）

このとき栄一はニューヨークでもワシントンでも大演説をしている。心身共に若々しい八十二歳だった。

十二月十日午前十時に栄一はワシントン会議を傍聴した。二十年の歴史を持つ日英同盟の廃止に対して、イギリス代表バルフォアは雄弁に袂別の辞を贈った。それに比べると日本代表の演説には生彩がなかった。

栄一は諸所の会合で日米の知己友人と会談してから、ロサンゼルスを経てサンディエゴへいった。前年ヴァンダリップ・パーティーの一員として日本へきたライマン・ゲージに会うためである。それと知ったゲージは八十七歳の老体だったが、自ら自動車を走らせて栄一をホテルにたずね、一時間あまりも懇談した。そして栄一と別れの握手をかわしながら、

「寒さのきびしくなる折から、くれぐれも御健康に注意なさるよう祈ります」といった。このありふれた挨拶も八十七翁と八十二翁の別れにかわされればシミジミした実感を伴う。現に栄一が日本に帰ると間もなくゲージはこの世を去った。

栄一はサンフランシスコのフェヤモント・ホテルで大正十一年の元旦を迎えた。そのとき作った七言絶句の転結は、

「米寿算し来ればなお五を欠く。金門迎え得たり太平の春。」というのだった。八十八にはまだ五年もあると未来を期した次第である。

一月九日に友人ウオラス・アレキサンダーが送別の盛宴を開いてくれた。その席上で答辞を述べた栄一は、日米問題に対して燃えるような熱情を披瀝した上、最後にこう言葉を結んだ。

「必要があれば、私は重ねてこの国にまいります。ただし御覧の通りの老人ですから、

そのときは棺桶を用意してまいります」

翌朝のサンフランシスコ・クロニクルは、大きく紙面をさいて栄一の答辞の全文をかかげた。すると同じフェヤモント・ホテルに泊まっている未知のアメリカ女性が小畑秘書を通じて、栄一にこう申し出た。

「今朝のクロニクルを読んで、私は感激の涙にむせびました。たとえ女の身でも、これからは子爵の御指導に従って、日米親善に尽さなければならないと決心しました。ついてはその記念として、私の秘蔵しておりますこの鍵を、子爵にさしあげたいと存じます。鍵そのものは粗末ですが、私にとっては特殊の意義ある品をさしあげる次第でございます。その心の篭《こも》った点をお汲みとりの上、お受けください」（白石喜太郎著『渋沢栄一翁』）

栄一はワナメーカーから貰った時計の鎖に渡米実業団当時の記念品である「リバティー・ベル」（独立戦争の際打ち鳴らした自由の鐘。フィラデルフィヤに現存している）の可愛らしい模型をつけていたが、その鎖にその日からこの鍵もつけ加えられた。

外国映画で女性が男性に鍵を渡す場合は、たいがい求愛へのＯＫを意味する。しかしこの鍵はそんな色めいた意味を持ってはいない。八十三翁の国際愛に胸を打たれた女性が、おのが心の底まで開放した傾倒の印であろう。栄一はアメリカで少なくとも一人の精神的な女性ファンを得た次第である。

栄一は一月十日にサンフランシスコを立った。帰途ハワイではたまたま日米間の労働争議に調停の役目を果たすことが出来た。そして一月三十日に横浜へ着いた。出港以来百十日目である。多忙なこの旅行で栄一は約九十回の卓上演説を試みたという。秋を終って冬にはいった彼の一生にも、まだ若さと熱が燃えつづけていたのである。

そもそも栄一の日米親善は、日本の利益のために出発したものである。しかしそれは同時に相手国のためにもなり、世界平和のためにもなるべき国際愛でなければならないと信じていた。だから栄一はいつも公平妥当な見解を念として、主張すべき点は主張し、譲るべき点は譲るように努めてきた。そして身銭を切って何の求めることもなく日米親善に打ちこんでいる。人のために働くのが彼の生き甲斐であり幸福であった。その誠実さがアメリカにも多数の有力な知己友人を作り、新聞も彼の記事を大きく扱った。

一体、栄一の私生活は簡素で無趣味なほうだった。飛鳥山に九千坪の土地を買い、建坪七百坪の家を建てたが、それは主として招客や園遊会に利用するためだった。だからダダッ広くて廊下ばかり長い家に、不便不自由な毎日を送った。例えば日本館の風呂場から洋館の応接室までは、廊下を百メートルも歩かなければならない。その一部は中庭に面した縁側で、ガラス戸も障子もしまってない始末だ。朝湯の習慣のある栄一は、だから真冬でもこの寒い百メートルを往復する。老人にはカゼを引きやすい屋内散歩だった。

嫡孫の敬三は物事によく気のつく人だから、晩年の祖父母に洋館ずまいを提案した。その結果洋館に暖房設備が整い、その一隅に浴室も新築された。これで老夫婦は小ぢんまりと、南向きのリヴィング・ルームで暮らすことが出来た。ただし昔者らしくジュータンの上に坐る様式を用いた。むろん栄一も兼子もこの生活改善を喜んだが、もし敬三の提案がなければ、この老夫婦は最後まで百メートルを往復しつづけたであろう。

慶応三年にパリへいった栄一は、明治の日本に数多くのヨーロッパ文明を取入れた。しかし彼の私生活はフランス趣味に影響されなかった。また明治三十五年にアメリカへいってから、栄一は実業人として新世界の文明と握手した。しかしその私生活にアメリカ色は彩られなかった。事業家であり社会改良家である彼は、結局趣味人ではなかった。

栄一は明治の前半から数十年一日のごとく、黒のフロックコートを着つづけていた。昔風な硬いダブルカラーに黒の蝶ネクタイ。それに地味な縞ズボン。帽子は黒の山高で外套はインバネス。家にいるときの野暮な和服以外は、必ずこの牧師めいた服装の一点張りだった。そんな点もアメリカ的ではなかった。

しかしアメリカには卒直で誠実で進取的で合理的で親切な友人がふえていった。農民と武士と実業家の混血した合理主義者の栄一は、日米親善という立場を離れて、上述したようなアメリカの友達が好きだったような気がする。彼は多少フランス語は操ったが、英語は全然知らなかった。しかしなまじっかの英語より忠実な通訳を介したほうが、まだるこしくても意思や愛情はよく疎通したに違いない。

＊1　横浜正金銀行。明治十三年設立の貿易金融専門銀行。

37 断片三題

話は前後するが、栄一は大正六年に信州の上田へいった。すると旅宿に一人の老婆が現われて栄一に面会を求め、「これを御覧願えれば、きっと会って下さいます。」と古い通帳を二冊示した。そこで秘書が取りつぐと、栄一は通帳に目を通すなり、「すぐこちらへ」と答えた。

その人は川辺村神畑の紺屋手塚弥右衛門《てづかやえもん》の母すえという七十一歳の老婆だった。そのむかし栄一が父市郎右衛門の伴をして藍玉を売りにきたころ、手塚家の娘として幾度か栄一に会った人である。彼女は偉くなった栄一が上田に来たと聞いて昔懐かしさのあまり、藍玉通帳を証拠物件として会いにきたのである。そして、古めかしい通帳に残る栄一の筆跡は、二人の昔話にさまざまな火種をついでいった。

翌大正七年の晩春の一日、栄一は王子駅へすえを迎えに出た。招待の手紙に道順を書いておいたが、はじめて家にくる田舎のお婆さんが道に迷うといけないからである。汽車を降りたすえはこの出迎えにまず恐縮した。

栄一の庭には美しい春の草花が咲き乱れていた。また藤棚の藤は紫の霞をたなびかせていた。栄一は老婆を庭に案内したあとで夕食を共にした。思い出話は地下水のように湧き出してくる。そして土産物まで貰ったすえは、一期の思い出というほどの喜びに輝きながら帰っていった。一方老いてますます多忙な栄一にとっても、それはまたとない過去への長閑な散歩だった。

（**思い出**　私には、七十歳以後の父にしたがって汽車旅行をしたときの記憶がのこっている。夏のあついさなかでも、父はフロックコートの上着をぬがずに、何時間でも座席にキチンと腰かけたままでいた。随行の秘書はときどき次の車室に立って、上着をぬいだり、座席に横たわったり、息ぬきをしなければヤリきれなかった。父はふしぎに行儀のいい人だった。

　また父の汽車弁の食べかたにも特徴があった。弁当を開くとまず折のフタについた米つぶをキレイにハシでつまんで食べた。それからゴハンを残す場合は、ゴハンの上に一線を画《かく》して、食べる部分は一トつぶも残さずに食べた。むかしの人は物の冥利《みょうり》を心得ていたし、父は農家の出だから、稲作の苦心も体験していた。それらの気持が現われるのだろう。

　父のささいな言動にも、人間の生きかたとして学ぶべき点は多々あった。しかし父はそれを自分のタシナミとしておこなうだけで、息子たちにも教訓がましく説教したことはない。そしていつもオットリしていた。どんな忙しそうな場合でも、セカセカした様子は見せなかった。精神的にドッシリとした目方が感じられ

る上、余り人を威圧しないようなエマナチオンが、絶えず全身から発散されているように思われた）

藍玉商売で信州へ出かける以前の少年時代から、栄一は封建的階級制度に憤りを感じていた。明治以後になって、その彼が守り育ててきた実業界にも、やはり新時代の階級的対立が生じた。栄一はそれを深く憂いて、明治末期に「工場法」が制定されたときも意見を述べている。

当時の社会常識は労働者のストライキを、衆をたのんで強行する「下剋上《げこくじょう》」ぐらいにしか見ていなかった。いきおい多くの資本家は、労働者の権利を保護する工場法には反対した。しかし栄一はそれを是認した。彼は労働団体「友愛会」の会長鈴木文治などとも親しくしていた。つまり時代の感覚ある資本家の一人だった。

栄一の意見は大体こうである。旧来の家族的な恩情主義で近来の工場経営を律することは無理だから、工場法で労働者の権利を確認するのは賛成である。といって労働者が一にも二にも権利ばかり主張しては円滑な経営は望めない。結局、法律の運用は人間がする。資本家と労働者が共通の利害得失を認識して、相互に情愛を示し合わない限り、工場法も空文に終わるだろうというのだった。

第一次世界大戦のあとは、日本の労働者意識も一層高揚し、労資の対立は激化の一途をたどった。そこで栄一は有力者の賛同を求めて「協調会」という会を組織した。

つまり現在の中央労働委員会と同じ精神のものといえるだろう。

大正八年八月十六日、協調会は帝国ホテルに発起人会を開いた。首唱者は貴族院議長の徳川家達、衆議院議長の大岡育造《おおおかいくぞう》、枢密院議長の清浦奎吾《きようらけいご》、それに栄一の四名。来会者は原首相、床次、山本、野田各相。貴衆両院各派代表者、そして実業界、官界、学界および宗教界の有力者二百余名という盛会だった。その席上で栄一は労資の対立に関してこう述べている。

「……到底日本旧来の温情主義のみを以て解決することは出来ません。ここに於て本会は資本労働の中間に立ちて、各種の施設と種々の尽力をなし、将来資本家の我侭《わがまま》によって、もしくは労働者の無自覚のため生ずることあるべき両者の衝突を、最も公平に判断し調停せんとするものであります。

本会の発起人中に労働者の代表者が加わって居ないのを理由として、本会の趣旨を危む向がないでもありませんが、申すまでもなく本会は資本家のための機関ではありません。資本家の我侭に対しては十分監視する考であります。……」

そして大正八年十二月に財団法人協調会は発足した。会長徳川家達、副会長清浦奎吾、大岡育造、渋沢栄一、常務理事桑田熊蔵《くわたくまぞう》、松岡均平《まつおかきんぺい》、谷口留五郎《たにぐちとめごろう》という顔ぶれだった。

翌九年の七月に協調会は友愛会本部から公開状をつきつけられた。友愛会紡績労働組合押上支部と富士瓦斯紡績会社押上工場との争議で、三名の工員が馘首された件についてである。曰く、富士瓦斯紡績会社社長和田豊治《わだとよじ》は協調会設立の功労者であり現任理事でもある。だから和田社長の態度が協調会の態度に影響を与えるだろうと言う質問だった。

栄一をはじめ協調会首脳部は慎重に協議した。会社社長と協会理事の立場は自ら相違のあること。会社が三名を馘首したのは工場規則に違反したからで、友愛会会員だからではないこと。しかしこの点はいくら論じても水掛論になるだろうということ。協調会は労働者の組合権を認めるが、組合員が多数になれば会社はその圧力を忌避したがること……そして結局、協調会は公開状にも答えず、争議にも干与《かんよ》しないという態度をとった。

そもそも協調会は発起人に労働代表者を加えなかった。それは当時いかに労働者の地位が低かったかという証拠の一つである。要するにこの会は、資本家側から見れば「いらざるお節介」であり、労働者側から見れば「おためごかしのままごと」に過ぎない。その上協会内の人事にも変動が続いて、発足の花々しさに似合わず竜頭蛇尾《りゅうとうだび》におわった。逆に友愛会のほうは次第に生長し、大正十年の十周年大会では「総同盟」と改称して前進をつづけた。

しかし栄一の労働運動に対する関心は変らなかった。大正の末に長野県岡谷《おかや》の某工場で女工のストライキがあった際も、彼はカンパ資金を二百円ほど送っている（市川房枝女史『青淵翁の思い出』）。こんな例は他にも多かったにちがいない。栄一はいつも資本家である前に、まず人間だった。

大正十二年九月一日の昼に大地震が突発した。兜町の古い事務所で秘書の増田明六《ますだめいろく》と用談中だった栄一の服は、天井や壁から落ち散る漆喰《しっくい》のため真っ白になり、部屋全体が波のように揺れに揺れた。

太りじしの八十四翁に敏活な動作はできない。増田が栄一を導いてやっと戸口まで辿りついたときに第二の激震がおこり、マントルピースの上に張られた大鏡は転落し、天井中央のシャンデリヤも落下して、一大音響と共にガラスの破片を炸裂《さくれつ》させた。二、三歩おくれていれば、そのどちらかに打たれた筈である。そこへ事務員の井田善之助《いだぜんのすけ》も駆けつけてきた。二人は身をもって老翁をかばいながら玄関前へのがれ出た。

そうした栄一の眼前で、ヴェネチァン・ゴチックの洋館は見る見る壁をふるい落とし、柱を傾けさせてムザンな姿に変っていった。しかも後刻付近一帯におこった火の手で一ト呑みにされてしまった。そこには編纂中の徳川慶喜伝資料が保管してあった。栄一はそれを持出さなかったウカツさを残念がって、後日「しきりに自分の不注意、無神経を恥じて、言うさえ腹が立つ位です」と述懐した。（しかし伝記は後に完成した）ただ飛鳥山の家は無事だった。

関東大震災で東京や横浜の受けた被害は大きかった。東京では死者九万余、被害家屋五十三万戸弱、罹災者百数十万人にのぼった。また横浜の災害も東京以上だった。浅草の十二階が倒れ、上野の大仏の首が落ちたのもこの時である。また憲兵大尉甘粕《あまかす》正彦《まさひこ》が無政府主義者大杉栄《おおすぎさかえ》を惨殺したのも、地震の二週後だった。

朝鮮人が民家に火をつけ、井戸に毒を入れるとか、社会主義者が暴動をおこすとかいう流言がまことしやかに飛んだ。栄一はそんなことは信じなかったが、東京に米がこなくなれば食糧難からの暴動はおこりかねない。また金融関係や火災保険の問題にもトラブルがあろう、もし経済界が混乱したら一大事だ……こう心配している彼に内務大臣の後藤新平から呼び出しがきた。電話が不通だったため、騎兵が馬で駆けつけてきたのである。

栄一は内務大臣官邸で後藤に会った。内閣に臨時震災救護会事務局ができていて、総裁は総理大臣山本権兵衛、副総裁は後藤新平だった。そして後藤は栄一に救護事務への助力を懇請した上、協調会の事務所が焼けなかったのをさいわい、あの会が中心になって善後策を講じてほしいといった。そこで協調会は本来の主旨に従い、労働者本位のバラック住宅や仮設病院を急造することにきめたが、バラックは東京市や救護事務局でも造るというので、結局、病院を東京に二つ、横浜に一つ建てた。

三十名の貴衆両院議員と二十名の実業家からなる大震災善後会も出来た。会長は徳川家達、副会長は衆議院議長粕谷義三《かすやぎぞう》と栄一だった。また帝都復興審議会も設立された。山本権兵衛、後藤新平、岡野敬次郎《おかのけいじろう》、田健治郎《でんけんじろう》、田中義一《たなかぎいち》、伊集院彦吉《いじゅういんひこきち》、平沼騏一郎《ひらぬまきいちろう》、井上準之助《いのうえじゅんのすけ》、犬養毅《いぬかいつよし》、山之内一次《やまのうちかずじ》が閣内委員として列し、閣外委員には栄一、伊東巳代治《いとうみよじ》、高橋是清《たかはしこれきよ》、加藤高明《かとうたかあき》、青木信光《あおきのぶみつ》、江木千之《えぎかずゆき》、市来乙彦《いちきおとひこ》、大石正巳《おおいしまさみ》等が推された。

議題の復興計画案は、東京の大半が焼野原と化した機会に、規模雄大な都市計画を実施すべきだという後藤新平の理想論と、まず旧態復帰を急がなければ罹災者も立ちあがれず、帝都復興もおぼつかないという現実論が激しく闘わされた。そして最後に妥協案に落ちついた。このとき栄一はおもに経済界を代表するような意見を開陳した。彼は老いを忘れて毎日焼野原の東京へ車を走らせた。

（思い出　私は軽井沢であの地震に会った。翌日、汽車不通の川口駅から歩いて、夕方父の家へたどりついた。両親も兄や姉もみな無事だった。私の子供二人も居合せていたし、当時品川にあった私の家に残っている小さいほうの二人も、母の心づかいで、無事な様子が見とどけてあった。

その夜の騒ぎは大変だった。都心から焼けだされてきた群集の流れが、家の前の道路にひきも切らない。その本流から弾き出されたような一群が、門前の芝生をうずめ尽くして、当てのない野営をつづけていた。

「迷子の迷子の三太郎やーい」あれに似た哀れっぽい真剣な呼び声が、真っ暗な中に尾を引きかわす。いろいろ物騒な噂が飛んでいたため、父の運転手はピストルを手にして夜通し邸内の警戒に当った。

無気味な余震は一向やまない。庭の広い芝生にトタン屋根の丸太小屋が急造され、中に寝具が用意された。両親も一族もそこに寝た。門前からは不安な騒音がひびいてくる。しかし父は私の隣りで横になったと思う間もなく、大きなイビキをかきはじめたのに、私は目がさえて眠れない。なるほど大きな仕事をする人は、無駄な神経を使わないものだ。……私はそう思いながら寝がえりばかり打っていた。

その翌日、父は玄関の前へ椅子を出して腰かけ、両手をステッキの上に重ねながら、大勢の人たちにいろいろと指図していた。私は兄の武之助とこんな相談をした。焼け出されてヤケになった暴民が、過激な社会主義者に扇動されたあげく、裕福そうな家へあばれこまないとは限らない。老体の父に怪我でもあっては大変だ。しばらく父に郷里へ帰ってもらい、東京が安定してから復興に尽くしてもらおう。……兄がそんな主意を述べると、父はみなまで聞かずに、

「馬鹿なことを！　考えてもわかりそうなものじゃないか。ワシのような老人はこんな時にいささかなりとも働いてこそ、生きてる申訳が立つようなものだ。そ

れを田舎へゆけなどと、卑怯千万な……」

兄がなおも言葉をつづけると、父は激しい語気で、

「もうよしなさい。これしきのことを恐れて、八十年も生きてこられたと思うのか？　あまりと申せば意気地がない。そんなことでは物の役に立ちはせんぞ！」

それから三日目に、父はもう市内を飛びまわっていた）

38　家庭メモ

ここで趣きをかえて、家庭的な思い出の中に父の姿をトレースしてゆこう。二十数年前に書いた私の回想録を見ながら、封建的な言葉づかいまで忠実に写しておく。一時代の一家庭に使われた言葉として、何かの参考になる場合があるかもしれない。

1　長屋の子

飛鳥山の邸内には裏のほうに長屋があって、五家族ほど住んでいた。むろん無償で住まわせていたらしい。長屋の人たちは父を「殿様」と称し、父の家を「御殿」とか「お屋敷」とか呼んでいた。

長屋の一軒は中村という出入りの植木職で、その長男栄太郎は私と同年の小学生だった。そこで彼はよく私の「お相手」として、私といっしょに遊ばなければならなかった。何でも昭和十八年ごろ、私が子供時分の思い出話を新聞に書いたところが、絶えて久しい栄ちゃんから手紙がきた。それによると当時私のみちやという「おつき」（ウバのこと）は栄太郎に、相撲を取っても駆けっこをしても、「秀様」を負かしてはいけないと言いつけていたそうである。明治三十五、六年時代の話だ。

栄太郎はお相手が厭だった。しかし日曜日の朝はいつも私が呼びにくる。建仁寺垣《けんにんじがき》ごしに私の声が聞こえると、栄太郎は自由を奪われるわが身が悲しくなる。そばでは母親が浮世の義理で早くゆけとうながす。少年はベソをかきながら、母親の激励に応えてシブシブ家を出たそうである。そして彼の手紙には、そんなことさえ今は懐かしい思い出になりました、と書いてあった。私は愚かな小暴君だった自分の姿を鏡に写して見せられたように感じ、恥ずかしさと気の毒さに身のちぢむ思いがした。

ある日私たち兄弟は親類の家に招かれたが、兄の正雄だけは病気のため家に残った。しかし治りぎわの退屈しのぎに、兄は栄太郎を呼んで電話の玩具を作る手つだいをさせた。ボール紙で作った円筒の底に雁皮《がんぴ》を張り、そこに糸を通して聞くあの電話である。

栄太郎はボール紙の長い筒を両手で押さえている。兄は大根を切るように、ナイフでそれを輪切りにしようと試みた。と、切り口にひっかかったナイフに力が余って、きっさきが栄太郎の片目を突いた。アッという間に栄太郎の顔は血にそまった。兄も家の者たちも驚いて彼を医師に連れていった。しかしそれが元で後日栄太郎は一眼を失った。

その夜帰宅してこの話を聞いた父は、最初私が怪我をしたものと思っていたらしい。そこへ女中がきて「秀様でなくって、栄太郎でようございました」といった。とたんに父は開き直って栄太郎の容態を聞きただした上、こまかく治療の指図をした。私の怪我なら父が黙っていても母が最善を尽くす。父は長屋の子だという理由で、もし手当がおろそかになっては申訳ない、と思ったのであろう。

怪我といえば、私は小学三年時分に、学校の鉄棒から飛びおりて右脚の脛骨《けいこつ》を折った。脛《すね》から火のほとばしるような痛さだったが、体裁屋の私は先生や同級生の前では泣くのをこらえた。鈴木虎市郎という担任の先生が人力車に乗って、私を膝のあいだにだきかかえながら、神田一つ橋の学校から飛鳥山の家まで送りとどけてくれた。八キロの道を車に揺られてゆく辛さは長かった。私は先生の膝の間に左脚一本で立ったまま、歯を食いしばって涙をこらえた。そのとき山手線工事のため、駒込橋付近が深く掘りさげられていたのを、どういう訳か覚えている。

家に帰りついて「みちや」の顔を見たとたん、私はワーワー泣き出した。「おつき」をつける家庭では「おつき」が母親になり、母親が他人になってしまう。しかしむろん大変心配した母は私とみちやを父の馬車に乗せて、千住《せんじゅ》の名倉《なぐら》骨接医院へ入院させてくれた。そのとき父も家に帰っていたので、名倉がよかろうときめたのだそうである。

やはり昭和十八年ごろのことだったが、私はこの話の載っている自分の随筆集を鈴木先生に送った。すると先生から礼状がきて、私の骨接直後に、母から次のような申込みを受けたという話を知らせて下さった。

もし鉄棒の下の砂が少なかったための怪我であるなら、余所のお子さんに二度とこんなことのないよう、十分砂の補給をお願いしたいのだが、万一学校にその予算がない場合は、失礼ながら砂を寄付させていただきたい、という主意だったという。

もう五十を越していた私はこの手紙を読んで、十年前に亡くなった母の遺品の中から、思いがけなくチョッとした宝石を探し出したような懐かしさに駆られた。

話は飛ぶが、父の屋敷の門前の芝生には毎晩ガス灯がともされた。平素は往来から見て左側のだけが灯り、招客のある晩は右側のにも灯がついた。

するとある日父の手元へ未知の若い女性から手紙がとどき、不運な身の上を訴えて金の無心を申込んだあげく、もしこの願いをかなえて下さるなら、いついっかの晩、御門の右側のガス灯に灯をつけて下さい。わたくしはその光明を仰ぐ日を待ち焦れております、といったようなことが書いてあった。その夜果たして右側に火が灯ったかどうかは覚えてないが、金の無心にもどこか明治三十年台のニュアンスが感じられる。

2　大石良雄《おおいしよしお》

二十年以上も、父の朝食はスープとオートミールとトーストパンと玉子の目玉焼だった。また三十年以上も、父は和服の上へ子供みたいにエプロンをかけて食べていた。

そして牛乳などが口の端につくと、父はすぐさま左手でエプロンを裏側から持ちあげてふいた。

食事中に何か話しかければ、いつも懇切に答えてくれる父だったが、文学少年じみた偏屈者の私は、何となく父に公人としての窮屈さを感じた。ユッタリと穏やかな表情のくせに、何かの拍子で視線が合うと、腹の底まで見透かされるような気がした。そして黙っている気づまりから逃れようとしても、適当な話題が見当らないのでこまったりした。

たしか私が中学五年時分だったと思う。朝食のあとで庭を散歩する父の伴をしたとき、崖の上から王子町を見おろしている父に、こんな質問をしたことがある。

「もし父《とう》さまが大石良雄*1でしたら、吉良《きら》にワイロをお贈りになったでしょうか？　それとも何もなさらなかったでしょうか？」

「さあ……、むずかしい問題だね」

父はこういったきり黙ってしまった。私はそれが質問のよさを証拠立てているように感じ、中学生らしく得意だった。

「ワシが大石良雄だったら、恐らく相当の礼物《れいもつ》を贈ったろうね」

やがて父はこう結論を下して、論語の辞句をスラスラと引用した。

「葉公孔子《ショウコウ》ニ語《ツ》ゲテ曰ク、吾党《ワガトウ》ニ躬《ミ》ヲ直クスル者アリ。其父羊ヲ攘《ヌス》メリ。而シテ子之ヲ証スト。孔子曰ク、吾党ノ直キ者ハ是ニ異ナリ。父ハ子ノ為メニ隠シ、子ハ父ノ為メニ隠ス。直キコト其中《ソノウチ》ニアリ。」

つまり、直きことも人情に適った直きことでなくてはならない。元禄時代に贈賄は法律上の罪ではなかった。そして吉良の貪欲は定評があったらしい。もし贈賄しなければ浅野家に禍《わざわい》がふりかかりそうな予想はついた筈だ。もとより贈賄は武士のイサギヨシとしないところだが、時と場合による。それで一国一城の危急が救えるなら、贈るのが人情であろう。……これが父の解釈だった。父はいつも、子供の質問にも真正面から答えてくれる人だった。

昭和十年の暮、私は大阪毎日と東京日日にこの話を書いた。すると義兄の阪谷芳郎へ知人から手紙がきて、青淵先生が贈賄を是認されたとは嘆かわしいと言ってきたそうだ。父が大石良雄だったら吉良にワイロを贈ったろうという話が、父が現代の贈賄を是認したように取り違えられたのである。

そのころ私はある中学の先生をたずねた。すると初対面の奥さんが私の顔を見るなり、いとも無邪気に笑いながらいった。

「あなたは新聞にいいことを書いて下さいました。うちの主人ときたら、頑固で融通が利かなくて仕方がないんですのよ」

私は全く返答に窮した。後日兄の正雄にこの話をしたら、

「キミもとうとう教育家の妻を毒したね」といって笑った。私は世間が物事を身勝手に簡単に片づけてしまうことを驚きかつ恐れた。

3　克己寮《こっきりょう》

父も母も私たち兄弟三人の教育には特に意を用いてくれた。まだ社会的に封建的な事大思想[*2]が濃く残っていたし、執事や書生や女中や下男を、大勢使っている家庭の子弟は、とかく我侭《わがまま》で愚かな坊っちゃん育ちになりやすい。両親はそれを気づかって、兄二人を中学時分から横山徳次郎《よこやまとくじろう》という先生のお宅へ預けた。そして私も中学三年のとき兄と入れかわりに、そこへ預けられた。つまり一種のスパルタ教育だったのである。

横山先生のお宅は小石川白山御殿町《はくさんごてんまち》にあった。しかし中学一、二年時分の私は、飛鳥山の家から本郷お茶の水の学校まで歩いて通学した。往復十一キロはあったろう。朝は六時半に家を出て、放課後は柔道をやってから夕刻帰宅する。まだ東京市内に舗装道路は一本もなく、市電も本郷三丁目までしか来ていなかった。雨の日は道がドロンコになり、風の日は砂ほこりが目つぶしをくわせる。暑さ寒さには相当つらい通学だった。

学校の帰りに駒込の吉祥寺前までくると、門前に屋台のおでん屋が出ていて、顔中

ヒゲだらけのオヤジさんが団扇《うちわ》でバタバタ火をあおぎながら、透きとおるような美声に節をつけて、

「おでんニコニコ、ニコニコデーンコ、デコデコ」と呼んでいた。五十数年たってもその声を忘れないくらいだから、よくよくおでんが食べたかったにちがいない。しかし当時の中学生は買い食いなどは以《も》ってのほかの罪悪だった。そして私も禁を破るほどの勇気は持ちあわせていなかった。

学校へ往復する時ではないが、まれに父の馬車に便乗することもあった。そんな場合、私はかならず御者台《ぎょしゃ》に乗った。もし途中で友達に会っても、御者台なら引け目を感じないが、車の中にいると肩身がせまかったのである。少年にとっては、人並でないということが一番恥ずかしい。そしてその人並はずれのはずれ方が庶民的、スパルタ的ならまだしも、もし貴族的、女性的だと恥ずかしさの度は増す。だから御者台は車内に優越した。つまりは二頭立ての馬車に乗り歩く、人並はずれの父親を持った子の逆作用的虚栄心であり、庶民的競争意識でもあった。そしてそれらの気持が、私に毎日十一キロ歩かせたのである。

私が中学四年（当時は五年制）のとき、両親は私たち兄弟のために私塾をこしらえてくれた。上の兄武之助は一高にはいっていたが、次の兄正雄は同校の入学試験の準備中であった。場所は青山六丁目で、庭のついた建坪五、六十坪の借屋。総監督の横

山先生が当時東京貯蓄銀行青山支店長だったので、支店長社宅のすぐそばが選ばれたのである。そして義兄の帝大教授穂積陳重やその長男重遠が塾生の人選をしてくれた。帝大生遠藤柳作《えんどうりゅうさく》、篠原三千郎《しのはらみちろう》、芦田均《あしだひとし》の三氏と、私の同級生帰山教正《かえりやまのりまさ》君の四人だった。

論語好きの父はその塾に「克己寮」という名をつけた。そして忙しい中でさっそく掛軸を書いてくれた。顔淵第十二の「克己復礼為仁　一日克己復礼天下帰仁　為仁由己而由人乎哉」（己《オノレ》ニ克《カ》チテ礼ニ復《カエ》ルヲ仁トナス。一日己ニ克チテ礼ニ復レバ天下仁ニ帰ス。仁ヲナスハ己ニヨル、人ニヨランヤ）である。そしてその軸は寮の客間兼食堂にかけられた。

そのころから小説などの好きだった私に、論語などという堅苦しいものはニガ手だった。ときには中学生らしく、千古の格言に共鳴しても、結局格言とは守れないことの集積にほかならないので、わが意志の弱さを喞《かこ》ち、劣等感意識にさいなまれるのがオチだった。

遠藤、篠原、芦田三先輩は優秀な大学生だったから、寮生活を楽しく明るくしながら、私たちを善導してくれた。そのころの夕方よくみんなで近所を散歩したが、現在の東横百貨店や東急文化会館のあたりは、一面に武蔵野そのままの草深い田園風景で、低地を流れる小川の一カ所には、古風な水車がギーバタンと悠長にまわっていたのを思い出す。現在の渋谷界隈は全く文字通りに隔世の感である。

寮での私は勉強そっちのけで帰山君と遊ぶほうに身がはいり、学期試験の成績がさがった。その結果岐阜県人の横山先生に「これじゃ何のための克己寮かわからんのウ」とお国なまりで叱られたりした。

後年、遠藤さんは朝鮮総督府の高官、篠原さんは東急社長、芦田さんは総理大臣になった。どうも克己寮は私たち兄弟よりも、学友のためのよき温床だったらしい。私などはああいう教育を受けなかったらどうなっていたろう。

前述した穂積重遠は克己寮の出来たころ帝大を卒業して、二年後には帝大法学部の助教授になった。学生時代から抜群の秀才で思想穏健、品行方正、世間でも評判の模範青年だった。そういう秀才が近親にいたおかげで、私たち兄弟もいろいろ教育上の好影響を受けたが、その反面、鈍才連はマザマザと自己の劣等感を味わされた。しかも私より九つ年上の新進助教授が、親戚関係では皮肉にも私の甥に当るのである。そして叔父さんが帝大へ入学した年に、甥が民法を教えるらしいという。叔父さんが頭の悪さをサラケだした上、甥に落第させられてはたまらない。大キョウコウをきたしているうち、いいあんばいに民法の講議は土方寧《ひじかたやすし》先生ときまった。

なんでも克己寮時代と覚えているが、ある日家で父が私に、何かをもっとシッカリ勉強しろといったとき、私は、勉強したところで先が知れているという意味の返事をした。すると父はいくらかキッとした語調で、

「お前にはみずからを画《かく》する悪い性癖がある。自分に見きりをつけるようでは何事も出来ないぞ。その欠点は改めなければいかんよ」

といった。なるほど私の一生には思い当る節の多い言葉だ。私は最近論語の「雍也《ヨウヤ》第六」で孔子が弟子の冉求《ぜんきゅう》を「今ナンジ画《カク》セリ」（画《カギ》レリと読ませる本もある）と戒めているのを発見して、父の言葉がやはり論語から出ていたことを五十年ぶりで知った。その当時は父の論語マニアに何となく反感を持っていた私も、今となっては懐かしく思いだす。「同ジテ和セズ」から「和シテ同ゼズ」の心境に進歩したのかもしれない。時というものは不思議な作用をする。

これもそのころの話だったように思うが、父はある日、郷里の血洗島へいった帰りに、深谷駅から王子駅まで汽車の一等乗車券を買った。当時はローカル線にもよく一等車がついていたからである。しかし父の乗った列車には一等車がなかったので、父は王子駅につくと駅長に一、二等料金の差額を払いもどしてくださいと頼んだ。すると駅長は、今の列車に一等車が連結してなかったという証明を、上野駅からもらった上でないと支払えない規則ですと答えた。そこで父は、

「今の列車に一等車がなかったことは駅長さんもお役目がら、たった今ごらんになったでしょう？　そして私はこの通り、一等のキップで二等車からおりてきました。これほど確かな証拠はないではありませんか？　どんな規則があるか知りませんが、な

ぜ上野駅の証明を取る必要があるのです？」

駅長はしぶしぶ差額を払いもどした。しかし筋の通った乗客の言分《いいぶん》は、どこのだれが言おうと、ムダな手数をかけずに聞きとどけてあげて下さい。

「まことに恐縮でした。お願いしますよ」

父は事の大小によらず、ものを本質的に考える人だった。現在の役所や会社の窓口などにも、まだ「王子の駅長」の子孫が残っている。

4　同族会

「余ハ余カ子孫ノ協和ト其家業ノ鞏固《キョウコ》トヲ永遠ニ保維《ホイ》センコトヲ冀図《キト》シ　茲ニ家法八十七箇条ヲ定メ明治二十四年七月一日ヨリ之ヲ実施ス現在及将来ノ余カ子孫タル者ハ謹テ之ヲ遵守《ジュンシュ》シ敢テ違《タガ》フコトアルコト勿レ

明治二十四年五月十七日

渋沢栄一」

こんなものものしい前書つきの「家法」という法律的条項と、ほかに「家訓」と称する倫理的規定を、父は丹念にいく冊も楷書《かいしょ》で書いた。そして子供たちは皆このおすみつきを一冊ずつ拝受して、各自の子孫に伝えるという仕組なのだ。いわばホームメードの憲法と教育勅語みたいなものが、私の生れる一年前から出来ていた次第である。

その明治二十四年（一八九一）一月二十四日の朝野《ちょうや》新聞にこんな記事が出ている。

「渋沢栄一氏の奥手代某は、昨年十二月三十一日の渋沢家大結算に拠り、収益金を時間に割り当てしに、一分時間に付四十三銭二厘七毛の勘定なるよし。」

これを一カ月三十日分の収益に逆算すると一万八千六百九十二円六十四銭で、現在なら平凡なサラリーマン程度だが、物価の安かった明治二十四年には、新聞が書くほどの大収入だったと見える。この数字が正確だったかどうかは別として、相当に財産の出来た父はそれに一つの財団組織を与え、論語精神で子孫の協和や家業の強固をはかろうとした。優秀な法学者穂積陳重が女婿だから、ゆきとどいた案を立ててくれる。こうして渋沢同族会社が出来たのである。

この会社は大正四年に株式会社となった。明治初年以来、父が各方面に事業をおこしたり、数多い会社の株を引受けたりした関係上、所有株式はふえる一方。それを整理保管して利殖をはかるのが同族会社の事務である。そして同族会社自体は何一つ事業を営まなかった。主たる財源は所有株の配当である。しかし父のやり方は、この仕事が儲かるからこの株を沢山持とうという式ではなく、これは社会的に有益な事業だから、しかじかの関係上この程度の株は引受けなければ、といった調子だった。その反面、所有株の中に事業不振の会社でもあると、それをいち早く察知して、株を適当に処分させるのも父だった。

同族会社の所有株が生む純益金の十一分の五は宗家へ、十一分の六は支家へ配当される。支家の数は六軒だから、各支家へは十一分の一ずつ均分される。こうした一種の共産制は、同族間に貧富の差を生じさせまいという親心だった。ところで支家は穂積陳重（歌子の夫）、阪谷芳郎（琴子の夫）、渋沢武之助、渋沢正雄、明石照男（愛子の夫）、渋沢秀雄の六軒で、父の長男以外の嫡出子は男女長幼を問わず、みな平等の権利を与えられた。そして義務は宗家支家共に「家法」や「家訓」を守って、各自の業にいそしむことだった。

同族会社の社長は父の長男渋沢篤二のかわりに、篤二の長男渋沢敬三だった。その理由は後述する。専務取締役は父の有能な名秘書八十島《やそじま》親徳《ちかのり》氏。秘書はその後増田明六、白石喜太郎、渡辺得男《わたなべとくお》の三氏が相ついで務めたが、父よりずっと若い八十島、増田両氏は父の在世中に亡くなった。

同族会は毎月一回開かれた。一戸を成している同族は毎年一月と七月に家計の収支予算決算書類を提出して、父の承認を受けなければならなかった。その間際にくると試験勉強みたいに家計のツジツマを合せながら計算書をデッチあげる。何とも面倒でいやだった。

正月の同族会は飛鳥山の家で開くのを例とした。広間の正面にすわった父を取りまいて、穂積、阪谷、明石の義兄たちが堅苦しい社会問題を話し合う。姉たちは姉たちで、若い私たちには興味のない話題に専念する。やがて父が改まった調子で「家訓」を朗読しながら註釈を加える。当時としてはもっともずくめな常識倫理だけに、窮屈でつまらなくてやりきれなかった。

父には茫洋としたスケールの大きさがあった。論語好きではあるが道学者的ではない。その人がどうしてこんな小うるさい「家法」など作ったのだろう？　なぜこうまで家系を永続させたがるのだろう？　そのために個人がデクになるのは人間本来の生き方ではない。父の徳化が無作為のまま、どこまで子孫に波及するか？　……それで沢山だ。個人本位に考えたほうが自然でアッサリしている。……私は漠然とこんな反発を感じたが、それを父にいうだけの論拠や勇気の持合せもなく、そのまま父の恩恵に浴しつづけた。

何でも私が一高の寄宿寮にいたころ、ある日、監督者の横山先生がこられた。密談だというので、誰もいない放課後の教室へはいった。すると横山先生は私に長兄篤二の事件を告げた。

長兄は私よりも二十歳ほどの年長だったが、父の二代目として世間の評判もよかった。常識円満で社交的な一面、義太夫が上手で素人離れしていた。諸事ゆきとどいている上に、ユーモラスでイキな人だった。その兄が新橋の芸妓Tと深くなって家に帰らないばかりか、穂積、阪谷の義兄や姉たちの忠言を無視し、父の言葉にもそむき、妻を出してTを家に引き入れると言いだしたのである。しかもTは美人で評判のしたたか者だというのである。

そのとき横山先生がどの程度の話をされたか覚えていない。今にして思うと、それは渋沢家の一大事であると同時に、まだ高校生の私がヒョッと世間の歪められた噂でも聞いて、事の真相を曲解するといけない、という配慮の上の報告だったらしい。それから十年足らずで花柳界に出入し、一応の道楽者になった私も、そのときは厳粛な気持で先生の言葉に心をくもらせたことを覚えている。

後日、伝聞したところを綜合《そうごう》すると、長兄の事件は大体こうだった。

穂積、阪谷の義兄は理詰めな道徳家であり、二人の姉もまた良妻賢母の理論家兼実際家だった。だから弟をいとしく思い、家を大事と思えば思うほど、忠告は熱烈の度を加えていった。しかしイキな人間にヤボな忠言は、カンドコのはずれた三味線みたいに聞こえたろう。そこへもってきて篤二の妻も当然強い態度に出たという。ドンファンはますます反抗的にならざるをえなかったらしい。

「大人《たいじん》（穂積、阪谷の義兄や姉は父をこう呼んでいたので、それが私たちの習慣ともなった。父親を大人などと呼ぶ家庭は滅多にないだろう）ほどのお方に品行上の欠点があっても、それは時代の通弊として致し方ありませんが、その子たるものは違います」

姉二人にこんな除外例を認めさせていた父は、花柳界で遊びもしたし、妾宅も持っている。だから父は新聞や雑誌から、青年子女の品行問題など質問されると、自分にそれを語る資格はないと遠慮していたほどである。ましてわが子にそう厳格なことはいえない。しかし最後に篤二が妻を出して正式にTを家へ入れると主張したのに対しては、父も「人倫にもとる」という理由で、とうとう廃嫡《はいちゃく》*3を断行したというのである。それが当時の父の道徳であり、一部の社会通念でもあった。

横山先生からこの話を聞いたときに、廃嫡がおこなわれていたかどうかは記憶にないが、その年の夏休みが終ろうとするころ、私はまだ帝大生だった武之助といっしょに、長兄篤二をたずねていったことは覚えている。母を異にする兄弟の中でも、武之助は篤二とウマが合っていたので、なんとかして長兄の心をひるがえそうと考えたのである。

その夏休みに私はフランス語の勉強かたがた、アレクサンドル・デューマ・フィスの『椿姫』を読んだ。アルマンは父親に椿姫と手を切れといわれても受けつけない。そこで父親は椿姫をたずねて、あなたが息子を本当に愛しているなら息子と別れてくれ、と懇請する。その真情にほだされて、彼女は姿を消す。あの一節がひとごとならず思われたのである。私たちは緊張しながら、夜の下町に長兄の隠れ家《が》を探し当てた。

その家は桜橋に近い新道の奥にあった。よくふきこんである格子戸のしまったコイキな造りも、私たち学生には目新しかった。武之助は取次の女中に来意を述べたが長兄も会ってはくれず、Tも出てこなかった。いくらねばっても無駄なので、二人はスゴスゴ引きかえした。私の「椿姫」という人情哲学も宝の持ちぐされだった。

長兄の廃嫡は世間の話題にもなった。もっと器用な解決法はいくらでもあるのに、あまり周囲がヤボに四角四面なことばかり言うから、かえって事件をこじらせたのだ、という批評もあった。それはともかく、後年イギリス皇帝エドワード八世がアメリカのシンプソン夫人と結婚するために退位した「世紀の恋」の、縮尺何万分の一ぐらいのことはあった。

この廃嫡は父にとって痛恨事だった。そして穂積や阪谷の姉が同族会の席上で泣いたことを覚えている。また母が何かの折にこういったことも思いだす。

「お前さんたちもよっぽど気をつけないと、何しろ理屈っぽい家だからねえ」

父の事業や家督の相続から解放された篤二は、長男敬三が情理備わった人なので後顧の憂いはなかった。彼は後年宗家から立派な家屋敷と月々の仕送りをもらって、思う女と安穏に暮らしていた。私もたびたび遊びにいったが、長兄は好きなセッターの優良種を数匹飼ったり、気の合った知友を夕食に招いたり、生活を楽しむことだけが商売みたいな、世にも気楽な一生を送った。事業欲も物質欲も名誉欲も少ない私などは、廃嫡ほどいいものはない、と羨ましく思ったくらいだ。すべては個人の生き方が窮屈だった時代の、ぜいたくなママゴトであったような気がする。

事業好きの正雄は大正五、六年ごろ父の許しを受けて渋沢貿易株式会社をおこした。そして第一次世界大戦の余勢に乗って、鉄の輸入などで利益をあげているうち、大正八年のガラ[*4]で大打撃を受けた。私の記憶に誤りがなければ、総額三百万円ぐらいだったと思う。現在の金なら、天文学的数字の負債である。

父は論語と算盤の実践者として一世の信望を荷っている。本来正雄の商売や損失は父には何のかかわりもないはずだが、債権者は正雄一人を相手にはしない。結局、父は同族会にはかって、百万円だけを同族会社で処理することにした。そして残りの二百万円は正雄個人の力で始末させることにした。

巨額の負債整理は、温室育ちの正雄に血の滲《にじ》むような苦しい試練を課した。人一倍根気のいい彼は努力に努力を重ねて、負債償却の道を講じた。そして十数年の後に三百万円を皆済した。むろん父の庇護や義弟明石照男（当時第一銀行在勤）の助力に励まされたことも大きかったろうが、正雄は性来度胸や闘志や世間智や社交性などにも恵まれていたから、この受難のおかげで見違えるように人間が出来た。そして多数の立派な友人を持ち、どんな荒波でも乗りきれるような実業人となった。

後年彼は八幡製鉄所の副社長となり、戦時中の八幡で製鉄所長の激務を担当しているうち、昭和十七年九月に病死した。それから十七年たった現在でも兄の知人に会う

と、

「本当に惜しいことをした。今生きていたらねえ」

としみじみいってくれる。

父は私たちによくこんなことをいった。

◯「金は働きのカスだ。機械が運転しているとカスがたまるように、人間もよく働いていれば金がたまる」これは人によりけりだろうが、月給をもらうために働くと考えるよりも、働くために月給がもらえると考えるほうが本筋らしい。

◯「自分の仕事を絶えず工夫していると、あまり知恵のない人でも、その仕事には自然と知恵が湧いてくるものだ」器用よりは根気という主意らしい。

◯「会社の用はわがものと思え。会社の金は人のものと思え」公私の別に最高の責任感を加えた境地。この逆がつまみ食いや汚職を誘発する。

◯「権利には必ず義務がともなう。義務を先にし、権利を後にするようでなければ、決して人から信頼されんよ」闘争という名に酔う労組に聞かせたい言葉だ。

◯「私がもし一身一家の富むことばかりを考えたら、三井や岩崎にも負けなかったろうよ。——ここで微笑を見せながら——これは負けおしみではないぞ」父の能力や時代を思い合せれば、本当に負けおしみではなかったような気もする。

以下参考のため、アメリカ軍が終戦直後に三井、三菱の財閥解体をやったときの数字をあげてみよう。

まず三井十一家の共有株式は、三井本社、三井物産、三井鉱業、三井鉱山、帝国銀行、三井信託、三井生命、三井化学、三井精機、三井造船、三井不動産、三井農林、東京芝浦電気、化研生薬など十六社の株で、払込額合計は三億六千二百八十万円余。全事業の資本力は三十億円余だった。

次に岩崎家の事業はいずれも三菱という名を冠した本社、重工業、倉庫、商事、鉱業、銀行、電機、信託、石油、地所、化成工業、製鋼などで三十三億円からの資本力だ。そして岩崎五家が二百二十八万株（総株数の四割六分弱）を持っていた三菱本社の資本金だけでも二億四千万円余だった。（持株会社整理委員会資料による）

以上の二社に比して渋沢同族株式会社は資本金一千万円、内払込金六百二十五万円で何の事業もしていなかった。しかもアメリカ軍はこの微々たる会社を財閥のはしくれに加えたが、いざ調べてみると財なき財閥だった。

そこでアメリカ軍も財閥から免除するつもりになった。ところが皮肉にも、当時その許可を与える役の大蔵大臣が渋沢敬三だった。彼の立場上、自分の手で自分の家を免除するわけにはいかなかった。

渋沢擬似財閥の解体が完全に整理された昭和二十七年、私たち同族はそれぞれ若干の返金を受けた。私の分は合計二十一万円ほどだった。高いヤミ電話の値段である。

これで財閥鳴動して電話一本というサゲがついた。

さて話を本題にもどそう。むかし父は同族会の席でよくこういった。

「いつもみんなに倹約をすすめておきながら、また私の道楽を許してもらわなければ……」

そして父は社会事業その他に対する寄附金の承認を求めるのだった。

どんな利巧な人でも、社会があるから成功することが出来るのだ。だから社会には恩返しをしなければ……「衆生《しゅじょう》の恩」といったような信条を、父はこんな単純な言葉で表現しながら、恩返しを実行した。いきおい何か社会的に大きな寄附金の必要がおこると、父は自分も金を出し、世の資産家にもよく出させた。そして服部《はっとり》時計店の創始者服部金太郎《きんたろう》さんは、まいまい父の勧誘に応じて、よく寄附金を出してくれる人だった。

あるとき服部さんは日本倶楽部*5で好きな将棋をさしていた。相手は博文館の大橋新《おおはししん》太郎《たろう》さんで、そばには第一生命の矢野恒太《やのつねた》さんもいる。この三人は互いに将棋と毒舌の好敵手だったのである。

そこへ父がはいってきた。そしてニコニコしながら三人にこんなことをいった。

「いまイタリーの骨相学者に人相を見てもらいましたらね、私は百七つまで生きるそうですよ」

とたんに服部さんは、手にした将棋の駒を盤上に投げだして立ちあがると、

「えッ？　そりゃ大変だ。渋沢さんに百七つまで生きられちゃ、これからどれだけ寄附金のご用があるかわからない。将棋どころじゃありません。もっと稼いでこなきゃ……」

あたりの人はドッと笑った。その部屋には服部さんと同じ思いの人も多かったにちがいない。

5　一友人

渋沢青淵記念財団竜門社が大仏次郎《おさらぎじろう》さんに父の伝記小説『激流』を書いていただいたのは、昭和二十八年だった。

その冒頭に大仏さんの一高時代の話が出てくる。十人近い寄宿生が寝室に枕を並べたとき、一人が「渋沢栄一って、妾があるんだってな」といった。すると他の一人は、

「渋沢さんて、人格者なんだろう？　妾なんか持つかしら……」

しかし、話を持出した寮生は妾宅の場所まで聞いている。そして次の文章になるのだ。

「この年頃の青少年には、狭く単純にしか物を見ないで、仮借しない気質がある。おとなの世界を、まだ知らないし、自分たちの考へ方で物を割切らないと満足しない。

古い時代の人間の倫理感覚が、性の問題には放縦なくらいにゆるやかで、明治の大官など、権妻《ごんさい》を持つのが公然のこととして許されて、それが現在も社会的遺伝となって残っていることなど、知ってはいるが、同情はないのである。」

「それに伊藤博文とか桂公爵とか、最早、現代伝説と成っていた政治家ならば、兎角の噂があっても、青年たちは、どうせ、あいつ等はそう言う人間なのだと思って片附くが、渋沢栄一では何となく勘忍出来ないような気持が動いた。無論、誰れもぢかに会ったことはないが、伝へ聞く渋沢栄一の円満な人格や、社会的な活動の模様はその当時の私たちの心を知らず知らず惹きつけている。尊敬の念さへ抱いていたのである。」

そして寮生たちはその妾宅の前で渋沢栄一を待ち受けた上、きたら名を呼んで拍手してやろうと相談したが、その計画は実行されなかったおかげで、「とにかく、渋沢さんは、このいたづら者の襲撃を免かれた」という話なのである。

大仏さんの一高時代といえば、父は大体七十七、八歳のころである。社会的な活動は則天去私《そくてんきょし》に近かったろうが、品行の点では青少年の尊敬を裏切るものがあった。

以前、私は父の明治四十二年の日記を見ていたところが、夜の宴会へ招かれたあとなどに、ときたま「帰途一友人ヲ問ヒ、十一時半帰宿ス」と書いてあるので、思わず失笑したことがある。宴会帰りに「おい、きたぞ」と立ちよるような、打ちとけた友人を持っていなかった父の「一友人」は、二号さんなのである。昭和のはじめごろ一部の東京人は、フランス語の女友達アミイ（amie）という言葉を、こんにちのガール・フレンドみたいによく使っていたが、慶応三年にパリへいってきた父が、その訳語の先鞭をつけた訳でもあるまい。とにかく日記にわざわざ「一友人ヲ問ヒ」などとつける克明さがおもしろい。

兄の正雄と私がまだ飛鳥山の父の家にいたころ、ときどき兜町の事務所から夜になって帰宅する父の自動車に乗せてもらう場合もあった。そんなとき、兄は事務机に向かっている父の前へいって、同車の希望を申出すのであるが、茶目っ気の多い兄はあとで笑いながら、私にこう語った。

「御陪乗願《ごばいじょう》えましょうか？　と聞いて、すぐ〝ああ〟という返事のときは真っすぐ御帰館だが、〝うん？〟というアイマイな返事のときは即座に引きさがらなければ……自動車が本郷四丁目の角を左へまがる晩なんだよ」

当時父の「一友人」は本郷真砂町辺に住んでいたらしい。

大日本麦酒会社の専務だった植村澄三郎《うえむらちょうざぶろう》さんは、晩年に東宝映画の前身ＰＣＬを創立した人であるが、ビールとか映画とかいう商売柄に似合わず、生れながら品行方正で謹厳な紳士だった。これは明治中葉の話らしいが、父が社長、植村さんが専務の某会社に突発事件がおこった。植村さんはそれを早速父に知らせて対策を講じたいのだが、夜になっても父は家に帰っていないし、出先もわからない。

そこで植村さんも苦心の末謹厳な頭をひねって、やっと父が日本橋浜町の妾宅にいることを探知し、勇を鼓して女名前の家へ出かけた。そして取次の女中に来意を告げて面会を求めると、やがて余り広くもない家の奥から、生来大きな父の声が筒抜けに聞こえてくる。その模様を植村さんは私にこう話された。

「かようなところに、渋沢のおるべき道理はありません。御用がおありなら、明朝宅をおたずねになったらよろしいでしょうと申上げなさい。……おるべき道理はないって、御本人が言ってるのだから可笑《おか》しかったですよ」

よくいえば私生活にも公私のケジメをつける几帳面さであろうが、父らしい野暮ったさも感じられる。父の死後私が新橋のある待合へいったとき、そこのおかみさんは扁額に仕立てた父の揮毫《きごう》を見せながら、

「せっかく書いていただいたんですが、どうも懸けられませんでね」と笑った。額には「慎其独」（ソノ独リヲ慎ム）とあった。大学や中庸にある訓言だ。待合へ遊びにきて独りを慎むくらいなら、家へ帰ったほうがよさそうである。

中学の二、三年ごろは私も父の一友人に憤慨したが、大学を出てからは自分も花柳界に「友人」を作るようになった。しかし一生を通じて父のアミイを苦にしたのは母である。その友人には芸者もいたし、家に使っている女中もいた。現に「一友人」の

子の一人は一高のとき私と同級になり、現在もなお半分他人のような、半分兄弟のような交際をつづけている。

論語には性道徳の教訓がほとんどないので、晩年の母は私たちによくこういった。

「大人《たいじん》も論語とはうまいものを見つけなさったよ。あれが聖書だったら、てんで守れっこないものね」

話はとぶが明治十年代から、日本政府は条約改正の前提条件として、外国人と対等共通の社交界を持つために、上流社会の欧化運動を試みた。例の「鹿鳴館」はその代表的な現われである。そして鹿鳴館の出来る前に、父は伊藤博文さんから西洋流の社交に適するような女子教育の世話をしてくれと懇請された。虎の門の「東京女学館」が出来たのはその結果で、父も大正十三年には館長になっている。外交政策に端を発したものではあるが、これが父の女子教育に手を染めた最初だった。

一方、大阪で「梅花《ばいか》女学校」を経営していた成瀬仁蔵《なるせじんぞう》さんは明治二十九年に東京へきて、熱烈な意気ごみで父に女子大学設立の希望を述べた。

「婦人も国民ではありませんか？　渋沢さん。あなたは婦人を人と思わない。あなたの欠点はそこにある。あなたは外には申分のない人ですが、どうもこの点だけは同意しかねます。私は真にあなたに敬服すればこそ、こんなことも申上げるのです」

最初、女子に高等教育を授けると生意気になるばかりだ、と思っていた父も、成瀬さんの情熱に押されて女子大学の創立に一方ならず尽力した上、二十七年間も熱心な評議員として援助しつづけた。しかし初代の成瀬校長は大正八年に亡くなった。そして二代目の麻生《あそう》校長が辞職したときに、父は九十を過ぎた身で、一時校長を引受けた。「一友人」を持つ男が女子教育に熱意をそそぐ。この矛盾には罪ほろぼしの意識も潜《ひそ》んでいたような気がする。父は晩年明石照男に「婦人関係以外は、一生を顧みて俯仰《ふぎょう》天地に恥じない」

といったそうである。

経営倫理の提唱と実践。社会事業、国際親善、教育事業への挺身等、等。もし父が婦人関係でも俯仰天地に恥じないほどの人だったら、私などにはもっと近づきがたい親だったろう。父の不品行を是認するわけではないが、欠点というものは往々人間に味をつける香辛料や、砂糖の役をする。

孔子は論語に「ワレ未ダ徳ヲ好ムコト色ヲ好ムガ如クナル者ヲ見ズ」といっているが、父は少なくとも、色を好む程度に徳を好んだ人だったと思う。

6　論語会

父は明治四十四年の夏、成瀬仁蔵、森村市左衛門《もりむらいちざえもん》、井上哲次郎《いのうえてつじろう》、中島力造《なかじまりきぞう》、浮田和民《うきだかずたみ》、姉崎正治《あねざきまさはる》、シドニー・ギュリックの諸氏と「帰一《きいつ》協会」を組織した。宗教の統一を理想とする研究団体である。当時一高生だった私でさえ、これは出来ない相談だと思ったくらいで、この会は結局つぶれた。つぶれる前の会合で某会員が「帰一しないということだけ帰一した」と冗談をいって、父にニガイ顔をさせたそうである。宗教の帰一などは、各国通貨の統一よりもむずかしいにきまっている。

そのころ蓮沼門三《はすぬまもんぞう》氏が「修養団」を創立して、「汗愛精神」という努力主義を提唱した。すると父は森村市左衛門氏と二人でこの会の育成に尽力した。私は修養という看板も嫌いだったし、蓮沼氏の父を担ぎあげる態度にも反発を感じた。そして文学青年らしく、父の近代文学や近代思想に対する関心のなさを味気なく思った。もっとも父は私たちを修養団とは没交渉にしておいてくれた。

しかし父は暇を作って、ときどき家庭に一種の修養講座を開いた。最初がバイブル、次が論語、最後が孟子の研究だった。前後数年間にわたったろう。そして論語会の場合は、私たち兄弟はもとより、学友や親類の青少年が多数呼びあつめられた。

書院造りの大広間二間《ふたま》が教室になる。襖《ふすま》には二十八枚つづきだったかの橋本雅邦筆「瀟湘八景」が見事だった。上座に講師の宇野哲人《うのてつと》先生と父が着座して、三、四十人の聴講生がいながれる。一章ごとに先生の講議がすむと、父も体験上の註釈を加えて、それからみんなの質問や討論にうつる。ヘソまがりの私は会の終ったあとで、宇野先生にこんなようなことを言った記憶がある。

「論語の訓言みたいな至上命令は、人生経験の浅い私たちにはピッタリきません。なぜこれが尊いのかその理由を知りたいのです。だから本当の人間を描いて、生きた哲学を教えてくれる文学のほうが有りがたいのです。この意味でトルストイやイプセンやメーテルリンクなら感激します」

またごく小人数の席だったが、異説を立てて父に厭な顔をさせたこともある。

「足利尊氏は立派な政治家だったといいます。歴史では逆賊扱いしますが、将軍尊氏は従容《しょうよう》として死んだはずです。北朝という錦のミハタも用意しておいたし、南北朝の正閏《せいじゅん》*6がやかましくなったのは後世のことですから、当時の国民は彼を逆賊などとは思わなかったでしょう」

どうも私は温室内に咲く、逆説家の狂い花だったらしい。

論語会の夕食には、いつも偕楽園のうまい中華弁当が出た。弁当は楽しみだったが論語は有りがたくない。そこで兄の正雄や私や二、三の不心得者は、父からもらった「ポケット論語」の上に、そのころ学生間でよく読まれた「アカギ叢書《そうしょ》」という薄手の小型版を乗せた。大きさが丁度「ポケット論語」と同じなので、論語を読んでいるように見せかけながら、実はモーパッサンの訳本などに読みふけることが出来たのである。そして離れた席に坐っている互いの視線が合いでもすると、得意そうにニヤリとほほえみかわしたりした。

そうかと思うと、忍びよる蚊《か》の群を音のしないように両手で叩いて、自分の周囲に蚊ガスリをこしらえながら、首をうなずかせて数をかぞえている、神妙な退屈派もいた。それとは逆に、はじめからしまいまで、熱心に論語と取っくんでいる殊勝《しゅしょう》派も少なくなかった。四十数年もたつと、論語会もノドカな真夏の夜の夢である。

ここで話はとぶ。昭和十二年三月に日本経済視察団が中国を訪問した。盧溝橋《ろこうきょう》事件突発の四カ月前である。そのとき王外交部長の催した招宴に蔣介石《しょうかいせき》院長も列席して、児玉団長以下十二人の客に論語入りの挨拶を述べている。当時の朝日新聞を抄録してみよう。

「(前略) 丁度十年前、自分は日本を訪問し、張群とともに渋沢老子爵にお目にかかった。その時渋沢さんは自分に論語を渡され、(中略)〝己の欲せざるところを人に施すこと勿れ〟の一節を開いて、これは友人の間のみでなく広く国際関係にも適切な金言であるから、日支両国関係もこの金言を基礎として結合して行かねばならぬ、(中略) といわれた。(中略) 日支両国に取って大事な存在だった老子爵も今はない、とその当時を追懐しながら急にキッとなって、高司長に渋沢さんのために三分間黙禱するように、と命じたので、主客諸共黙禱を捧げた。(後略)。」

今、新聞切抜の見出しを見ると、朝日は「『己の欲せざる所人に施す事勿れ』蔣介石氏、論語で挨拶」東京日日は「日支提携の第一歩に我自省の要を暗示〝維新支邦〟

への助力懇請。」そして読売は「蔣氏辛辣《しんらつ》な諷刺《ふうし》を浴《あび》す故渋沢子に三分間の黙禱、我使節団招待席上」とある。この黙禱が蔣氏の皮肉な外交演出だったかどうかは別として、私は昭和三十一年十月の新聞に出た矢部貞治氏の一文を忘れることはできない。

「(前略)それにつけても想うのは、一九四五年八月十五日刀折れ矢尽きて日本が降伏した日、かの『怨みに報いるに徳をもってせよ』の崇高な名句を吐き、百数十万に上るわが将兵と残留同胞を、短時日の間に整然と送還してくれた蔣介石総統のことである。必ずしも軍事的に中国に敗れたとは思わなかった者も、『われ中国に敗れたり』の感を心に刻まなかった者はなかったであろう。その後も国府は、列国に先んじて戦犯を釈放し、五百億ドルにも上ろうといわれた対日賠償請求権も、自発的に放棄してくれたのである。(後略)」

まことにペンは剣よりも強く、さらに善行はペンよりも強い。「自分のいやなことは人にもするな」二千数百年来のこの思いやりは、民主主義、個人主義の現代社会にとっても、基本的に大切なモラルの一つである。

7　うす紫の朝

兄の正雄と私が一高時代の夏休みには、よく学校友達を家へ連れてきて、トランプや闘球盤などやった。そして地方出の親しい学友たちは、時によると十日以上も家へ泊まっていた。ところでそのグループが一番熱中したのは、ポーカーにルールの似ているトランプだった。ただしむろん金など賭けなかった。

手まめで丹念な兄は手帳に各自の得点を記入して、成績表をつくった。昼まで一位だったAが夕方三位に落ちてBに抜かれたとか、最低位のCが夜の更けるにつれてノシてきたとか、この成績表はみんなに選挙戦みたいな興奮を掻き立てた。「コール」を宣言してライバルに一点しか与えないで得々としたり、「ストップ」を宣言して無得点者に罰法のマイナス二点をつけて痛快がったりし合う。そしてさかんに毒舌や揶揄の応酬をこころみる。元気一杯な青年たちは時間を超越して、何百回となくこの簡単な競技をくりかえした。

そこへ父が夜の十時ごろ帰宅してくる。もう七十一、二のころだった。そして帰宅早々の用事を片づけると、若い者の好きな父は私たちの打ち興じている座敷へきて、

「何です？　だいぶ御精《ごせい》が出るようだが……」

などと、団扇片手に機嫌のいい笑顔を見せる。みなが居ずまいをなおして挨拶すると、

「さあさあ、かまわず続けてごらんなさい。」

こんな調子でドッカリ坐る。そこへ座蒲団がくる。お茶がくる。父はすっかりオミコシを据えてポーカーを熱心に眺めだす。そこで母は私たち兄弟に、

「どうせ父《とお》さまが御覧になるんなら、いっそお居間ではじめたらいいじゃないか」

すると兄は元気のいい声で、

「はあ、そういたしましょう。さあ、これからは御前試合だ。御前試合だ」

そしてトランプも成績表も両親の居間に運ばれる。いつか父もルールを覚えこんで仲間入りをする。青年たちはこの意外な老新入生を迎えて、競技にも一段と熱度がくわわる。そのうち父はすぐ上達して、さかんにみんなを悩ませはじめた。

「そうりゃ、そりゃ、ストップぞ。ストップぞ。」

こういいながら、手にした五枚の札を一枚一枚ストレートの順序に並べて誇示すると、そこここに、

「チェッ。またやられた」

「マイナス二点はつらいな」

などという嘆声がおこる。父は大黒様みたいなニコニコ顔で、

「まことに何ともはや御愁傷の至りで……」

などとフザケながら、もう一組のトランプを切って、サッサと次の番を配り出すのだった。

居間は京間の十二畳もあったろうか？　まわり縁に面した二方には、虫よけの寒冷紗の戸がしまっていた。座敷の一方は大きな床の間になっていて、その一隅に長い地

袋があった。母はその前に坐って、何かこまかい用事を片づけていたが、ふと地袋の上の置時計をふり向くと「おや。もうこんな時間かい？」とつぶやいてから、父に「そろそろ切りのよろしいとこでゲシナリ（御寝なるの転訛）ませんか？　もう十二時すぎでございますよ」

しかし気持も手先もトランプに取り憑かれたままの父は、母を見向きもせずに、

「はい、はい。もうすぐおしまいだよ。構わんからお前は先に寝ておしまいなさい」

父がうわの空なので、母は私たち兄弟のほうを見ながら、

「お前さん方もいい加減になさいよ。父さまは明日《あした》またお早いんだからね」

兄がすぐ受けて、

「はあ。心得てます。しかるべきときに切りあげますから、母《かあ》さまどうぞお先へ……」

その尾について私が「じゃごきげんよう」と止めのお辞儀をする。母はこの時間の観念を喪失した父と子に苦笑しながら、

「心得てるもないもんだよ。しかるべき時ってのはあしたの朝じゃないのかい？　本当にしょうのない人たちだね。このあんばいじゃ、まだまだ容易なこっちゃなさそうだ。あたしゃあしたが辛《つら》いから、お先へごめんこおむるよ。本当にほどほどにしときなさい！」

こう念を押して母が寝室へ退くと、残った面々は時計の針があともどりしたように落ちつきはらって、心おきなく「コール」や「ストップ」をくりかえすのだった。

寒冷紗に張りついていた闇の色が、何かこう軽くなってきたと思う間もなく、あるかなきかの黎明が見る見る育って、夏の夜はうす紫に明けそめた。私はその美しさに打たれて、見馴れた庭を生まれてはじめて見る景色みたいに、ウットリと見とれた。

夜が明けきると、父はその日の予定を思い出したらしく、「しまった」というような感じのこもった声で「さあ、さあ、さあ、さあ……」と口走りながら、足早に洗面所のほうへ歩いてゆく。

「寝るにはハンパな時間だ。もう少しいこうぜ」

兄のこの言葉に、青年たちのポーカーはつづけられる。みな徹夜で脂ぎった顔を朝日に晒したまま、惰性だけで手を動かしていると、顔を洗いおわった父がもう詰めかけてきた来訪客に面接すべく、夏羽織のヒモを結びながら、畳廊下にスリッパをひびかせてゆく姿を見た記憶もある。

8　身の上相談

父は長年月の間、会いたいという人には誰にでも会った。紹介者など一切不用だ。いきおい事業上の意見を聞きにくる実業家以外に、身の上相談を持ちこむ人も多かった。何しろ明治、大正時代のことだから、来訪者は概して礼儀正しかったが、時にはトッピな人物も現われる。すると父は笑いながら、こんな話をすることもあった。

「せんだっては、会うとイキナリどうかあなたの書生にして下さい。してくれるなら今からすぐなります。そのつもりで行李も持ってきました、という気の早い独り合点の学生がきたよ」

あぶなっかしい事業計画や、聞くも哀れな身の上話のあいまに、こんな青年が飛びこんでくるのは、面接時間の軽いリラクゼーションだったかもしれない。

「ただモジモジしているばかりで、何をたずねても用件を切りださない人は一番困るよ。何しろあとがつかえているのだからね」

父はこんな述懐もした。また、

「ボクに一万円貸しなさい。貸すことが日本国家のためですという、おかしな男がきたよ」と笑っているときもあった。父はマトモな話はわざわざ私たちに聞かせなかったが、毎朝大勢の人に会って、事の大小軽重を問わず、親身になって話を聞き、懇切に助言を与えていた。その応接間は玄関に近い日本座敷で、畳廊下と縁側を隔てた中庭の光が、二重の障子越しに忍びよる、たそがれみたいに薄暗い部屋だった。

これは後に兄の正雄から聞いた話だが、名士の面接にもそれぞれ流儀があって、井上準之助さん（大蔵大臣退官後、昭和七年に衆議院議員総選挙の直前、応援演説の際、暴漢にピストルで狙撃されて絶命）は面会の申込みを受けると、まずその希望者が面接に価する人かどうかを調べた上で員数をフルイにかけ、次にその価値の大小に応じて面接時間の長短をきめたそうである。これは多忙な公人にとっては極めて合理的な方法だが、面接分数の短い人は不満を感じたたし、初手から価値を認められなかった人は反感を持ったという。いわば人事興信所式面接法である。

和田豊治さん（富士紡績会社の社業を刷新した社長。大正十三年没）は希望者全部に会う代りに、個別的な面接時間を節約するため、全員を一つ応接間に待たせて置いて、先着順に面談していったそうだ。告別式的面接方法である。これは会ってもらったという点では全員を満足させた反面、全員オチオチ会ったような気がしない、という物足りなさもあった。

父の面接は恋愛式とでもいうのだろうか。約束の時間がきて、商工会議所や銀行集会所からジャンジャン催促の電話がかかってくるころ、父は例のたそがれ式応接間で、不幸な貧書生や寄るべない寡婦などの身の上相談に、誠実な助言を事としている。国家経済からみれば無駄かもしれないが、これが合理主義者渋沢栄一のウェットな不合理性だった。

父は私たちによく事業をはじめる場合の心得を説きさとした。

一、それが道理正しいかどうか。二、時運に適しているかどうか。三、人の和を得ているかどうか。四、おのが分《ぶん》にふさわしいかどうか。以上の諸点を検討した上で、確かな見極めがついたらはじめなさい、というのだった。そしてこの心得はきっと朝の来訪者の企業計画にも、適用されたものさしだったにちがいない。

一体父は自分の社会活動にも自分でよく「ものさし」を当てていた。だからもし自動車にたとえれば、ハンドルもブレーキもよく利く快速車だった。そして「士魂商才」や「和魂洋才」の経営倫理をガソリンとして走ったのである。

世の中はセチガラクなり、人の生き方も自由になった。しかし道路の交通量がふえればふえるほど、交通信号は尊重されなければならない。そして標識の表現形式だけが世と共に変るのである。

9　文学者

帝大法学部へ入学してから、私はフランス文科へ転学したくなった。そこで大正三年の一月ごろ、鎌倉に避寒していた義兄穂積陳重の旅宿へ相談に出かけた。

この義兄は油画の好きな私から、いつもニコヤカに新しい画論など聞き出してくれる人だった。青年層の趣味や感覚に関心を持っていたらしいのである。だから三十六も年の違うこの偉い法学者に、私は大変親しみを感じていた。その日も義兄は私の文学志望を認めて、いろいろな注意を与えてくれた。私はうれしかった。するとそばにいた姉がこう聞いた。

「近ごろ〝新しい〟という言葉が流行ってますが、一体新しいとはどういうことなんです？　秀雄さんも新しいという評判ですが……」

何でも「青鞜《せいとう》＊7」の「新しい女」が世に喧伝された時代である。そこで私はこんな主意を述べた。新しいというのは既成観念に捕われないことで、例えば私は敬虔《けいけん》なクリスチャンが造次《ぞうじ》にも顚沛《てんぱい》にもすぐ神を念じるような意味で、天皇を「神」として信仰してはいけない。――渋沢同族は論語教徒なので、特に私は論語の造次顚沛、（急変、非常の事態）という言葉を使った記憶がある――それを心にもなく、天皇を神様扱いするような虚偽は捨てて、正直な自己を解放するのが新しい生き方の一つである。

……

「黙りなさい！　そんな不謹慎な言を吐くものではない！」

義兄の激しい声が飛んできた。ニコヤカな顔が厳しい表情に変っている。私は、天皇を神と信じられないから信じられないと言うのが何故不謹慎ですか、と反発した。義兄も、事いやしくも皇室に関してかるがるしく口を利くのはケシカラン、とおっかぶせてくる。自己の信念に忠実なのがどうしてケシカランのです？　いや、その心根がすでに不敬だ！　ではお兄《あにい》さんは本当に天皇を神と信じておいでですか？　父《とう》さまだって、皇室は尊崇なさるが、天皇を神と信じてはいらっしゃらないと思います。こ

こで私は卑怯にも、父を引合いに出すのが有利だと計算したのである。そして最後に義兄の、

「左様な不心得者を以後弟とは思わん」に対して、私も「ええ。やむを得ません」という幕切れとなり、決然畳を蹴って旅宿を辞した。

　こう書くと私もなかなか勇ましく見えるが、そのとき実は不覚にも全身がガタガタふるえたのである。東京へ帰って検温したら熱が三十九度もあった。温室内の狂い花は風邪も引いていたのである。

　兄の正雄や阪谷希一《きいち》に忠告されて、私は結局鎌倉へあやまりにいった。しかし負け惜しみがあるから、弟としての不遜な態度だけを詫びて、問題の内容にはふれなかった。すると義兄も平素のニコヤカな顔で、「態度は私のほうこそ大人気なかった」と前置きしながら、世馴れた調子で文学を魚にたとえた上、何を食べるのも自由だが、よりによって毒のあるフグだけは食べてくれるな。ほかにうまい魚はいくらでもあるじゃないか、と諭してくれた。一途な青年にはどこか物足りない教訓だったが、私にそれを押しかえす勇気はなかった。しかしこんな問題を起こすだけ、私は穂積の義兄に打ちとけていたのである。義兄の叱責がなかったら、後日私もその筋におどされるような学生になったかもしれない。それにしても、日本がもし無条件降伏をしていなかったならば、「事皇室に関する限り」今もって野蛮国だったろう。

その後私は両親に転科問題を持ちだした。両親とも大反対で、父はコンコンと次のような主意を述べた。

「お前は法科を卒業して、将来事業界に働くだけの能力を持っているのだから、今の科程をつづけて実業家になってくれ。どうか文学は趣味の程度にとどめてくれ。ワシが頼むから、是非そうしてくれ。ワシも若いときお父さんの意思にそむいて家を飛びだし、こんにちに至ったが、今でもそれを心苦しく思っている」

この最後の言葉を、私は「本当かしら？」と疑いながら聞いた。しかし結局、一家のオール・マイティーの説得力に押されて、私は転科をあきらめた。そのとき父が、

「文学をやって、押川春浪《おしかわしゅんろう》や村井弦斎《むらいげんさい》になったところで、はじまらんじゃないか」といった言葉を思いだす。純文学を夢みていた私に、何とこの引例がナサケなかったことか！

父は近代文学に対して、こんな貧弱な認識しか持っていないのだ。父が祖父にそむいたように、私も父にそむけば、やはり親の世話を受けずに自力で一廉《ひとかど》の文学者にならなければならない。だが当時三文文士《さんもんぶんし》と呼ばれていた文学者の道は険しい。しかも私は自分の才能に何の自信もなかった。兄たちは重役級の生活をするのに、私一人は食うや食わずでいなければならない。愚直な私は本当にそう思った。そして、それが意気地なくも私の決心をニブらせたのである。

「一書申入候《もうしいれそうろう》　然者《しかれば》過日被申出《もうしいでられ》候文科転学問題に付而《ついて》は　真に憂慮いたし候処幸に老父母の衷情《ちゅうじょう》を察せられ　快然翻志《ほんし》の挙《きょ》に出られ候箋は　無此上次第と存候（下略）」

これは大正三年二月二十日に父のくれた手紙である。「快然翻志の挙」などと書いてあるが、私は父には拝み倒されて、シブシブ翻志の挙に出たのだった。

後年、渋沢敬三が生物学者になりたいと言いだしたときも、父は根のいい拝み倒しで、とうとう彼を実業家にしてしまった。また父の甥で電気工学者の渋沢元治にも、ひところ実業家になれと強くすすめたそうである。一、二年前ラジオを聞いていたら、文学博士新村出《しんむらいずる》先生も、むかし、父に文学などツマランから実業をおやりなさい、と言われたと話しておられた。父は人の意思を尊重するタチの人だったが、子孫の職業に関する限り、決して時代より先を歩いていた人ではなかった。きっとこの世の中に、実業ほど結構なものはないと思いこんでいたのだろう。

文学志望を断念したころ、私は親兄弟にも内証で恋愛をしていた。相手は親類の少女で、前に兄の正雄が結婚したいと申しだして、両親とも反対したという因縁つきの間柄だった。私はその夏和田英作《わだえいさく》先生について、東京美術学校水泳部のあった伊豆の土肥《とい》へいったが、その帰りに大磯にある少女の別荘で、人知れず恋愛三昧の幾日かをすごしたいと思った。そして箱根小湧谷《こわくだに》に避暑していた親のところへゆくという約束をスッポカして、密会の日数をふやそうという下心から、父に箱根へはまわれないという手紙を出した。するとすぐ返事がきた。

「（前略）貴所の当方へ罷越《まかりこし》候事は兼約《けんやく》にも有之《これあり》　一家団欒《だんらん》は夏時休暇の際とて、尤《もっとも》以《もっ》て人生の楽事とも可申《もうすべ》事に有之《これあり》　殊《こと》に必然《ひつぜん》来会と期念せしを　出先の出来心にて変更いたし候儀は　頗《すこぶ》る面白からざる次第に有之《これあり》候（下略）」

事態は「頗る面白からざる次第」に相成ったので、私はシブシブ箱根へまわった。むろん私は途中で大磯へ寄った。「一家団欒」といったところで、親と子に何等共通の話題もない。私にとってはただ窮屈なだけである。「親の心子知らず」でもあり「子の心親知らず」でもあった。

この恋愛は以前ＮＨＫ新聞や「手紙随筆」に書いたから略す。それから二年ほどたつと、私はフシダラな背水の陣を布いて、母に結婚話を切りだした。母は大変怒って反対したので、私もずいぶん乱暴な口を利いてしまった。そして父にもこの結婚話が通っているはずのある晩、一家で食卓を囲んだおり、何も父は私の顔を見はしないのに、その視線がまぶしくて、私は罪人みたいに眼を伏せていた。

しかしいざ私が父の前に出て過ちを詫び、結婚の許しを求めて将来を誓ったとき、父は一言も叱らずに、恩威備わる感じで、ただ、いい家庭を作れとだけいってくれた。その言葉の浸透力は今でも忘れられない。そして父も母も立派な結婚式と披露宴を開いてくれた。まったく親なればこそである。

こうして親きょうだいに心配をかけた私の恋愛結婚も、八年目には破局をきたして、また親きょうだいに迷惑をかけた。年を取るにつれて、過去の自分のダラシなさやバカさ加減は、厭になるほどよくわかるものだ。

後年穂積重遠が亡母歌子の日記を整理していたら、私の恋愛事件を非難攻撃している憤慨の記事があったそうである。姉の人となりや時代を考えればさもありなんと思う。当時私はフトドキな所業の罰として、一年間ほど同族会社の配当をへらされた記憶がある。温室内の狂い花は、結婚もマトモではなかった。

10　お読みあげ

父の病気の回復期に、私は枕元でよく本を朗読させられた。一番古い思い出は私の十二、三ごろである。巌谷小波《いわやさざなみ》さんの『日本昔噺《むかしばなし》』に「少年八犬士」という少年向け「八犬伝」があったのを、父は、「秀。昨日は犬飼現八が庚申《こうしん》山で化猫を退治たところまでだったかね」などと誘いをかける。きっと父は読み違いの多い、タドタドしい朗読を、訂正しながら聞いてくれたのだったろう。

中学時代には夜おそくまで新聞を読まされたが、父は女中に肩を叩かせながら、座

ったまま軽いイビキを掻きはじめる。こっちも眠くなって二、三行飛ばして読むと、父はいきなり目をあいて、

「なに？　おかしいね。そこんとこ、もう一度読んでごらん」とくる。私はこれは油断ならないぞと思ったりした。

父が七十台のころ、一度私は夏目漱石先生の『吾輩は猫である』を読んだが、あまり面白がってくれず、むしろ『虞美人草《ぐびじんそう》』に興味を持ったことをおぼえている。

また気管支炎の回復期などに私たちが、

「いかがでいらっしゃいますか？　今日は幾分およろしいようで……」などと見舞いをいうと気に入らない。父はわざと心細い声で、

「ちっともよくはありませんよ。もうダメですよ。ああワシもとうとう、こんな身体になってしまって……」と天下の蒲柳《ほりゅう》の質を一身に引受けたようなことをいう。それを私たちがおかしがって笑うと、

「お前さんたちは人のことだと思って、笑っているけれど、今に後悔しますよ。あーあ、どうも気分が悪い。たえられないほど苦しい」

トギレ、トギレにこういって、声音《こわね》とはうらはらの、力の充実した動作でドカリと寝返りを打つ。大きな甘ったれ坊やである。

「そんなにお苦しかったら、これから御病気のハナをお気をつけ遊ばせ。御無理ばっ

かりなさるもんですから永引くのですよ」

　母がこういって掻巻《かいまき》など掛け直すと、

「今そんなことをいっても直りはしないよ。どうしてこんな身体になってしまったのかね。」

　そこへ事務所から秘書がきて用談をはじめると、父はいつの間にか床の上におきあがり、十分もたたないうちに、三部屋も先へ聞こえるような大声で、なにくれとなく用事を言いつけているのだ。

　九十を過ぎてからは、父もさすがに家に引きこもり勝ちになった。そこで、すぐ近所に住んでいた私は毎晩のように本を朗読しにいった。すると母が、

「このごろサッパリ元気がおありなさらないので気がかりなんだよ。ゆうべも、ちとお気晴らしに、上手な人をお呼びになって、落語か義太夫でもお聞きになってはって申上げたんだが、それより秀雄に本でも読んでもらうほうがヨッポドいい心持だっておっしゃるんだから、お前さんの〝お読みあげ〟も大したものさ。いまに木戸銭が取れるかもしれないよ」

　こんな冗談を言いながら、私の朗読に油をかけてくれる。お読みあげとはいかにも母らしい用語だった。

　広い洋間のジュータンに座布団を敷いて、日本間式に住んでいる両親だったが、父

はときどき部屋の一隅にある籐の安楽椅子に腰かけることもあった。老来ますます私生活にゼイタクを言わなくなった父は、娯楽のために専門家を呼びよせることなどは心苦しかったのだろう。上手でもない我が子の朗読を、何より気やすい老後の楽しみとしてくれるつつましやかな心根に、私も大いに感激しながら「お読みあげ」に出かけた。

父はそのつど可なり丁寧に会釈して、「毎度御苦労さま」そして母や女中に、「おい。紅茶でもあげなよ。菓子や水菓子なんぞもあったかな」などと気を使ってくれる。私が幼時から感じつづけてきた、公人としての重圧感は完全に影を消して、ただ愛すべく敬すべき好々爺《こうこうや》の父親だった。

中里介山《なかざとかいざん》氏の『大菩薩峠《だいぼさつ》』を読んだときは、京都の場面で、「運命の皮肉」の章に書いたような、近藤勇や土方歳三の思い出話をしてくれた。直木三十五《なおきさんじゅうご》氏の『合戦』あった、衣川《ころもがわ》の弁慶立往生のクダリなどは、館《やかた》の大手《おおて》に立てた弁慶のワラ人形が、豪僧弁慶という名声の威力で、人形であることさえ気《け》取られずに敵をセンリツさせるのに反して、搦手《からめて》に廻った本物の弁慶は名乗らないばかりに、いくら目に物見せても敵は「なんて強い坊主だ」ぐらいのことで、あとから押しよせてくるものだから、さすがの弁慶も大骨を折るという話の面白さに、父も笑いながら、

「なるほど。新店《しんみせ》はいくら勉強しても、売りこんだ老舗《しにせ》にはかなわないという理屈だ

ね」と、老実業家らしい寸評を加えなどした。

岡本綺堂《おかもときどう》先生の『半七捕物帳』は父を喜ばせたばかりでなく、よく雑用に立つ母を座布団の上へクギづけにした。あの小説は捕物の面白さのほかに、江戸の面影を復元したような文学の味を持っている。だから作中の岡っぴきやお店者《たなもの》や、また侍や職人や遊芸師匠を、江戸の本物で見てきた父と母には、明治者の想像もできない郷愁があったのだろう。

ある日『吾輩は猫である』をまた読んでみたら、今度は父も大変面白がって、「ようもそう巧みに書きあらわせるものね。やはり薀蓄《うんちく》のある人はちがうよ」と感心しながら、中に出てくる外国人やギリシャの話などを熱心に質問してくる。そこで私も知っている限りは答えたが、父の知識欲と興味の持ち方の若さにはおどろいた。それにしても七十台のとき「猫」をつまらながった父が、九十台を越してこう面白がる。こんな老境にも文学鑑賞の進歩があるのは頼もしかった。

一度試みに細田民樹《ほそだたみき》氏の『真理の春』を読んでみたが、父は三、四十ページで飽きた。そして、

「社会主義者も、存外商売人が多くてね」といった。商売人とは主義を看板に、その実自分の利益ばかり計る人をさしたのである。

落語を読むときは、私も厭味にならない程度に、大屋さんや熊さん、八つぁんの声

柄を変える。すると父はさも可笑しそうに、天真ランマンに笑ってくれる。いきおい私も張合いを感じて「お読みあげ」に熱がはいる。そんな場合、私はヌクヌクと「冬日愛すべし」の日向ぼっこをしているような幸福感に浸った。

昭和六年十一月、父が翌日いよいよ腹部の手術を受けるという晩は、私たち大勢の兄弟姉妹が飛鳥山の邸に集まったので、父もことのほか機嫌がよかった。そして三代目柳家小さんの落語を速記した「寝床」と「船徳《ふなとく》」と「花色木綿《はないろもめん》」が、父に聞いてもらった、そして笑ってもらった最後のお読みあげとなった。

11　老境

アメリカの大富豪で、教育事業や社会施設にも巨資を寄附したＪ・Ｄ・ロックフェラー（一八三九―一九三七）は「わたしはどんな能力に対してよりも、人間を使う能力に対して、一番高い給与を支払いたい」といっている。そして明治時代の父は実業界の第一線に立って、よく人を使った。そのため父はことさらに求めなかった富を得た。

たとえて見れば、父は実業交響楽の指揮者だったかもしれない。最初は自ら第一銀行というファースト・ヴァイオリンを弾いていたが、後には各楽団の指揮棒を振る立場に置かれていった。そして実業界を隠退してからは、その指揮の重点が社会事業、国際親善、宗教、教育、倫理関係、労働問題などへ移行して、老境にふさわしい音楽を奏しつづけた。父はよく冗談めかして、「いくら年を取っても、人間の辞職はできないからね。……」といっていた。数多い老後の仕事にこんな一例もある。

昭和二年三月三日の桃の節句に、日本青年館で「青い眼をしたお人形」の歓迎会が開かれた。アメリカの子供から日本の子供に沢山のアメリカ人形が贈られたのである。舞台ではアメリカ児童代表のペテー・バランタイン嬢が、日本児童代表徳川順子嬢に人形を手渡す。会場には宮家の姫宮方をはじめ、可愛い少女たちが一杯だった。アメリカ大使、日本の文部、外務両大臣なども参列している。父は日本国際児童親善会長として、いかにも楽しそうに謝辞と祝辞を述べた。福々しい八十八翁は打ってつけのサンタクロースだったという。

父の亡くなる二、三年前から、私は油画に凝りだした。そして長谷川《はせがわ》昇《のぼる》先生の指導のおかげで、どうやら春陽会に入選した。すると、むかし私の文学志望を許さなかった父が、本式に油画の勉強をしろとすすめてくれた。素人芸では仕方がないから、やるなら真剣にやれというのである。

「お前さんは仕事に熱がない」

母も以前は私の顔を見るたびに、さも歯がゆそうにこう小言をいった。しかし晩年にはスッカリ諦めてしまったらしく、ニコニコしながら「結句《けっく》、お前さんは徳人《とくじん》だね。」とサジを投げた。だから油画にも賛成してくれた。時勢の変化と年齢の増加が、父と母に私の個性を見きわめさせたのである。

しかし私はいまもって芸術的素質の貧弱な芸術老年にすぎない。考えてみると、親の築いてくれた環境を、よくも微温的に浪費しつづけて来たものである。しかもその浪費ぶりに、自分だけの生き甲斐や幸福や感謝を感じている。

昭和六年五月の春陽会に私の画が出たときは、両親そろってワザワザ会場まで見にいってくれた。父の亡くなった年である。その日偶然会場に居合せた私の友人は、あとでこんなことをいって笑った。

「あの御老体が、親なればこそだよ。子爵はワザワザ君の画を見にきたのだから、君の画の前には無論長く立ちどまるだろうと思っていたら、ほかの画を見るのと同じ速度で、サッサと次へ移っていった。なるほど渋沢さんは公平無私だね」

話は明治時代にさかのぼるが、展覧会についてはこんな思い出もある。まだ中学生だった私は、ある日父に連れられて第一回の文部省展覧会を見にいった。

会場にはいると父は山高帽子をぬいで手に持つ。それが画を見るときの習慣だった。各室ごとに「あッ、渋沢男だ」などというささやきが聞こえる。少し変屈な子だった私は内心大いにテレていた。

すると「阿房宮炎上《あぼうきゅうえんじょう》」という画の前にきたとき、父は熱心にながめ入っていたが、やがて杜牧之の「阿房宮賦」を暗誦しはじめた。記憶力がよくて、非常に沢山の漢文を暗記している父は、家庭でもよく得意そうに暗誦して聞かせることがあったが、それを展覧会場ではじめたのである。

「六王畢《りくおうおわ》って四海一《いっ》なり。蜀山兀《しょくざんこつ》として阿房出づ……」

次第に大きな声をだして、いい気持そうに身体を前後にゆする父の周囲には、物見高い人垣ができてしまった。私はその人垣の外に出て、父の連れではないような顔をしていた。

最後に渋沢敬三の語った父の老後の印象を抄録して、この章をおわろう。父の後継者敬三は、日常その背後につきそって歩く機会が多かったのである。

「(前略)祖父から発散されて居たグレアーと云おうか世間的と云おうか、そうしたものが消え失せて、却って本当の人間と云う感じが深く起って来ました。

(中略)ほんの僅かばかり首を左に傾けて、(中略)歩いて行く、その祖父の後ろ姿には、自分などには予想し得ない、永い年月の閲歴を経、経験を深く蔵した、しっかりした偉人という感じよりは、寧ろ侘びしい一個の郷里血洗島の農夫の姿を見る様な気がしました。又そこには同時に、あの顔の正面から仰いでは一寸見出し難かった詩の世界と、無心な幼な児にも見るような無垢な魂とを、強く印象されたのでした。

(中略)祖父の後ろ姿は、私にとっては正面から見た顔よりも、もっともっと大切に

したい様な、心の底に秘蔵したい様な有り難い姿でもあり、又力でもあるのでありま
す。……」

12 人の標高

富士山の標高は三七七八メートルだという。[*8] 自分が実測しなくてもそれを信じている。またどこから見ても、そのくらいな高さを感じる。そして敗戦までの日本は、人の標高を爵位や勲等で表示した。これは山の測量よりも不正確だ。が、大体当っているようでもある。

父は明治三十三年、六十一の時に男爵を授けられた。実業家としては真っ先だったらしい。それから大正九年に子爵になった。軍医は中将どまり、軍楽隊長は少佐どまりというふうな官制はないらしいが、実業家は子爵どまりで、父一人きりだったようだ。そして死んだときは従二位勲一等が正二位勲一等に進んだ。稲荷大明神に接近した訳である。

父はそういう栄誉を素直に有りがたがった。しかし少しも欲しがりはしなかった。もし栄誉がなくても、父の働きには何の変化もなかったろう。つまり勲位などに全然こだわらなかったのであろう。

もう故人になった高田保《たかだたもつ》っちゃん[*9]が、むかし私にこんな話をした。彼が赤坂演伎座

の文芸部にいたころ父が見物にきたので、「閣下」と呼んだら、父は笑いながら「閣下はよしましょうよ」と答えたそうである。芝居見物に閣下は、くすぐったかったのだろう。

昭和三年十月一日に帝国劇場と東京會館で、父の米寿祝賀会がもよおされた。その次第書きを見るとなかなかものものしい。

司会　男爵　中嶋久萬吉《なかじまくまきち》殿

一、来賓着席
一、司会者開会ヲ告グ
一、会員総代団琢磨《だんたくま》殿賀詞朗読
一、来賓総代内閣総理大臣男爵田中義一《たなかぎいち》閣下祝辞朗読
一、子爵閣下御挨拶
一、発起人総代男爵郷誠之助殿祝賀記念計画発議
一、司会者閉会ヲ告グ

会の発起人は四十二人。会員総数は九百四十五人で外国人もいる。当時経済界の代表的な一流人物ばかりだ。

主賓は父と母をはじめ渋沢同族全員。帝劇の舞台で父に因んだ新作舞踊劇、ルスページ嬢一行のバレエ、そして尾上梅幸、松本幸四郎その他の「船弁慶」があり、のち

東京會舘で晩さん会が開かれた。

陪賓は諸外国の大、公使が二十六人。日本の大臣が十三人。枢密院議長ほか顧問官が二十六人。貴衆両院議長、内閣書記官長、法制局長官、警視総監、東京府知事、東京市長など七人。その他元帥伯爵東郷平八郎《とうごうへいはちろう》、子爵清浦奎吾、伯爵山本権兵衛、高橋是清、犬養毅、浜口《はまぐち》雄幸《おさち》、若槻礼次郎、床次竹二郎《とこなみたけじろう》、尾崎行雄、後藤新平、幣原喜重郎など十八人。それから各新聞社通信社の社長や理事が二十二人。親の七光で主賓のハシクレになった私は、参会者の顔ぶれと会の盛大さに驚いて、子供みたいにヨクヨク父は偉いんだなあと思ったりした。

田中総理の祝辞のあとで舞台に立った父は、喜びに顔を輝かせながら、拍手の静まるのを待って口を開いた。

「……感極まって申上げる言葉を、殆んど失うと申さざるを得ませぬ。……」こう前置きして一身の経歴や官尊民卑の昔を物語ってから、実業界で働いた老ぼれの祝宴に、総理大臣が臨席して祝辞を述べられたことは官民密着の実証だと説き、実業界の向上発達を念願した一事は誤りでなかったと述べて、

「我身を祝うて下さる有がたさよりは、国家のため誠に慶賀に堪えない次第でございます」と結んだ。

この祝賀会は経済界の有力者が、父の標高を民間で測定してくれた発表会ともいえ

よう。

さて昭和四年の十二月に、父は天皇から昼食のお呼ばれを受けた。当時の言葉だと単独賜餐《しさん》というのである。長年民間でよく働いた老臣の功をねぎらって下さった訳である。

食事のときは、陛下の右どなりが父の席だった。九十の老人だから、食事も柔かいものが用意されていたという。そして食卓には陛下と父のほかに、宮内省の高官が六人ほど列席された。

席上で父は長い身の上話を申しあげた。そして、むかしフランスにいったとき、ナポレオン三世が博覧会場で大演説をしたこと。そのナポレオンも二年後にはドイツに大敗し、そのドイツも第一次大戦で連合軍に打ちのめされたことなどを述懐して、一国敗亡の素因は外敵よりも国内にあり、という考えを言上したそうである。それからわずか八年目に、日本は自ら進んで墓穴をほりはじめた。

それはとにかく、この単独賜餐は父の標高を裏書きする、非公式でイキな宮中演出の一つだった。

13　最後の義務

九十一歳の十二月に父は風邪のため寝ていた。高齢者の風邪は壮年の大病にも当るから、一家のものはみな心配した。するとある日、全国方面委員（現在の民生委員）と社会事業家の代表者二十名ばかりが父に面会を求めてきた。主治医の林正道《はやしまさみち》先生も母も無論それをとめたが、父は顔ぶれを聞いて、どうしても会うという。そこで面会時間を五分ときめた上で、来訪客を応接間へ通した。父は熱のある身体に紋付の羽織をはおって、白いヒゲの伸びた顔を客の前に現わした。

用件は、いま寒さと飢えに苦しむ窮民が二十万人もあるので、政府は救護法を制定したが、予算の裏づけがないため一向救護の実があがらない。どうか父の尽力で、それを早速実施するよう仕向けてほしいという依頼だった。静かに聞いていた父は強くうなずいた。

「私はこの年になるまで、及ばずながら社会事業に尽くしてきたつもりです。みなさんのお心持は実によくわかります。老いぼれの身でどれだけお役に立つか知れませんが、出来るだけのことは致しましょう。それが私に与えられた義務だと信じます」

この一言に、来訪客の眼には涙が光った。それから父はすぐ自動車の仕度を言いつけて、大蔵大臣と内務大臣に面会申込の電話をかけさせた。両大臣とも病中の老人を気づかって、自分のほうからうかがいますといわれたそうだが、むかし者は礼儀正しい。当方からお願いする用件ですから、当方から参上しますと答えさせてしまった。

心配したのは母や周囲の者である。そこで林先生は主治医として、熱のある身体で寒さの折の外出は危険ですと極力押しとどめた。しかし父は静かに答えた。

「先生のお世話で、こんな老いぼれが養生しているのは、せめてこういう時の役に立ちたいからですよ。もしこれがもとで私が死んでも、二十万人の不幸な人たちが救われれば本望じゃありませんか」

主治医も母も返す言葉がなかった。そして父はすぐ自動車上の人となった。

この父の労は報いられなかった。救護法は翌年父の死後にしか実施されなかった。しかし成否はともかく、人が人のために尽くす純粋な心持ほど美しいものはない。九十一歳の父は青年みたいに新鮮な同情心を持っていたのである。

アインシュタイン博士は、ラジュームの発見者キューリー夫人を「名声（フェーム）に少しも甘やか（スポイル）されなかった人」と評したが、父もこの言葉に価した人であったかもしれない。

14　帰りなんいざ

父は自分でも言っていたように、新興日本の「台所道具」の整備に一生を捧げてきた人である。むろん時に応じて、美術館、劇場、競技場、神社、仏閣などという「床の間道具」にも力をそそいだが、その本旨は国民の生活水準を引きあげる「台所」の向上発展にあった。そして自分の趣味生活に閉じこもって老後を楽しむことのできない人だった。だから例えばアメリカへ立つ有力な知人が別れの挨拶に来てくれれば、加州の排日移民法撤廃のために、いろいろな手段方法を熱心に相談した。例の「人間を辞職するわけにはゆかない」という気持がそうさせたのであろう。

老後の父は風邪のあとで、もう平素の健康状態を取りもどしているのに、どことなく元気のない毎日がつづく、といったようになっていった。そんなとき私が見舞の言葉を口にすると、

「格別のこともないのだが、どうも精神爽快《そうかい》というところまでいかんのでね」などと答えてから、身を籐の安楽椅子に横たえて、九十を越した老人が眼鏡もかけず、和綴じの漢籍に読入ったりするのだった。

昭和六年十月のある夜、父は腸閉塞をおこしてひどく苦しんだ。内科の入沢達吉《いりさわたつきち》先生、外科の塩田広重《しおたひろしげ》先生をはじめ数人の先生方が綿密に診察された結果、直腸癌のためとわかった。

直腸癌を手術して人工肛門をつければ腸閉塞の心配はなくなる。また癌がすぐ再発する状態とも考えられない。しかし手術のために長く横臥していると、老人はよく肺炎をおこす。ペニシリンのなかった時代だから、それも心配である。といってこのままにしておけば、重ねて腸閉塞をおこす可能性は多い。しかもおこしてからでは手術ができない。先生方は慎重審議の結果、手術の道を選ばれた。そこで明石照男が同族

を代表して、父にそのことを話した。（ちなみに同族は、穂積陳重が大正十五年にかけているだけだった）

「この年になって、そんな手術までして生きながらえたくない」

父はこういって断ったが、子供たちの気持は百までも生きてもらいたいのである。明石は現在の医学常識では、こんな場合手術をしないのが、天命にさからう不自然な事です、というような理屈をいって、無理に父に承知してもらった。

塩田博士の執刀で、父は十月十四日に自宅で手術を受けた。その直前、父は塩田先生に、『三国志』の関羽は右ヒジに刺さった敵の毒矢をぬくとき、外科医の華佗《かだ》が肉をさき骨をけずって薬をぬるあいだ、平然として酒を飲みながら碁を打ちつづけたという話をして、

「私は関羽みたいな豪傑ではありませんから、くれぐれもお手柔かに願いますよ」といって先生方を笑わせた。

手術は成功したが、数日後に肺炎がおこった。食思不振の父に食物をすすめると、

「折角みながそう言うから、私も食べようと苦心するのだが、ガマンにもノドを通りません。意地を張ってるわけじゃないから、あしからず思って下さいよ」

衰弱の中でもこんな冗談をいった。身のまわりのことに文句をいわない。素直でおとなしい病人だった。父には全快したいという意欲がなかったらしい。病気の最初か

ら最後まで、先生にも周囲の者にも病状の見通しはおろか、病名一つたずねたことはなかったという。それは安如として両手を腰におろしたまま、「天命」の上に仰臥しているような姿だった。

新聞社は大変な数の記者をくりだして、連日連夜の張込みである。見舞客は朝から晩までリクゾクと引きもきらない。国内はもとより、海外からも見舞の手紙や電報がサットウする。

渋沢同族はむろん総動員だった。母も姉も兄嫁も看病に忙しい。敬三はズット父の邸に泊まりがけで諸事に気を配る。その父篤二も日参してくる。私も家は近いし格別の用もなかったので、毎日詰めている。見舞客の応待だけでも一ト仕事だった。そんなあわただしい数日のあいだに、庭のハゼモミジが火のように燃えつづけていった。

スヤスヤ眠っていた父が、ふと目をあけて何か言い出すことがある。聞取りにくい声音だったが、中に出てくる人の名が明治初期の養育院の主事だったり、第一銀行の重役だったりする。父は錯覚の世界で遠い昔に働いていたのである。そしてまた昏睡がくる。

十一月八日には意識が明快になって、陶淵明の「帰去来辞」を口ずさんだ。父は一節ごとに註釈を加えながら、全文を暗誦して看護の者たちに聞かせた。あの結末の「いささか化《か》に乗じて以て尽くるに帰せん。(造化の神の心にしたがって、わが命数の尽きるにまかせよう）かの天命を楽しむ。またいづくんぞ疑わんや」という境地は、そっくりそのまま父の心だったにちがいない。

見舞客に郷誠之助氏その他の財界人がおられると聞いて父はこんな伝言をした。

「私は帝国臣民として、東京市民として、及ばずながら、誠心誠意御奉公して参りました。（中略）今度は到底再起がむづかしく思われます。これは病気が悪いので、私が悪いのではありませんよ。

たとえ私は死にましても、魂はみなさまの御事業を守護いたします。どうか邦家のため御尽力下さい。そして私をお位牌に祭上げて、他人行儀にならないようお願いいたします」

これは財界に対する訣別の辞となった。

父の容態が怪しくなって、近親がみな病床へ集まる。が、ヴィタカンフルの注射で心臓は持ち直し、小康がくる。そこで近親も一応病室から散る。こんなことが数回くりかえされた。病室真近に張込んで、内部の様子をうかがっていたある新聞記者は、近親が何回目かに集まったとき線香の匂いを感じたので、「財界の巨星墜《お》つ」という、抜駆けのニュースを本社へ速報した。むろんその新聞社はすぐ訃報の号外を出した。

父の邸で見舞客を受付けていた係りは、その日何十人かの来訪客に、

「このたびはとんだことで……」と悔みを言われて面喰らいながら、「実はまだ亡く

なってはおりませんので……」と訂正した。来訪者は何ともバツの悪そうな顔をしたそうである。

15　日没

十一月十一日午前一時五十分、ついに父は永遠の眠りについた。邸内は涙にとざされる。前年の同月同日に第一次世界大戦休戦記念日を祝福する父の声が流れ出たラジオは、この日父の死を伝えた。

大々的な新聞記事、織るような弔問客、弔文弔電の山、万端の葬儀準備に忙殺される人々、私は今さらながら波紋の広がりの大きさに驚いた。

十一月十四日に御弔問の勅使、皇后宮と皇太后宮の御使が来邸された。そして天皇陛下から「御《ご》沙《さ》汰《た》書《しょ》」をたまわった。

「高ク志シテ朝《チョウ》ニ立チ、遠ク慮リテ野ニ下リ、経済ニハ規画最モ先ンシ、社会ニハ施設極メテ多ク、教化ノ振興ニ資シ、国際ノ親善ニ努ム。畢生《ヒッセイ》公ニ奉シ、一貫誠ヲ推ス。洵《マコト》ニ経済界ノ泰斗ニシテ、朝野ノ重望ヲ負ヒ、実ニ社会人儀型ニシテ、内外ノ具瞻《グセン》(仰ぎ見ること)ニ膺《アタ》レリ。遽《ニワ》カニ溘亡《コウボウ》ヲ聞ク。焉《イツクン》ソ軫悼《シントウ》ニ勝《タ》ヘン。宜《ヨロシ》ク使ヲ遣ハシテ賻《フ》*10ヲ賜ヒ、以テ弔慰スヘシ。右御沙汰アラセラル。」

柩の前でうやうやしく拝読する喪主敬三の声が、水を打ったようにシンとした一座を流れる。とその一隅に抑制の堰《せき》を切って落としたような、激しい嗚咽《おえつ》がおこった。佐々木勇之助氏や石井健吾氏などの声だった。第一銀行を中心として、父と六十年の風雪を共にしてこられた両氏は、この優渥《ゆうあく》な御諚《ごじょう》に、*11文字通り感泣《かんきゅう》せずにはいられなかったのである。まことに「御沙汰書」は父の標高を抽象化した名文であった。

イギリスの哲学者バートランド・ラッセルはいう。

「根本的な幸福は、他の如何なるものにもまして、人や物に対する友情的な関心と呼ばれているところのものに依存している」

父は長い一生を、人や物に対する友愛精神でつらぬきながら、驚くほど数多い事業の達成に尽くした。そしてあとに残る一族も安穏に生活している。その中には優れた人物もいる。公私共に悔の少ない、生き甲斐ある九十一年だったろう。よく晴れわたった地平線に、いま、巨大で真んまるな太陽がきらめきながら沈んでゆく。……父の最期を、私はそんなふうに感じた。

葬儀委員の申合せで、香典、供華などは一切辞退した。折角それを持ってきて下さった方も、固辞する側も、「不本意」と「恐縮」の鉢合せに困却した。しかしそういう方々の芳志は、米寿祝賀会で郷誠之助氏の提案された、父の記念事業財団が後日設立された際に、それへの寄附金となってあらわれた。

皇室関係の榊《さかき》やおもりものは、臣下の分としてお断り申上げるわけにはゆかなかった。だから父の柩は、それらの品々に飾られた。あとは同族の供華と、養育院児童からきた手紙の堆積だ。この堆積はみな、いたいけな文面の見舞状や悔み状ばかりである。これは周囲と一つの対照をなして印象的だった。

ふと私は父の終焉《しゅうえん》の部屋へいってみた。「お読みあげ」をした部屋である。父の座布団や、机やその上にある榮太樓《えいたろう》の梅干のカンや、ウガイ茶碗など、……そんな日用品が私の涙をさそった。しかし葬式後にいったときは、病中の諸道具が一切取片づけられていて、部屋全体に廃屋みたいな空虚感がみなぎっていた。

十一月十五日に青山斎場で葬儀がおこなわれた。霊柩車の通る沿道のそこかしこに、学校その他の諸団体が整列しておられた。そして告別式への参会者は四万人をこえたという。

昭和六年はプロレタリア運動が盛んになりはじめた時代である。私は短歌雑誌「アララギ」の中に、ある日ゆくりなくも、渋沢栄一翁の逝去を悼む、という前書付きの一首を発見した。残念ながら作者の名は逸した。

資本主義を罪悪視する我なれど
君が一代《ひとよ》は尊くおもほゆ

父が誠実に働き通した幅の広い一生は、人生観、社会観、国家観のちがう若い人にも、この歌のような例外的共感を呼びおこしたのであろう。

対立する世界や階級の間に「人間愛」の橋をかけ得る人は尊い。人間愛を置忘れた利害打算や権利主張の正面衝突ほど、幸福の「青い鳥」を追い散らしてしまうものはほかにあるまい。

思い出は夕雲のごとく暮れなずむ。父がときおり私たち息子に語った教訓は、例えば目前の違和《いわ》に対する西洋医学流の特効薬的な処法ではなく、身体そのものを丈夫にする漢方薬的養生訓だった。それだけに、その古風な息の長さが、人間喪失をうながす機械化の世に、かえって役立つような気もする。

「自分だけ正直にしてもバカを見るだけだといって、不正直者がふえる。しかしその不正直者だって、仕事の相手には正直者を選ぶだろう？　数の少ない正直者はいよいよ値打ちが出るわけだね」などと笑ったりした。

父は知らない人からも、大変な数の揮毫《きごう》を頼まれていたので、ひまを作っては和服にタスキがけで、よくキヌやヌメに古来の金言を書いた。むろん論語の辞句も多かったが、そのほかのものも沢山あった。私は出典も知らず、読み方もよくわからないが、自分だけの解釈をしてみる。

扁額には「信為万事本」（信は万事の本をなす）「人間貴晩晴《ばんせい》」*12（人間晩晴を貴む）

などという短い言葉が多かった。またいかにも事業家らしい「業は努むるに精しく、喜ぶに荒《すさ》む」といったような掛軸もあった。

それから「事々反己無世上無可怨之人　時々問心腹中少難言之事」というのもあった。これは「ことごとに己れをかえりみれば、世上うらむべきの人なく時々心に問えば、腹中言い難きの事少なし」と読むのだろう。

また「備わるを一人に求むるなかれ」というのもあった。一人の人に完備することを求めるなというわけである。

「待有余而済人終無済人之日　待有暇而読書必無読書之時」というのは「余りあるを待って人をすくわば、ついに人をすくうの日なし、いとまあるを待って書を読まば、かならず書を読むの時なし」と読むのであろう。私などはすべて恐れ入らざるを得ない言葉ばかりだ。

父は私たちにこんなこともいった。息子の能力の限界は、むろん見当がついていたのだろう。

「私はお前たちにあえて優れた人物になれとは言わんが、是非とも善良な国民にはなってもらいたいね。善良な国民になることは――ここでチョッピリ皮肉な笑顔を見せながら――優れた人物になる妨げにはならんのだよ」

私は「優れた人物」になれなかった点で、不甲斐なくも消極的親孝行をしてきた。

せめてこれからは、善良な国民になるほかない。

最後に私は幸田露伴先生が『渋沢栄一伝』の冒頭に記された、人と時代の関係についての一節を引用して、長いこの稿を終りたいと思う。

「ただ栄一に至つては、実に其時代に生れて、其時代の風の中に育ち、其時代の水によつて養はれ、其時代の食物と灝気《こうき》（広大の気）とを摂取して、そして自己の軀幹《くかん》を造り、自己の精神をおほし立て、時代の要求するところのものを自己の要求とし、時代の作為せんとする事を自己の作為とし、求むるとも求めらるるとも無く自然に時代の意気と希望とを自己の意気と希望として、長い歳月を克く勤め克く労したのである。故に栄一は渋沢氏の家の一児として生れたのは事実ではあるが、それよりはむしろ時代の児として生れたと云つた方が宜いかとも思われる。時代に係《か》けて語るのは蓋《けだ》し然るべきことであろう、実は栄一は時代に造り出されたものであるからである。」

松尾芭蕉が俳諧の壇上に建てた新旗幟《きし》は「不易流行《ふえきりゆうこう》」の説だった。曰く、

「万代不易あり。一時の変化あり、此二つは究まる基本は一なり、其一というは風雅の誠なり」（赤草子）

不易とは時代の変化を超えた永遠の詩心で、流行とはそのときどきの時代感覚とも見られる。そしてこの現象は独り俳諧のみには限らない。人の言動にも不易と流行がある。

時代の児栄一の言動には、当然一時の流行もあった。明治式の忠君愛国や儒教的教訓過剰などはそれであろう。しかし不正不当に対する反抗精神、私心のない調和力、企業の公共性に根ざす経営倫理、そしてそれらの基盤をなす人間的誠意は、不易のものといってよかろう。そしてこれら高度の心理過程を経た人間性は、絶え間なく海岸に打ちよせる波のごとく、永遠に各人、各時代、各分野の変奏曲をかなでつづけてゆくだろう。

（完）

＊1　大石内蔵助。赤穂藩家老。
＊2　大きい勢力に付き従う。
＊3　相続の権利を失くすこと。
＊4　株式市場の大暴落。
＊5　明治三十一年に設立された社交クラブ。
＊6　正統とそうでない系統。
＊7　明治・大正期の雑誌。
＊8　明治・大正期の公式記録。
＊9　昭和期の劇作家・随筆家。

＊10　遺族に贈る金品。

＊11　手厚いおことば。

＊12　夕方雨が上がり空が晴れること。

年表

年号	年　西暦	月	できごと	年齢
天保	一一年（一八四〇）	一二月	誕生	一
安政	五年（一八五八）	一二月	尾高惇忠の妹・千代と結婚。	一九
文久	三年（一八六三）	九月	高崎城乗取、横浜焼打の計画決定。	二四
		一一月	計画中止。京都へのぼる。	
元治	元年（一八六四）	二月	一つ橋藩出仕。	二五
慶応	元年（一八六五）	二月	歩兵取立御用掛を命じられる。	二六
	三年（一八六七）	一月	徳川民部大輔に随行してフランスへゆく。	二八
明治	元年（一八六八）	一一月	日本へ帰国する。	二九
		一二月	静岡藩勘定組頭を命じられる。	
	二年（一八六九）	一月	勘定組頭を免じ、勘定頭支配同頭格勝手掛中老手附商法会所取扱を命じられる。	三〇
		八月	会計掛常平倉掛を命じられる。	
		一〇月	新政府より東京へ呼出される。	
		一一月	租税正に任命される。	
		一二月	民部省に改正掛を置きその事務の総理を命じられる。	
	三年（一八七〇）	八月	制度取調御用掛兼務。大蔵少丞。	三一

年号	年　西暦	月	できごと	年齢
明治		閏一〇月	富岡製糸場事務主任を命じられる。	
	四年（一八七一）	五月	大蔵権大丞。	三二
		六月	造幣事務につき大阪へ出張。静岡県士族より東京府平民となる。	
		八月	大蔵大丞。	
		九月	『立会略則』を著し、『会社弁』と共に大蔵省にて刊行する。	
		一二月	紙幣頭兼任。	
	五年（一八七二）	二月	大蔵省三等出仕。大蔵少輔事務取扱。	三三
		六月	杉浦靄山と共著の『航西日記』刊行する。	
	六年（一八七三）	二月	抄紙会社設立許可。	三四
		五月	退官。	
		六月	第一国立銀行総監役。	
	七年（一八七四）	一一月	東京府知事より共有金取締を嘱託される。（東京市養育院の起源）。	三五
	八年（一八七五）	八月	第一国立銀行頭取に就任。	三六
		十一月	森有礼を助け商法講習所の移管に尽力。	

年号	年　西暦	月	できごと	年齢
明治		一二月	東京会議所会頭兼行務科頭取。	
	九年（一八七六）	五月	東京養育院及び瓦斯《ガス》局事務長。	三七
	一〇年（一八七七）	七月	択善会創立。（銀行集会所の前身）。	三八
	一一年（一八七八）	三月	商法会議所会頭。（「商工会議所」の前身）。	三九
	一二年（一八七九）	七月	東京海上保険会社創立。	四〇
	一三年（一八八〇）	九月	択善会解散。東京銀行集会所の創立委員長。	四一
	一五年（一八八二）	七月	妻・千代がコレラにより死去。	四三
	一六年（一八八三）	一月	伊藤兼子と再婚する。	四四
		一〇月	東京商法会議所解散。東京商工会会頭。	
	一七年（一八八四）	六月	東京商業学校校務商議委員。	四五
		一〇月	日本鉄道会社理事委員。	
	一八年（一八八五）	一〇月	日本郵船会社設立。	四六
	二〇年（一八八七）	一一月	帝国ホテル発起人総代。	四八
		一二月	東京手形交換所創立委員。	
	二三年（一八九〇）	九月	貴族院議員に任命される。	五一
	二四年（一八九一）	七月	東京商業会議所会頭。	五二
		一〇月	貴族院議員を辞す。	

年号	年（西暦）	月	できごと	年齢
明治	二五年（一八九二）	一〇月	四男・秀雄が誕生。	五三
		一二月	暴漢に襲われ負傷。	
	二六年（一八九三）	六月	平安遷都紀念祭協賛会幹事。	五四
		九月	王子製紙会社取締役会長、石川島造船所取締役会長。	
		一〇月	貨幣制度調査会委員。	
	二七年（一八九四）	一月	東京瓦斯株式会社取締役会長。東京海上保険会社取締役。	五五
		五月	札幌麦酒株式会社取締役会長。	
		七月	日清戦争始まる。（二八年四月講和）。	
	二九年（一八九六）	三月	東京銀行集会所会長。	五七
		六月	農商工高等会議議長。東京建物株式会社創立発起人。	
		九月	第一国立銀行営業満期、株式会社第一銀行頭取。	
	三〇年（一八九七）	一月	法典調査会委員。	五八
		三月	渋沢倉庫部創立。	
	三一年（一八九八）	三月	遷都三十年祝賀会副会長。	五九
	三二年（一八九九）	一月	衆議院議員選挙法改正期成同盟会会長。	六〇
		一二月	東京銀行倶楽部委員。	

年号	年　西暦	月	できごと	年齢
明治	三三年（一九〇〇）	五月	男爵を授与される。	六一
	三四年（一九〇一）	一月	第五回内国勧業博覧会評議員。	六二
		五月	飛鳥山に居を移す。	
		一二月	帝国教育会名誉会員。	
	三五年（一九〇二）	三月	朝鮮協会副会長。	六三
		四月	清韓協会幹事長。	
		四月	日本女子大学校会計監督。	
		五月	夫人同伴欧米漫遊。	
		六月	ルーズヴェルト大統領と会見。	
		九月	帰国。	
	三七年（一九〇四）	二月	日露戦争始まる。（三八年一〇月講和）。	六五
		五月	肺炎をわずらう。	
	三九年（一九〇六）	二月	東京銀行倶楽部委員長。	六七
		六月	韓国へわたる。	
		七月	帰国。	
		七月	南満州鉄道株式会社設立委員。	
	四〇年（一九〇七）	二月	帝国劇場取締役会長。	六八

年号	年　西暦	月	できごと	年齢
明治	四一年（一九〇八）	七月	東京慈恵会理事兼副会長。	六九
		二月	国学院顧問。	
		五月	陽明学会評議員。	
		一〇月	中央慈善協会（後の中央社会事業協会）会長。	
		一二月	表慶館陳列品調査委員。	
		一二月	満鉄創立委員辞任。	
	四二年（一九〇九）	四月	癌研究所副総裁。	七〇
		六月	東京瓦斯会社その他五十九会社より隠退。	
		八月	韓国銀行設立委員。	
		八月	渡米実業団団長として渡米。	
		一二月	帰国。	
	四三年（一九一〇）	四月	生産調査会委員兼副会長。	七一
		八月	東京水災善後会常務委員長。	
		八月	社団法人東京銀行集会所会長。	
		一二月	徳川公爵家顧問員兼会計監督。	
	四四年（一九一一）	二月	日露協会評議員。	七二
		五月	維新史料編纂会委員。	

年号	年　西暦	月	で　き　ご　と	年齢
明治		八月	財団法人済生会顧問。	
		一二月	国際平和義会日本支部会頭。	
	四五年（一九一二）	六月	消防義会会長。	七三
		六月	紐育日本協会協賛会名誉委員長。	
		六月	『青淵百話』（全二巻）刊行。	
大正	一年（一九一二）	八月	日仏銀行相談役。	
	二年（一九一三）	二月	結核予防協会副会頭。	七四
		四月	日米同志会会長。	
		六月	教育調査会会員。	
		八月	中国興業会社（後の中日実業）相談役。	
		一〇月	明治神宮御造営奉賛有志委員会委員長。	
		一〇月	日本実業協会会長。	
		一二月	神社奉祀調査会委員。	
	三年（一九一四）	一月	東北九州災害救済会副総裁。	七五
		五月	中国へ訪問。	
		一〇月	国産奨励会創立委員総代。	
		一〇月	連合軍傷病兵救援会評議員。	

年号	年　西暦	月	できごと	年齢
大正		一二月	明治神宮奉賛会創立委員長。	
	四年（一九一五）	四月	サンフランシスコ博覧会観覧協会名誉賛助員。	
		九月	明治神宮奉賛会副会長。	
		一〇月	米価調節調査会委員兼副会長。	
		一〇月	米国に渡りルーズヴェルト元大統領と再会。	
		一一月	旭日大綬章、大礼記念章を授与される。	
	五年（一九一六）	一月	米国よりかえる。	七七
		二月	日米関係委員会常務委員。	
		四月	経済調査会委員。	
		七月	第一銀行頭取辞任。この年をもって実業界を引退。	
		七月	東京銀行集会所会長辞任。	
		九月	『論語と算盤』を著述刊行。	
	六年（一九一七）	三月	理化学研究所創立、副総裁。	七八
		九月	早稲田大学維持員。	
	七年（一九一八）	一月	『徳川慶喜公伝』刊行。	七九
		二月	ヘボン講座委員。	
		三月	東京商工奨励館会長。	

年号	年　西暦	月	できごと	年齢
大正		五月	聖徳太子御忌奉賛会副会長。	
		八月	東京臨時救済会会長。	
		九月	田園都市株式会社創立発起人。	
		九月	臨時国民経済調査会委員。	
		一〇月	増上寺再建後援興勝会副総裁。	
	八年（一九一九）	五月	日米船鉄争議仲裁人。	八〇
		七月	臨時財政経済調査会委員。	
		一二月	協調会副会長。	
		一二月	報効会会長。	
	九年（一九二〇）	三月	アレキサンダー一行を迎えて日米協議会を開く。	八一
		三月	ヴァンダリップ一行を迎えて日米協議会。	
		四月	国際連盟協会会長。	
		六月	日華実業協会会長。	
		九月	子爵を授けられる。	
	一〇年（一九二一）	三月	京都大覚寺心経保存会顧問。	八二
		一〇月	英米訪問実業団組織。	
		一〇月	米国へゆく。	

年号	年　西暦	月	できごと	年齢
大正	一一年（一九二二）	一月	帰国。	八三
		二月	エジソン翁第七十五回誕辰祝賀会会長。	
	一二年（一九二三）	六月	排日土地法に関するステートメントを発表。	八四
		九月	（関東）大震災善後会副会長。	
		九月	帝都復興審議会委員。	
	一三年（一九二四）	三月	東京女学館館長。	八五
		三月	日仏会館理事長。	
		三月	大震災善後会解散。	
		四月	文政審議会委員。	
		七月	浅草寺観音会顧問。	
	一四年（一九二五）	一月	製鉄鋼調査会委員。	八六
		五月	日本無線電信株式会社設立委員長。	
		九月	浅草寺臨時営繕局顧問。	
		一〇月	『論語講義』を刊行。	
	一五年（一九二六）	二月	講道館後援会評議員。	八七
		六月	皇后陛下より真綿および養蚕に関する和歌貼付の屏風雛形を賜る。	

年号	年 西暦	月	できごと	年齢
		七月	朝鮮鉄道促進期成会名誉会長。	
		八月	日本放送協会顧問。	
昭和	二年(一九二七)	二月	日本国際児童親善会会長。	八八
	三年(一九二八)	一月	『渋沢栄一滞仏日記』を刊行。	八九
		四月	帝室博物館復興翼賛会副会長。	
		五月	南湖神社奉賛会総裁。	
		七月	日本航空輸送会社創立委員長。	
		一〇月	帝国劇場、東京會舘にて米寿祝賀。	
		一一月	旭日桐花大綬章。	
	四年(一九二九)	六月	大神宮御遷宮奉賛会顧問。	九〇
		八月	ザ・アメリカン・ソサエティー・オブ・メカニカル・エンジニアーズ名誉会員。	
		一一月	中央盲人福祉協会会長。	
	五年(一九三〇)	三月	海外植民学校顧問。	九一
		一〇月	バチェラー学園後援会顧問。『晩香遺薫』を出版。	
	六年(一九三一)	一月	癩《らい》予防協会会頭。	九二
		八月	中華民国水災同情会会長。	

年号	年	西暦	月	できごと	年齢
昭和			一一月	永眠。東京上野・谷中墓地に埋葬。諡号《しごう》「泰徳院殿仁智義譲青淵大居士」。	

＊年齢表記は数え年。

解説にかえて

父 渋沢秀雄との暮らし

渋沢均
（秀雄四男）

祖父、栄一は公人であって、家庭内のことはすべて家人に任せていたのは、仕方がないことだったが、父の生活も決して健全ではなかった。早くから健康上の理由から母との別居を余儀なくされ、子供達はみなお手伝いの人達の世話になっていた。よのさんという品のいい老女が取仕切って、書生さん、番頭さんなどが日常生活を支えていた。

兄姉は、一男、栄子、秀次、花子という四人であって夫々《それぞれ》に世話役の女中さんがついていた。一番下の弟として云うのは憚《はばか》られるが、栄子、秀次の二人の姉兄は稀に見るほどのいわゆる美女、美男であって、戦後学生に戻った私は、銀座で珍らしい食物など発見すると、この姉を誘い出して一緒に歩いた。道ゆく人が姉のことを十人が十人振り向いて見送るのが得意だった。

父は別棟にアトリエを建て、そこに籠っている状態だ。そういう父の生活を一番心配したのは、次兄の秀兄さんだった。自分が病弱なのに父を海や山へ誘い出しその気分を晴らそうとしていた。

父の家の広い居間の一角を衝立で仕切った暖炉室が出来ていた。そこに冬の夜など、ごく稀ではあったが兄姉と父を呼んで集り、唄などをみなで歌ったのも、秀兄さんの発意であった。例えば、

〈ロング　ロング　アゴー〉

テルミー　ザ　テイルズ　ザット　トゥ　ミー　ワー　ソー　ディア

ロング　ロング　アゴー　ロング　ロング　アゴー

私が六歳か七歳の頃だからもう九十年も前の一刻だ。遠い暗らがりの彼方の幻灯のようなものだ。

秀兄さんの病気は今考えれば多分十二指腸ガンだったと思う。その後何度も何度も病状の急変を繰り返した。急を告げる電話の度に、父は慌ててズボンのチャックも手が震えて締らない程だったのを覚えている。お医者さんは赤十字病院の世話になっていた。その秀兄さんも二十四の時亡くなり、しばらくして私にも学徒動員が来た。早大の政経学部一年、昭和十八年の十月頃であった。突然召集令状が届き、十二月一日

入隊となっていた。入隊先は世田谷の近衛《このえ》野砲第三連隊であった。現在の昭和女子大である。戦況日々急を告げる時期だったので、入隊早々六ヶ月で豊橋の予備士官学校へ入校し、その卒業すら待たずに、全員南方と北方へ派遣されることになった。私は南方のフィリピンであった。

恐らく日本の最後となる大輸送船団であったろうが、と云っても一切の航空兵力の護衛はなしで、水雷艇のようなものまで動員して護衛艦にしていた。旗艦である橋丸に至っては、一万トンの巨船であり乍《なが》らいかにも物資不足を訴えるかのようにペコペコした薄い鉄板の新造船であった。私達はその橋丸に乗船し博多を出港した。大木惇夫《おおきあつお》の戦友別盃の歌を私は海を見乍ら思い出した。

云ふなかれ
君よ　別れを　世の常を　また生き死にを
海原の　はるけき果てに
今や　はた　何をか云はん

夜のバシー海峡は月が美しかった。しかしマストの上の少年兵の叫び、「魚雷発見！」の一言で、すべてが破られた。待ち構えていたグラマンの攻撃だった。水平線ギリギリを低空し乍ら、機関砲、魚雷を浴びせて来た。まさに阿鼻叫喚である。海を見れば魚雷が走り、目を上げれば曳光弾が空を走っていた。

数時間の激闘の後、我が旗艦、橘丸だけ一隻が無傷で、辛うじて浮かんでいた。あとはすべて海没していた。水泳の出来ない私は一命をとり留めた訳だ。沈没船の浮かんでいるマニラ湾には入港出来ないので、ランチに分乗して、マニラ埠頭に辿りついた。

以後のことは省くが昭和二十二年、鹿児島に帰りついた。まさに私は二十四歳の時だ。秀兄さんの享年と同じだった。

以前父からきいた話では、私の均という名前は、父が尊敬していた一高の友人、芦田均さんの名前の均をそっくり頂いたという話である。そうだとしたら、芦田さんに申訳ない話だが、父はその頃東宝の会長をやっていた。副社長は秦豊吉《はたとよきち》さんで、レマルクの「西部戦線異状なし」を翻訳していた俊才である。あとを菊田一夫《きくたかずお》、森岩雄《もりいわお》が専務として布陣、私は小林一三《こばやしいちぞう》さんの名人事というより名キャスティングを称讃したかった。東京の有楽町にアミューズメント構想を建て、着々と実現して行った、その原動力がまさにこの東宝株式会社であった。当時、身軽なTVプロデューサーであった私は、誰でも好きな人と会ってその人生経験を勉強させて貰っていたが、流石《さすが》にこの小林さんだけは敬遠した。父も小林さんには一目置いていたようだ。それはそうだ。ライフワークになった父の田園調布構想もこの小林さんの力によることが多かった。

その頃父の所にいろいろな話が届いた。曰《いわ》く、箱根の仙石原《せんごくばら》は以前渋沢牧場と云って、本来なら渋沢家のものとか、もっと驚くのは父島、母島は共に渋沢家のものだという話、何《いず》れも父はお断りしていた。欲のない父らしかった。欲がないというより後に起るであろういろいろなトラブルが面倒だったのだろうと思う。

話が前後するがGHQより財閥解体令というのが発令され、GHQが我が家に来てこの家のどこが財閥なんだろうと首をかしげていたそうだ。

父も東宝の役職を始め、一切の仕事から手を引いた。暇になった父は、若い頃の洋画を又始めた。それでも毎年銀座の松坂屋で個展を開いてくれて、その売上げの一部を私の末女の日本舞踊に寄附して貰っていた。父の晩年、私は秀兄さんの遺志をついで、時間がある限り、家内や子供達と一緒に父を旅行につれ出した。京都で大みそかを過したし夏は山、冬は温泉を選んだ。旅行から帰って家に送り届けたあと、父は早速手帳を拡げて一所懸命考えている。もう来年の旅行の予定である。それほど楽しみにしていてくれた。

最近のテレビを見ていると、誰も彼もが云い訳に、釈明に、謝罪に、そして下らないジョークをよくしゃべっている。今日ほど言葉が軽くなった時代はないのではないか。しゃべる間はいい。これが言論統制になり、検閲になり、徴兵制度を産むほうへ、思ったより簡単に移行し易いのは、昭和期を生きた人間の経験である。

最後に一句。

春の雪　言葉にすれば　消ゆるもの

均

本文中＊を付した箇所については、章末ごとに注を加えた。

本書は、一九五九年小社刊『父 渋沢栄一（上・下）』を基に、二〇一九年十月に再編集し刊行した『父 渋沢栄一 新版』の文庫版です。

文庫化に際し、読みやすさを考慮し一部表現を改めました。また、差別的と取られかねない表現が一部にありますが、著者本人に差別的な意図がないことを鑑み、原文のままとしています。

（編集部）

実業之日本社文庫　最新刊

赤川次郎
忘れられた花嫁
結婚式直前に花嫁が失踪。控室では、その花嫁が着るはずだったウエディングドレスを着て見知らぬ女性が死んでいた!? 事件の真相に女子大生の明子が迫る!
あ1 20

天野千尋
ミセス・ノイズィ
「騒音」をめぐって隣人同士の対立が激化、SNSで炎上する様をコミカルかつシニカルに描き、各界著名人が絶賛する話題の映画を、監督自らノベライズ!
あ25 1

風野真知雄
葛飾北斎殺人事件　歴史探偵・月村弘平の事件簿
天才絵師・葛飾北斎ゆかりの場所で相次いで死体が発見された。名画が謎を呼ぶ連続殺人の真相は!? ご先祖が八丁堀同心の歴史探偵・月村弘平が解き明かす!
か1 9

近衛龍春
奥州戦国に相馬《そうま》奔《はし》る
政宗にも、家康にも、大津波にも負けない! 戦国時代を駆け抜け、故郷を再び立ち直らせた、みちのくの名門・相馬家の不屈の戦いを描く歴史巨編!
こ6 1

渋沢秀雄
父 渋沢栄一
江戸から昭和へと四つの時代を駆け抜けた経済人、渋沢栄一。息子の視点から描かれる彼の素顔とは? 多くの功績を残した栄一の生涯を俯瞰する、随一の伝記。
し7 1

鳴海 章
相勤者　浅草機動捜査隊
東京下町にある老舗暴力団の若き三代目は老人介護ビジネスに参入していたが、そこには裏の目的が!? ベテラン刑事・辰見が立ち向かう事件とは!?
な2 12

実業之日本社文庫　最新刊

馳 星周
神《カムイ》の涙
アイヌの木彫り作家と孫娘の家に、若い男が訪ねてきた。男には明かせない過去があった。著者が故郷・北海道を舞台に描いた感涙の新家族小説！（解説・唯川恵）
は101

葉月奏太
癒しの湯　若女将のおもてなし
雪深い山中で車が動かなくなったとき、助けてくれたのは美しい若女将。男湯に彼女が現れ……。心と身体が蕩ける極上の宿へようこそ。ほっこり官能の傑作！
は610

前田司郎
園児の血
孤高の幼稚園児タカシは、仲間と共に園内の権力者クラトに闘いを挑む……！　鬼才・前田司郎による、恐るべき子供の世界を描いた2編。（解説・森山直太朗）
ま41

南 英男
警視庁極秘指令
柔肌を狩る連続猟奇殺人の真相を暴け！　初動捜査で解決できない難事件に四人の異端児刑事が集結。極秘捜査班の奮闘を描くハードサスペンス、出動！
み717

谷崎潤一郎、吉行淳之介ほか
猫は神さまの贈り物〈エッセイ編〉
猫との日常には、いつも新たな発見がある。文豪たちが描く、ほほえましく、時に笑ってしまうような猫の生態を味わうエッセイ集。（解説・角田光代）
ん92

実業之日本社文庫　好評既刊

相場英雄
偽金　フェイクマネー
リストラ男とアラサー女、史上最強の大逆転劇！〈偽金〉を追いかけるふたりの陰で、現代ヤクザが暗躍——。極上エンタメ小説！（解説・田口幹人）
あ91

安東能明
女形警部　築地署捜査技能伝承官・村山仙之助
捜査一課刑事から歌舞伎役者に転身後も「捜査技能伝承官」として難事件解決に尽力する人気女形、村山仙之助の活躍を描く！　実力派が放つ、異色警察小説。

あ201

井上篤夫
志高く　孫正義正伝　新版
ベストセラー『志高く』に大幅加筆、米国進出、アリババ上場からロボット事業まで、最新の孫正義を徹底取材した増補改訂新版。（解説・柳井 正）
い22

池井戸 潤
空飛ぶタイヤ
正義は我にありだ——名門巨大企業に立ち向かう弱小会社社長の熱き闘い。『下町ロケット』の原点といえる感動巨編！（解説・村上貴史）
い111

伊東 潤
敗者烈伝
歴史の敗者から人生を学べ！　古代から幕末・明治まで、日本史上に燦然と輝きを放ち、敗れ去った英雄たちの「敗因」に迫る歴史エッセイ。（解説・河合 敦）
い141

実業之日本社文庫　好評既刊

江上剛
銀行支店長、走る
メガバンクを陥れた真犯人は誰だ。窓際寸前の支店長と若手女子行員らが改革に乗り出した。行内闘争の行く末を問う経済小説。（解説・村上貴史）
え11

太田満明
光秀夢幻
信長を将軍に——明智光秀の大戦は〈本能寺の変〉の前に始まっていた！　羽柴秀吉らとの熾烈な心理戦を描く、驚嘆のデビュー歴史長編。（解説・縄田一男）
お91

大林宣彦
ぼくの映画人生
映画とともに生き、道なき道を切り開いてきた著者が、七十歳を機にその半生と映画論を語った感動の自伝。すべての人の背中を押す勇気の書。（解説・赤川次郎）
お101

門井慶喜
竹島
竹島問題の決定打となる和本が発見された!?　和本を握った男たちが、日韓外交機関を相手に大ばくちを打つサスペンス！（解説・末國善己）
か51

渋沢栄一
富と幸せを生む知恵
金はたくさん持つな、仕事は愉快にやれ——。渋沢栄一の名著『青淵百話』から、富と幸せというテーマに絞って再編した、仕事論・人生論の決定版！
し61

実業之日本社文庫　好評既刊

田中啓文
文豪宮本武蔵
剣豪・宮本武蔵が、なぜか時を越え明治時代の東京に。人力車の車夫になった武蔵だが、樋口一葉、夏目漱石らと知り合い、小説を書く羽目に…爆笑時代エンタメ。

た65

津本 陽
鉄砲無頼伝
紀州・根来から日本最初の鉄砲集団を率い、戦国大名の傭兵として壮絶な戦いを生き抜いた男、津田監物の生きざまを描く傑作歴史小説。（解説・縄田一男）
つ21

津本 陽
信長の傭兵
日本初の鉄砲集団を組織した津田監物に新興勢力の織田信長も加勢を仰ぐ。天下布武の野望に向け、最大の敵・本願寺勢との決戦に挑むが!?（解説・末國善己）
つ22

津本 陽
鬼の冠　武田惣角伝
大東流合気柔術を極めた武術家・武田惣角。幕末から昭和まで、闘いと修行に明け暮れた、漂泊の生涯を描く、渾身の傑作歴史長編。（解説・菊池 仁）
つ23

東郷 隆
九重の雲　闘将 桐野利秋
「人斬り半次郎」と怖れられた男！　幕末から明治、西郷隆盛とともに戦い、義に殉じた男の堂々とした生涯を描く長編歴史小説！（解説・末國善己）
と34

実業之日本社文庫　好評既刊

東郷 隆
初陣物語
その時、織田信長14歳、徳川家康17歳、長宗我部元親22歳。戦国のリアルな戦いの姿を描く傑作歴史小説集！（解説・末國善己）
と35

中村彰彦
真田三代風雲録（上）
真田幸隆、昌幸、幸村。小よく大を制し、戦国の世に最も輝きを放った真田一族の興亡を歴史小説の第一人者が描く、傑作大河巨編！
な12

中村彰彦
真田三代風雲録（下）
大坂冬の陣・夏の陣で「日本一の兵（つわもの）」と讃えられた真田幸村の壮絶なる生きざま！　真田一族の興亡を描く巨編、完結！（解説・山内昌之）
な13

葉室 麟
刀伊入寇　藤原隆家の闘い
戦う光源氏——日本国存亡の秋、真の英雄現わる！『蜩ノ記』の直木賞作家が、実在した貴族を描く絢爛たる平安エンターテインメント！（解説・縄田一男）
は51

幡 大介
幕末愚連隊　叛逆の戊辰戦争
幕末の大失業時代、戦いに飛び込んだ男たち。下野、会津、越後、信濃と戦場を巡る、激闘の日々。戊辰戦争の真実とは。渾身の歴史長編！（解説・細谷正充）
は101

実業之日本社文庫　好評既刊

谷津矢車
曽呂利　秀吉を手玉に取った男
堺の町に放たれた狂歌をきっかけに、秀吉に取り入った鞘師の曽呂利。天才的な頓智と人心掌握術で大坂城を混乱に陥れていくが……!?（解説・末國善己）
や81

吉田雄亮
俠盗組鬼退治
強盗頭巾たちに襲われた若侍の手にはなぜか富くじの木札が。江戸の諸悪を成敗せんと立ち上がった富豪旗本と火盗改らが謎の真相を追うが……痛快時代小説！
よ51

吉田雄亮
俠盗組鬼退治　烈火
俠盗組を率いる旗本・堀田左近の周辺で立て続けに火事が。これは偶然か、それとも…!?　闇にうごめく悪と仕置人たちとの闘いを描く痛快時代活劇！
よ52

吉田雄亮
俠盗組鬼退治　天下祭
銭の仇は祭りで討て！　札差が受けた不当な仕置きに山師旗本と人情仕事人が調べに乗り出すが、神田祭が突然の危機に…痛快大江戸サスペンス第三弾。
よ53

吉田雄亮
草同心江戸鏡
長屋の浪人にして免許皆伝の優男、裏の顔は!?　浅草は浅草寺に近い蛇骨長屋に住む草同心・秋月半九郎が江戸の悪を斬る！　書下ろし時代人情サスペンス。
よ54

実業之日本社文庫　好評既刊

渡辺房男
命の値段　生命保険を創った男たち
生命保険という名の命の絆——福沢諭吉が日本に紹介した生命保険の黎明期、庶民のための保険に挑む男の志。感動の歴史時代小説！（解説・末國善己）
わ11

渡辺房男
大久保利通　わが維新、いまだ成らず
同郷の盟友・西郷隆盛とともに国造りに命を捧げた男が夢見た未来とは——維新の英傑の西南の役から暗殺までの一年を描く、渾身の歴史小説。大石学氏推薦。
わ12

池波正太郎、隆慶一郎ほか／末國善己編
軍師の生きざま
直江兼続、山本勘助、石田三成…群雄割拠の戦国乱世を、知略をもって支えた策士たちの戦いと矜持！　名手10人による傑作アンソロジー。
ん21

司馬遼太郎、松本清張ほか／末國善己編
軍師の死にざま
竹中半兵衛、黒田官兵衛、真田幸村…戦国大名を支えた名参謀を主人公にした傑作の精華を集めた、11人の作家による短編の豪華競演！
ん22

山田風太郎、吉川英治ほか／末國善己編
軍師は死なず
池波正太郎、西村京太郎、松本清張ほか、豪華作家陣による〈傑作歴史小説集〉。黒田官兵衛、竹中半兵衛をはじめ錚々たる軍師が登場！
ん23

実業之日本社文庫　好評既刊

司馬遼太郎、松本清張ほか／末國善己編
決戦！大坂の陣
大坂の陣400年！　大坂城を舞台にした傑作歴史・時代小説を結集。安部龍太郎、小松左京、山田風太郎など著名作家陣の超豪華作品集。

ん24

五木寛之・城山三郎ほか／末國善己編
永遠の夏　戦争小説集
戦後七十年特別編集。戦争に生きた者たちの想いが胸を打つ。大岡昇平、小松左京、坂口安吾ほか強力作家陣が描く珠玉の戦争小説集。

ん25

火坂雅志、松本清張ほか／末國善己編
決闘！関ヶ原
徳川家康没後400年記念　特別編集。天下分け目の大決戦！　火坂雅志、松本清張ほか超豪華作家陣が描く傑作歴史・時代小説集。
ん26

池波正太郎・森村誠一　ほか／末國善己編
血闘！新選組
江戸・試衛館時代から池田屋騒動など激闘の壬生時代、箱館戦争、生き残った隊士のその後まで「誠」を背負った男たちの生きざま！　傑作歴史・時代小説集。

ん27

安部龍太郎、隆慶一郎ほか／末國善己編
龍馬の生きざま
京の近江屋で暗殺された坂本龍馬。妻・お龍、姉・乙女、暗殺犯・今井信郎、人斬り以蔵らが見た真実の姿。龍馬の生涯に新たな光を当てた歴史・時代作品集。

ん28

実業之日本社文庫　好評既刊

浅田次郎、火坂雅志ほか／末國善己編
動乱！ 江戸城
泰平の世と言われた江戸250年。宿命を背負って困難と立ちむかった人々の生きざまを、浅田次郎、火坂雅志ほか豪華作家陣が描く傑作歴史・時代小説集。
ん29

織田作之助 著／七北数人 編
夫婦善哉・怖るべき女 無頼派作家の夜
生誕100年、大阪の風俗と庶民の喜怒哀楽を活写した小説・エッセイ。〈そこには、人間の本質的なスリルがある。——津村記久子〉
ん31

坂口安吾 著／七北数人 編
堕落論・特攻隊に捧ぐ 無頼派作家の夜
表題作ほか「白痴」「桜の森の満開の下」など代表作、酒にまつわる小説・エッセイ。〈安吾の言葉が私の人生を支えている。——西川美和〉
ん32

太宰 治 著／七北数人 編
桜桃・雪の夜の話 無頼派作家の夜
表題作ほか「ヴィヨンの妻」「東京八景」など代表作から太宰、安吾、織田作が一同に会した座談会まで。〈ここに私がいる。——角田光代〉
ん33

芥川龍之介、谷崎潤一郎ほか／末國善己編
文豪エロティカル
文豪の独創的な表現が、想像力をかきたてる。川端康成、太宰治、坂口安吾など、近代文学の流れを作った十人の文豪によるエロティカル小説集。五感を刺激！
ん42

実業之日本社文庫 し71

父《ちち》 渋沢栄一《しぶさわえいいち》

2020年12月15日　初版第1刷発行
2021年3月10日　初版第2刷発行

著　者　渋沢秀雄《しぶさわひでお》

発行者　岩野裕一
発行所　株式会社実業之日本社
〒107-0062　東京都港区南青山 5-4-30
CoSTUME NATIONAL Aoyama Complex 2F
電話 [編集]03(6809)0473 [販売]03(6809)0495
ホームページ　https://www.j-n.co.jp/
DTP　大日本印刷株式会社
印刷所　大日本印刷株式会社
製本所　大日本印刷株式会社

フォーマットデザイン　鈴木正道(Suzuki Design)

*本書の一部あるいは全部を無断で複写・複製（コピー、スキャン、デジタル化等）・転載することは、法律で認められた場合を除き、禁じられています。

また、購入者以外の第三者による本書のいかなる電子複製も一切認められておりません。

*落丁・乱丁（ページ順序の間違いや抜け落ち）の場合は、ご面倒でも購入された書店名を明記して、小社販売部あてにお送りください。送料小社負担でお取り替えいたします。

ただし、古書店等で購入したものについてはお取り替えできません。

*定価はカバーに表示してあります。

*小社のプライバシーポリシー（個人情報の取り扱い）は上記ホームページをご覧ください。

©Hitoshi Sibusawa 2020　Printed in Japan
ISBN978-4-408-55634-5（第二文芸）